浅埋盾构隧道稳定性解析

Analytical Stability Analysis for Shallow Shield Tunnels

项彦勇　著

科 学 出 版 社
北 京

内 容 简 介

本书阐述浅埋盾构隧道极限稳定性分析的基础理论和解析方法，包括关于浅埋盾构隧道极限稳定性的概述，岩土稳定性分析的基础理论，浅埋盾构隧道的极限平衡分析，浅埋盾构隧道的刚体上界极限分析，黏性地层浅埋盾构隧道的解析连续上界极限分析，砂-黏性地层浅埋盾构隧道的解析连续上界极限分析，以及黏性地层浅埋盾构隧道解析连续上界极限分析的一些扩展。此外，附录提供了线性优化有限元上界极限分析法简介、线性优化有限元下界极限分析法简介和间断布局优化上界极限分析法简介。

本书适合用作岩土工程、地下工程、隧道工程等专业的教学参考书，也可以供相关领域的研究人员和工程技术人员参考。

图书在版编目(CIP)数据

浅埋盾构隧道稳定性解析/项彦勇著．—北京：科学出版社，2021.3

ISBN 978-7-03-068486-8

Ⅰ.①浅…　Ⅱ.①项…　Ⅲ.①浅埋隧道-隧道施工-盾构法-稳定分析　Ⅳ.①U455.43

中国版本图书馆 CIP 数据核字（2021）第 053802 号

责任编辑：韦 沁 李 静／责任校对：张小霞

责任印制：赵 博／封面设计：北京图阅盛世

科学出版社 出版

北京东黄城根北街 16 号

邮政编码：100717

http://www.sciencep.com

北京凌奇印刷有限责任公司印刷

科学出版社发行　各地新华书店经销

*

2021 年 3 月第 一 版　开本：787×1092　1/16

2025 年 2 月第三次印刷　印张：11

字数：261 000

定价：98.00 元

（如有印装质量问题，我社负责调换）

前　　言

盾构机是集开挖、支护、衬砌功能于一体的土体隧道全机械化信息化施工设备。浅埋盾构隧道稳定性分析的目的是，跳过施工对地层的具体弹塑性影响过程，直接针对所有可能的临界状态进行优化计算，确定最不利的地层失稳模式与合理的隧道支护压力。

盾构隧道施工的稳定性控制主要包括两个方面：一方面是开挖面附近地层的稳定性，土压盾构机通过开挖仓及螺旋输送器内渣土的支护作用来实施控制，泥水盾构机通过开挖仓内泥水的支护作用来实施控制；另一方面是盾尾管片衬砌周围地层的稳定性，一般是通过对盾尾管片衬砌外缘与地层之间的空隙注浆来实施控制。

盾构隧道稳定性分析的方法可以分为两大类：一类是极限平衡法；另一类是极限分析法。①极限平衡法，假设处于临界状态的地层为刚性块体，不考虑其应力应变关系，针对主动失稳模式优化计算，可得最不利的主动地层失稳模式和必要的隧道支护力，针对被动失稳模式优化计算，可得最不利的被动地层失稳模式和容许的隧道支护力；②极限分析法，采用上界定理或下界定理，可以分为两种，一种属于解析法，如刚体上界极限分析法和连续上界极限分析法，另一种属于数值法，如有限元极限分析法和间断布局优化极限分析法。

本书正文分 7 章。第 1 章，概述；第 2 章，岩土稳定性分析的基础理论；第 3 章，浅埋盾构隧道的极限平衡分析；第 4 章，浅埋盾构隧道的刚体上界极限分析；第 5 章，黏性地层浅埋盾构隧道的解析连续上界极限分析；第 6 章，砂-黏性地层浅埋盾构隧道的解析连续上界极限分析；第 7 章，黏性地层浅埋盾构隧道解析连续上界极限分析的一些扩展。书后有 3 个附录：A. 线性优化有限元上界极限分析法简介；B. 线性优化有限元下界极限分析法简介；C. 间断布局优化上界极限分析法简介。

本书部分内容所涉及的研究工作，得到过国家重点基础研究发展计划（973 计划）项目（2015CB057800）和国家自然科学基金面上项目（50978019）的资助。在计算验证、插图绘制、书稿批阅、排版校改等方面，得到过宋文杰、米博、刘东东、唐志明、江亲华、张西巡、孙俊豪等同学的协助。在此一并表示诚挚的感谢！

岩土复杂，隧道长大，盾构多样，工程无常。本书写作虽已力求理通文顺、意正字确，但难免仍会有不妥或谬误之处，敬请读者留意质疑、辨析研判。

项彦勇

2020 年 8 月 20 日

于北京交通大学

目　　录

第1章 概 述

本章首先介绍盾构隧道的开挖和支护方式，然后阐述浅埋盾构隧道施工开挖区和注浆区的稳定性问题，最后阐述浅埋盾构隧道极限稳定分析方法的分类。

1.1 盾构隧道的开挖和支护方式

隧道的全机械化信息化施工设备，如同可以移动的隧道工厂，具有切削、推铲、推进、防护、支撑、钻探、处置、支护、衬砌、出渣、通风、供电等所有自动化隧道施工功能，既可以广义地统称为隧道掘进机（tunnel boring machine，TBM），也可以根据适用地质的不同而分成两大类：一类是一般用于岩体地层的隧道掘进机（TBM），另一类是一般用于土体地层的盾构机（TBM-Shield，TBM-S；Shield），并考虑推进千斤顶支撑方式的不同、周围防护方式的不同和开挖面支护方式的不同，进行如图1.1所示的划分。

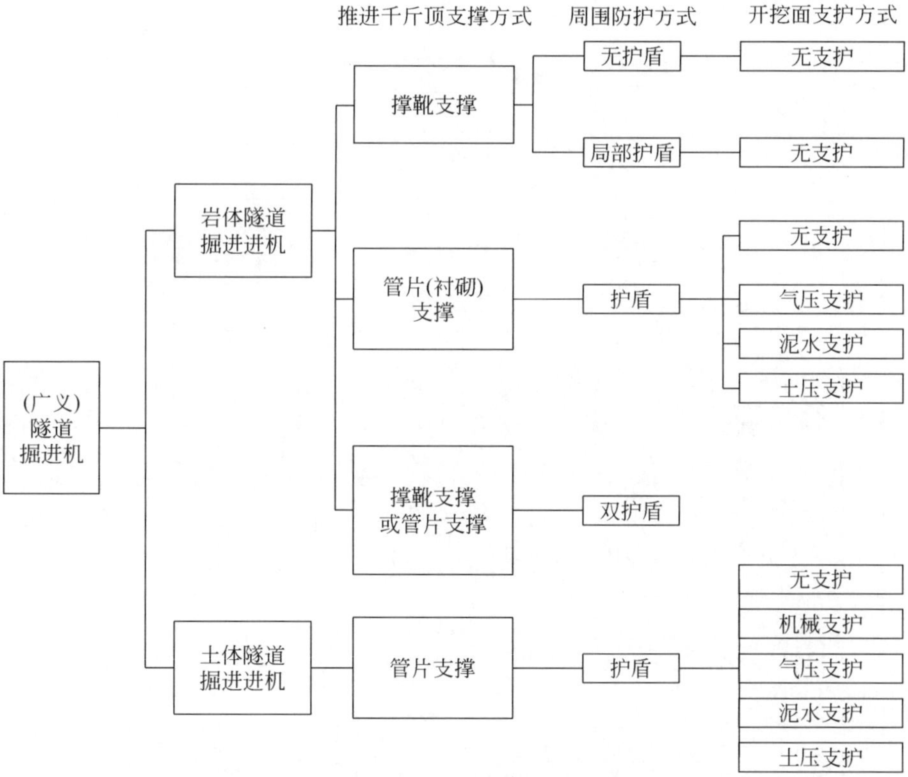

图1.1 （广义）隧道掘进机分类（据 Wittke，2007）

岩体隧道掘进机施工体系始于美国人 Charles Wilson 在1856年的一个专利。土体隧道盾构施工体系始于法国人 Marc Brunel 在 1818 年的一个专利（Maidl *et al.*，2013；AASHTO，2010）。根据开挖面支护方式的不同，可以把现代的盾构机体系划分成五种不同的类型，如图 1.2 所示，其中，后两种为现代常用的基本类型，分别统称为泥水盾构和土压（平衡）盾构。

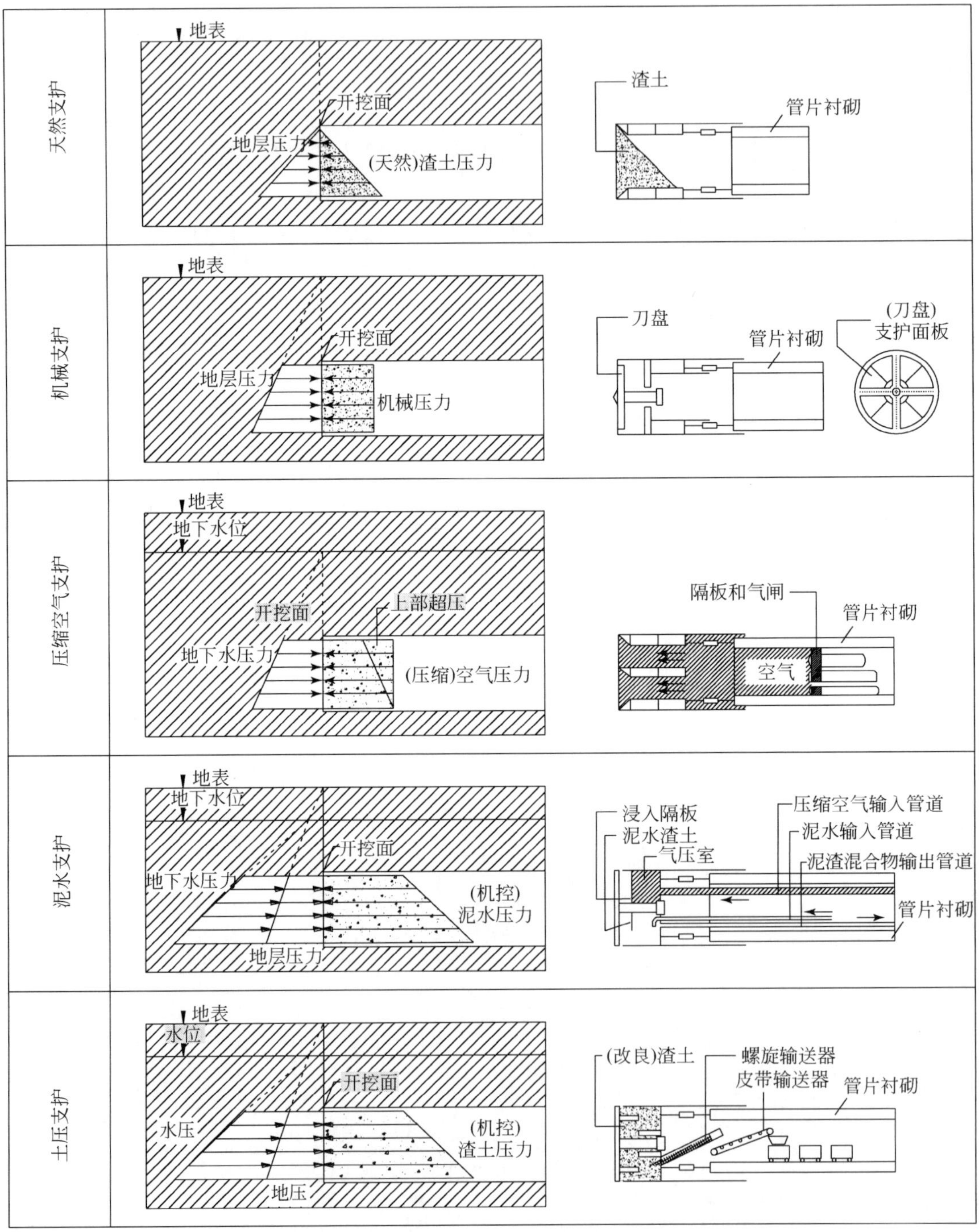

图 1.2　盾构隧道开挖面支护方式（据 Maidl *et al.*，2013）

如图1.3（a）所示，在泥水盾构隧道的施工过程中，渣土输出是通过（膨润土）泥水循环来实现的，开挖面支护是通过泥水压力来实现的。根据泥水压力控制方式的不同，可以把泥水盾构机划分成两种常用类型：一种类型是通过泥水的输入和输出来实现压力仓泥水压力调节的泥水控压型盾构；另一种类型是通过开挖仓内（浸入）隔板后面的压缩空气来实现压力仓泥水压力调节的泥水气压型盾构。如图1.3（b）所示，开挖面支护压力有两种不同的传递机制：①泥膜模式，对于渗透性较低的地层，支护压力是以开挖面（无渗或微渗）泥膜面力的形式来传递的；②渗透模式，对于渗透性较高的地层，支护压力是以开挖面前方泥水渗透力的形式来传递的。

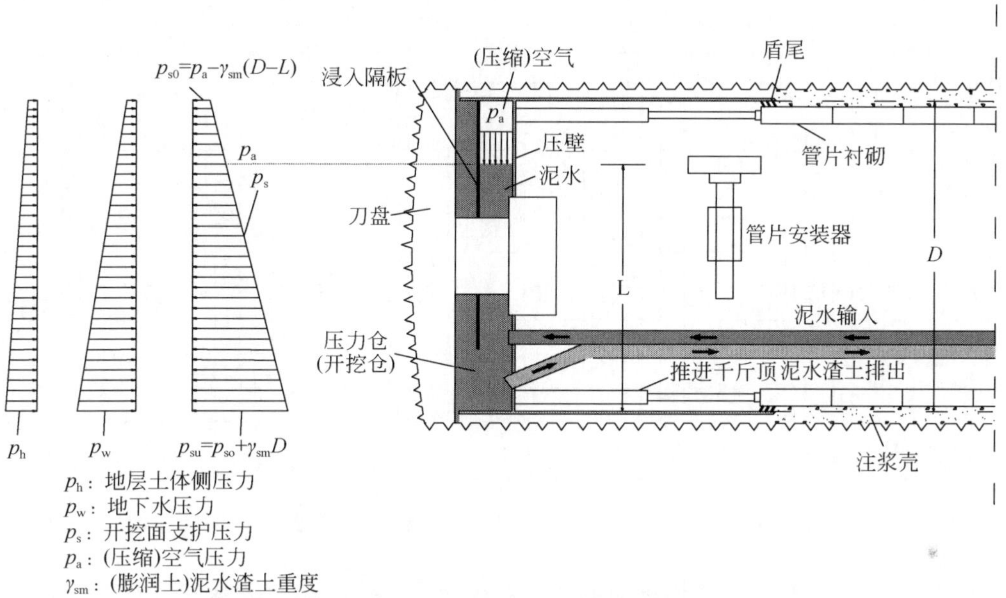

(a) 泥水(气压型)盾构开挖面支护压力调节(据Wittke，2007)

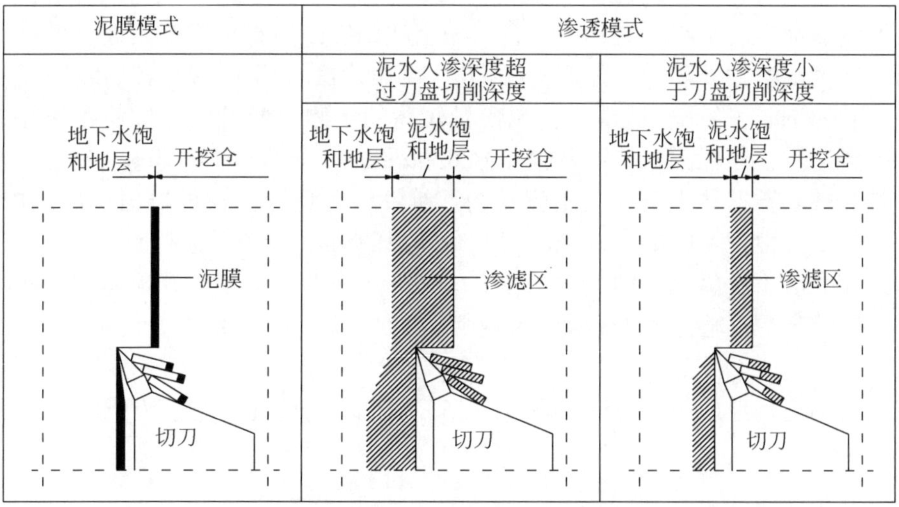

(b) 泥水盾构开挖面支护压力的两种模式(转引自Duhme *et al.*，2016)

图1.3 泥水盾构隧道施工体系示意

泥水盾构机一般比较适用于砂土、砾石含量较高的含水地层。泥水气压型盾构的适用地层范围较广，图 1.4 为适用土体级配范围：地层情况Ⅰ处于级配曲线①（细粒土含量约为 30%）的左上方，细粒土含量较高，渣土泥水分离可能比较困难，并且可能粘连阻塞管道；地层情况Ⅱ处于级配曲线①与级配曲线②之间，以中粗砂-细中砾为主，最为适用；地层情况Ⅲ处于级配区线②与级配曲线③之间，粗砾含量较高，泥水外渗较大，开挖面支护困难；地层情况Ⅳ级配曲线③的右下方，粗砾-卵石含量很高，泥水外渗大，不适用。

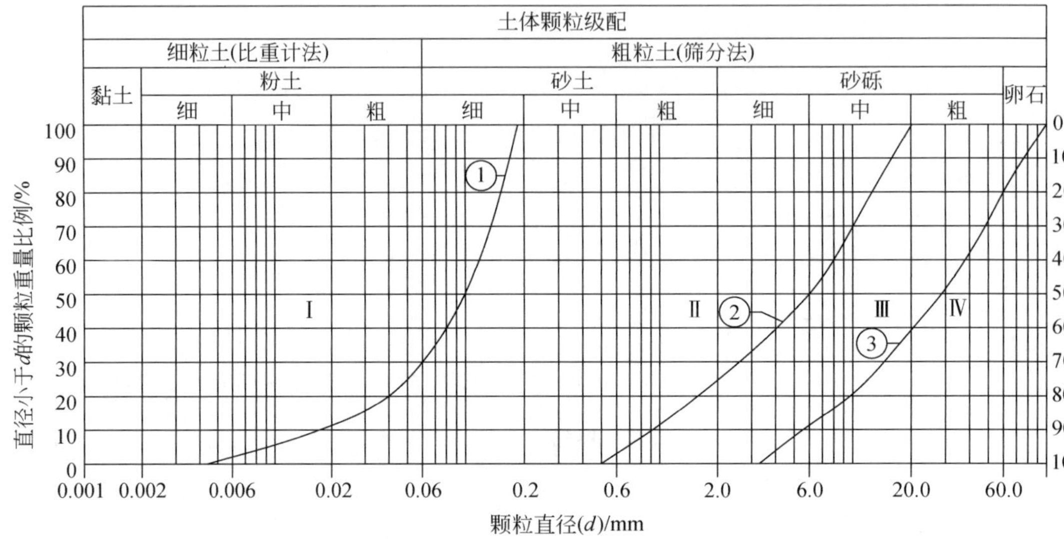

图 1.4　泥水气压型盾构的适用土体级配范围示例（据 Wittke，2007；Maidl *et al.*，2013）

如图 1.5 所示，在土压盾构隧道的施工过程中，开挖面的支护是通过开挖仓内的渣土来实现的（调节盾构机的推进速度和螺旋输送器的出土速度，以开挖仓内的渣土侧压力来制衡隧道开挖面前方的土水压力；开挖仓内渣土的侧压力随盾构机推进速度的减小和螺旋输送器转动速度的增大而降低，随盾构机推进速度的增大和螺旋输送器转动速度的减小而提高）。土压盾构机一般比较适用于黏粒含量较高的土体，但可以通过使用添加剂来改良渣土从而扩大适用土体范围（良好的渣土塑性和稠度，可以保障开挖面处渣土支护压力分布的均匀性和螺旋输送器入口处渣土流动的连续性，避免渣土在低压力梯度区内的阻塞；较低的渣土内摩擦性，可以减小机械的磨损和能源的消耗；较低的渣土渗透性，可以避免在螺旋输送器的渣土出口处使用气闸；较高的渣土压缩性，可以使开挖面支护压力控制得以简化，只需改变螺旋输送器的转动速度，就可以实现支护压力调节），包括砂砾含量较高的土体，以及比较破碎的岩体。

土压盾构的适用地层级配范围如图 1.6 所示①：地层情况Ⅰ处于级配跨度很宽的级配

---

①（黏性土）稠度指数 $I_c=(w_l-w)/(w_l-w_p)$；液性指数 $I_l=(w-w_p)/(w_l-w_p)$，$I_c+I_l=1$，其中，w、w_p、w_l 分别代表天然含水量、塑限含水量、液限含水量。

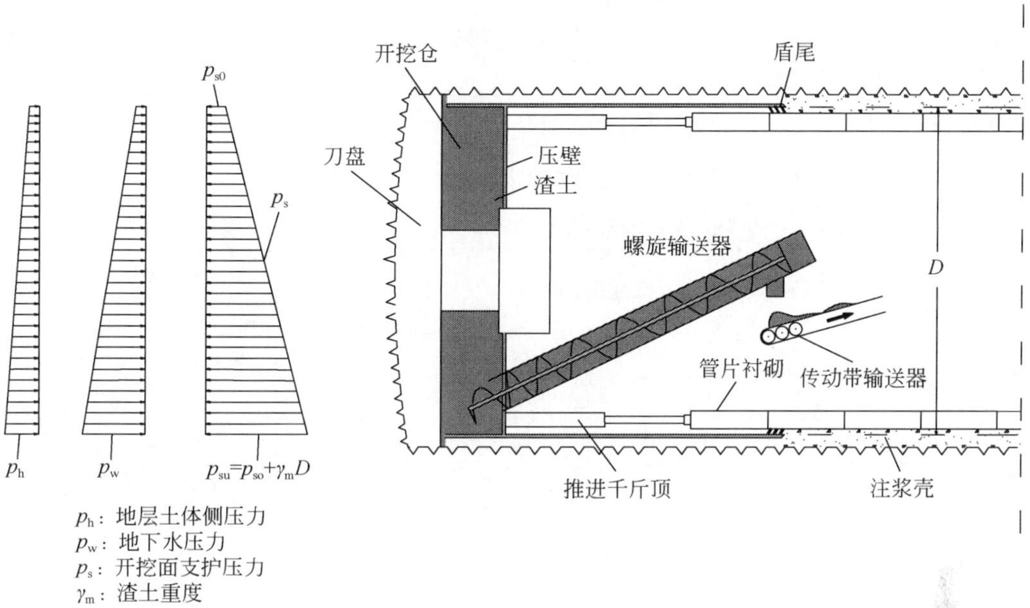

(a) 土压盾构开挖面支护压力调节(据Wittke，2007)

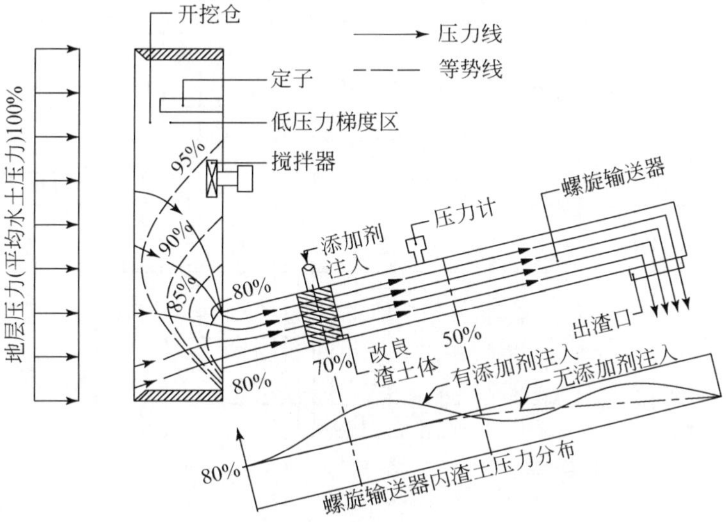

(b) 土压盾构开挖仓和螺旋输送器渣土压力分布(据Maidl *et al.*，2013)

图 1.5　土压（平衡）盾构隧道施工体系示意

曲线①（细粒土含量约为 30%）的左上方，土体的渗透性很低，土压盾构普遍适用；当土体的稠度很高时（稠度指数 $I_c>1$），通常不需要开挖面支护，但若开挖面需要支护，则土体不能太硬（稠度指数 $I_c=0.4\sim0.75$，即液性指数 $I_l=0.6\sim0.25$，可塑状态）；对处于级配曲线①右下方和级配界线②左上方的地层情况Ⅱ，土体的细粒含量很低，土体的渗透性较高，摩擦性较强，要求地下水压力低于 2 个大气压，土体渗透系数低于 10^{-5} m/s；对处于级配界线②右下方和级配界线③左上方的地层情况Ⅲ，土体的渗透性很高，摩擦性很强，要求不存在地下水压力，土体渗透系数低于 10^{-4}m/s；对与级配界线③右下方区域对应的地层情况Ⅳ，土体的渗透性太高，改良剂容易外流，以至于无法改良土体，不能提供开挖面支护压力。

区域	前提条件 （I_c 为稠度指数，K 为渗透系数）	添加剂
Ⅰ	I_c=0.4～0.75（如果开挖面需要支护）	水
	I_c>0.75（如果开挖面需要支护）	黏土聚合物悬浮液 表面活性剂泡沫
Ⅱ	$K<10^{-5}$m/s；水压<2bar（1bar=10^5Pa）	黏土聚合物悬浮液 聚合物泡沫
Ⅲ	$K<10^{-4}$m/s；无水压	高密度泥水 高分子悬浮液 聚合物泡沫
Ⅳ	不适用	

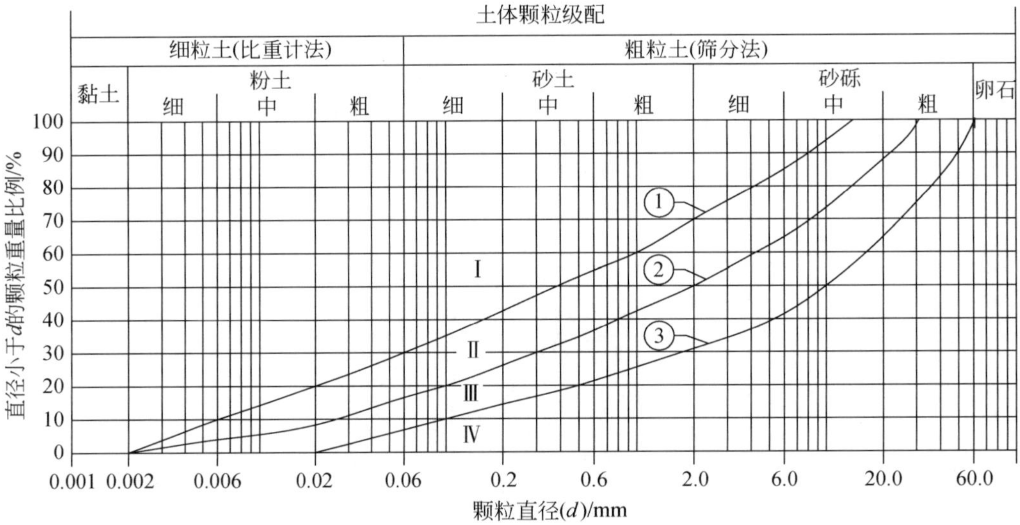

图 1.6　土压盾构的适用土体级配范围示例（据 Wittke，2007；Maidl *et al.*，2013）

1.2　浅埋盾构隧道的稳定性问题

浅埋盾构隧道施工区及附近环境的稳定性取决于对附近地层变位的合理控制，主要包括两个方面（图 1.7）：①一个方面是开挖区控制，即开挖面前方地层变位的控制，泥水盾构通过泥水支护压力来实施控制，土压盾构通过渣土支护压力来实施控制；②另一个方面是盾尾区控制，即护盾尾部管片衬砌周围地层变位的控制（盾尾间隙是指盾尾管片衬砌外缘与地层之间的空隙，一般为 5～25cm），通过在管片衬砌背后注浆来实施控制。

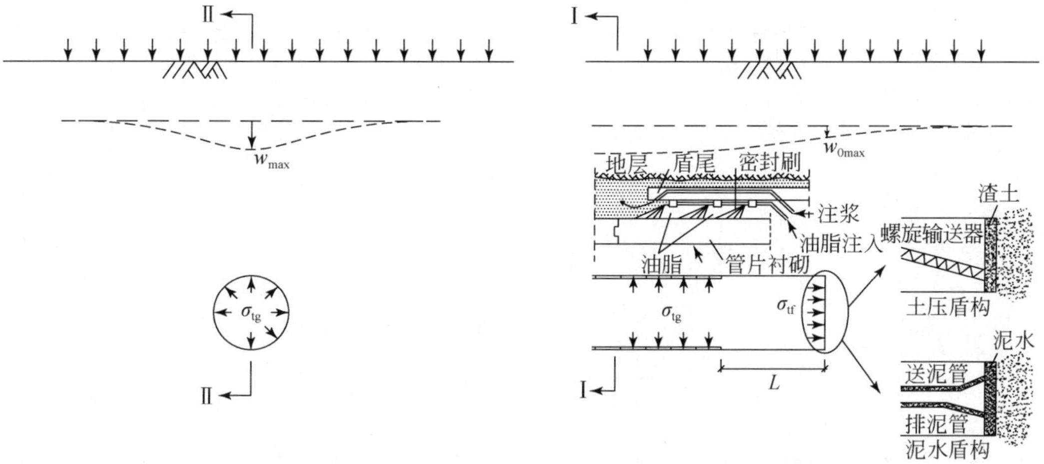

(a) Ⅰ－Ⅰ剖面　　(b) Ⅱ－Ⅱ剖面

图 1.7　浅埋隧道盾构施工区（开挖区和盾尾区）稳定控制

σ_{tf}. 开挖面（泥水或渣土）支护压力集度；σ_{tg}. 盾尾注浆支护压力集度；L. 护盾长度；
w_{0max}. 开挖面正上方地层某深度处的最大沉降；w_{max}. 地层某深度平面的最大沉降

关于开挖区的稳定性问题：①对于土压盾构，如果盾构开挖仓内渣土支护压力偏小，就可能导致开挖面的挤入、地层的塌落及地下水的流入，而如果渣土支护压力偏大，则可能导致开挖面的挤出及地层的隆起，并可能降低渣土的流塑性，从而造成支护压力分布的

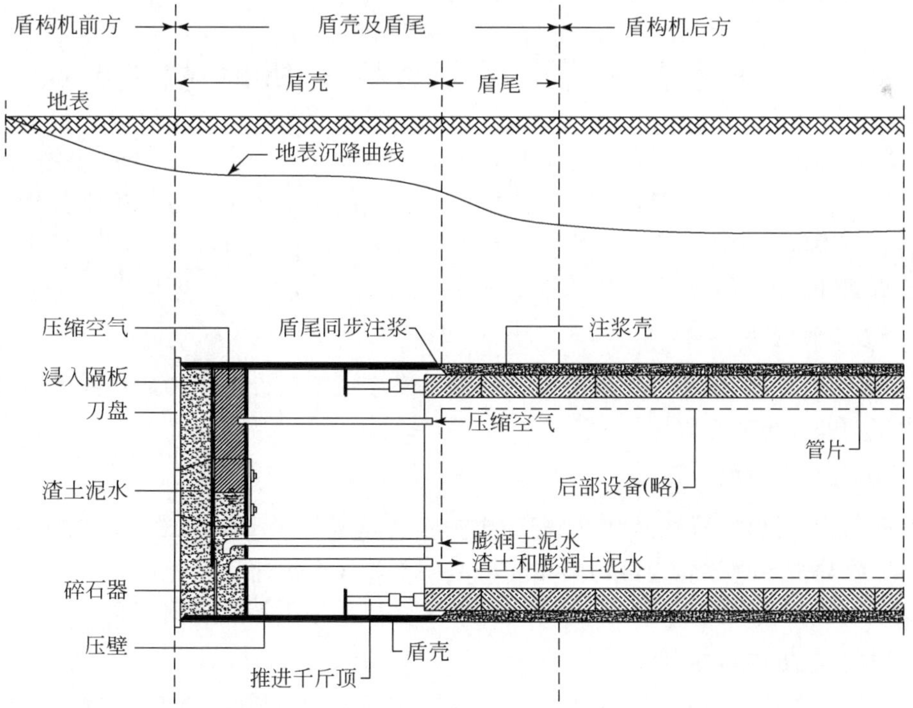

盾构机前方地层变位的主要直接诱因	盾壳及盾尾周围地层变位的主要直接诱因	盾构机后方地层变位的主要直接诱因
• 开挖面处的超挖、变位(甚至失稳)； • 对地层初始应力的纵向影响	盾壳周围： • 超挖和盾壳锥缩； • 伴随转向而产生的挤压和振动； • 盾壳表面的剪切应力； • 盾壳的变形； • 盾构机的下沉。 盾尾周围： • 填充材料的性质； • 填充不足； • 注浆压力不足； • 由推进千斤顶压力和后部设备所引起的管片衬砌变形	• 由隧道修建所引起的地层附加压缩； • 由隧道修建所带来的地层–管片的长期变形效应

图 1.8　浅埋盾构隧道地层变位的主要直接诱因（据 Maidl *et al.*，2013）

不稳定、刀盘磨损的加剧和扭矩的增大、螺旋输送器入口附近渣土的拱效应等不利影响；②对于泥水盾构，如果泥水支护压力偏小，就可能导致开挖面的挤入、地层的塌落及地下水的流入，而如果泥水支护压力偏大，则可能出现泥水的外渗和相应的支护压力损失。

关于盾尾注浆区的稳定性问题，如果注浆压力偏大，就可能造成地层的隆起乃至被动失稳，而如果注浆压力偏小，则可能带来地层的沉降乃至主动失稳。

浅埋盾构隧道的稳定性会影响到附近环境的稳定性，盾构机前方、盾壳及盾尾周围、盾构机后方地层变位的主要直接影响因素如图 1.8 所示。

1.3　浅埋盾构隧道极限稳定分析理论的类别

盾构隧道施工稳定性分析的常用方法可以分为两大类：一类是极限平衡法；另一类是极限分析法。在极限分析法类别中，下界极限分析法的应用较少，上界极限分析法的应用较多，例如较为传统的刚体上界极限分析法和有限元上界极限分析法，较为新颖的连续上界极限分析法和间断布局优化上界极限分析法。

(1) 极限平衡法

采用刚体组合的理想塑性主动极限平衡破坏模型或被动极限平衡破坏模型，优化计算隧道支护压力的下界或上界。

(2) 刚体上界极限分析法

采用满足运动许可条件的刚体组合理想塑性主动破坏运动模型或被动破坏运动模型，根据上界极限分析定理建立塑性功率与能耗速率不等式，优化计算隧道支护压力的下界或上界（分别与极限荷载的上界或下界相对应，因为支护压力属于反向荷载）。

(3) 有限元上界极限分析方法

采用有限元模型，根据上界极限分析定理建立塑性功率与能耗速率不等式，以相关塑性流动法则和位移速度边界条件为约束条件，优化计算隧道的支护压力下界及相应的破坏模式。

(4) 连续上界极限分析法

采用满足运动许可条件的连续理想塑性主动或被动失稳模型，根据上界极限分析定理建立塑性功率与能耗速率不等式，优化计算隧道的支护压力下界或上界，以及相应的失稳模式。因为可以考虑地层材料的分布调动强度，所以又称为调动强度设计（mobolized strength design）。

(5) 间断布局优化上界极限分析法

简称间断布局优化法（discontinuity layout optimization），采用满足运动许可条件的节点网络间断布局，根据上界极限分析定理建立塑性功率与能耗速率不等式，优化计算隧道的支护压力下界及相应的破坏模式。

第 2 章　岩土稳定性分析的基础理论

本章借鉴 Drucker 等（1952）、Finn（1967）、Chen（1975）、Pietruszczak（2010）的有关论述，系统地阐述岩土极限稳定性分析的基础理论，包括岩土塑性理论、岩土极限平衡理论、岩土极限分析理论。

2.1　岩土塑性理论

2.1.1　理想塑性模型

有多种描述固体（岩土）材料塑性行为的模型，如理想塑性模型、脆塑性模型和应变硬化/软化模型。岩土极限稳定分析理论采用理想塑性模型。

理想弹塑性材料的破坏准则与屈服准则相同，可以表示为 $F(\sigma_{ij}^{\mathrm{p}})=0$，式中，上标 p 代表塑性屈服；$\sigma_{ij}^{\mathrm{p}}$为满足屈服准则的应力；$F(\cdot)$为屈服函数。如图 2.1 所示，在相互对应的主应力 $\sigma_1\sigma_2\sigma_3$ 空间和主塑性应变速率 $\dot{\varepsilon}_1\dot{\varepsilon}_2\dot{\varepsilon}_3$ 空间，加载面与屈服面相同，屈服面 $F(\sigma_{ij}^{\mathrm{p}})=0$ 是固定的，不允许出现 $F(\sigma_{ij})>0$ 的应力 σ_{ij}，应力速率 $\dot{\sigma}_{ij}$必须满足塑性一致性条件

$$F(\sigma_{ij}^{\mathrm{p}})=0 \rightarrow \dot{F}=\frac{\partial F}{\partial \sigma_{ij}^{\mathrm{p}}}\dot{\sigma}_{ij}^{\mathrm{p}}=0 \tag{2.1}$$

其几何意义是，应力速率 $\dot{\sigma}_{ij}^{\mathrm{p}}$向量必须与屈服面 $F(\sigma_{ij}^{\mathrm{p}})=0$ 相切，即与屈服面 $F(\sigma_{ij}^{\mathrm{p}})=0$ 的外法向量 $\partial F/\partial \sigma_{ij}^{\mathrm{p}}$正交，称为正交法则。在这里及本书的其他部分，顶标“·”代表下方变量对时间 t 的偏导数，例如，$\dot{\sigma}_{ij}^{\mathrm{p}}=\mathrm{d}\sigma_{ij}^{\mathrm{p}}/\mathrm{d}t$，$\dot{F}=\mathrm{d}F/\mathrm{d}t$。

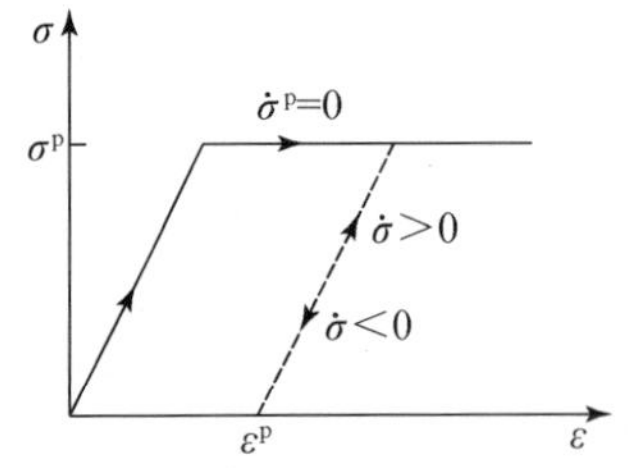

(a) 理想弹塑性单轴应力-应变曲线

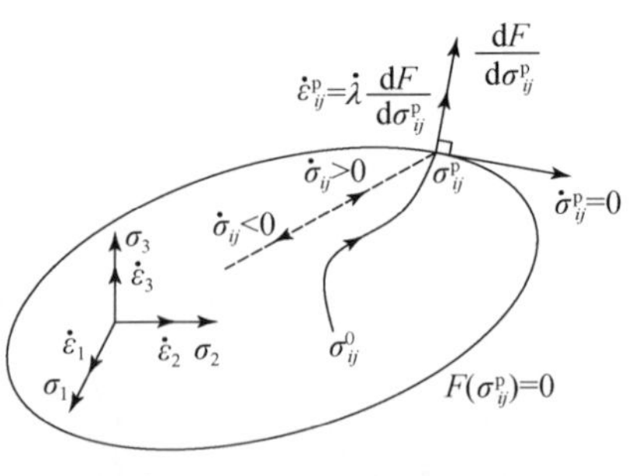

(b) 理想弹塑性屈服面与塑性应变速率

图 2.1　理想弹塑性模型

σ. 单轴应力；ε. 单轴应变；ε^{p}. 单轴塑性应变；σ^{p}. 单轴屈服强度；σ_{ij}^{0}.（任意）初始应力

塑性位移-应变与荷载-应力的路径有关，故一般只能以速率或增量（变分）的形式来表达塑性荷载-位移关系和塑性应力-应变关系。由于时间的唯一性，一个物理量的速率与这个物理量的增量是相互对应的，也就是说，荷载速率是任意微小荷载增量的一种表达形式，位移速率是任意微小位移增量的一种表达形式，应力速率是任意微小应力增量的一种表达形式，应变速率是任意微小应变增量的一种表达形式。

如果加载以后的应力 $\sigma_{ij}^{\mathrm{p}} \triangleq \sigma_{ij}^{\mathrm{p}} + \dot{\sigma}_{ij}^{\mathrm{p}}$满足

$$F<0 \tag{2.2a}$$

或

$$F=0 \wedge \left(\dot{F}=\frac{\partial F}{\partial \sigma_{ij}^{\mathrm{p}}}\dot{\sigma}_{ij}^{\mathrm{p}}<0\right) \tag{2.2b}$$

则材料对该加载的反应是弹性的；式中，符号$\triangleq$表示用右端替换左端，符号$\wedge$为逻辑‘和’；式（2.2b）表示从屈服面 $F(\sigma_{ij}^{\mathrm{p}})=0$ 上的卸载。

应力 σ_{ij}的（理想）塑性许可条件为

$$F(\sigma_{ij}^{\mathrm{p}}) \leqslant 0 \tag{2.2c}$$

其几何意义是，应力 σ_{ij}不能超出屈服面 $F(\sigma_{ij}^{\mathrm{p}})=0$。

2.1.2　塑性流动法则

为了确定塑性应变速率，定义应力 σ_{ij}^{p}的函数 $\psi=\psi(\sigma_{ij}^{\mathrm{p}})$，称为塑性势函数。使塑性等势面 $\psi(\sigma_{ij}^{\mathrm{p}})=\text{const.}$ 的外法向量 $\partial\psi/\partial\sigma_{ij}^{\mathrm{p}}$与塑性应变速率 $\dot{\varepsilon}_{ij}^{\mathrm{p}}$向量的方向相同，即

$$\dot{\varepsilon}_{ij}^{\mathrm{p}}=\dot{\lambda}\frac{\partial\psi}{\partial\sigma_{ij}^{\mathrm{p}}} \tag{2.3}$$

式中，$\dot{\lambda}>0$，代表塑性等势面外法向量 $\partial\psi/\partial\sigma_{ij}^{\mathrm{p}}$为单位向量时的塑性应变速率，称为塑性乘子（速率）。一般而言，$\psi \neq F$，塑性应变速率 $\dot{\varepsilon}_{ij}^{\mathrm{p}}$与屈服函数 F 无关，式（2.3）称为非关联流动法则。

如果 $\psi=F$，则塑性应变速率 $\dot{\varepsilon}_{ij}^{\mathrm{p}}$向量与屈服面 $F=0$ 正交，式（2.3）变为

$$\dot{\varepsilon}_{ij}^{\mathrm{p}}=\dot{\lambda}\frac{\partial F}{\partial\sigma_{ij}^{\mathrm{p}}} \tag{2.4}$$

称为关联流动法则。可见，正交法则式（2.1）也可以表示为 $\dot{\sigma}_{ij}^{\mathrm{p}}\dot{\varepsilon}_{ij}^{\mathrm{p}}=0$。

2.1.3　最大塑性能耗公设

与弹性变形和弹性应变能不同，塑性变形是不可恢复的，由于塑性应变而发生的（机械）能耗是不可逆的。根据热力学第二定律，能耗不可能是负的，否则就会产生能量。

德鲁克（Drucker）公设：对于任意加载过程与加载-卸载循环过程，附加应力所做的塑性功不小于零（非负），可以用（单位体积）功率形式表示为

$$(\sigma_{ij}^{p}-\sigma_{ij}^{0}+\dot{\sigma}_{ij}^{p})\dot{\varepsilon}_{ij}^{p}\geqslant 0 \tag{2.5}$$

或者分开表示为

$$(\sigma_{ij}^{p}-\sigma_{ij}^{0})\dot{\varepsilon}_{ij}^{p}\geqslant 0 \tag{2.6a}$$

$$\dot{\sigma}_{ij}^{p}\dot{\varepsilon}_{ij}^{p}\geqslant 0 \tag{2.6b}$$

式中，σ_{ij}^{0}为（任意）初始应力；σ_{ij}^{p}为屈服面上的应力；$\dot{\sigma}_{ij}^{p}$为应力速率；$\dot{\varepsilon}_{ij}^{p}$为与$\sigma_{ij}^{p}$对应的塑性应变速率；等号仅当塑性应变速率 $\dot{\varepsilon}_{ij}^{p}=0$ 时成立。

式（2.6a）的几何意义是，(多维）应力向量（$\sigma_{ij}^{p}-\sigma_{ij}^{0}$）与塑性应变速率向量 $\dot{\varepsilon}_{ij}^{p}$的夹角不大于 π/2。注意，式（2.6a）中的大于号在 $F(\sigma_{ij}^{0})<0$ 即 σ_{ij}^{0}位于屈服面内时成立。

式（2.6b）的几何意义是，(多维）应力速率向量 $\dot{\sigma}_{ij}^{p}$与塑性应变速率向量 $\dot{\varepsilon}_{ij}^{p}$的夹角不大于 π/2。注意，对于功硬化材料而言，式（2.6b）中的大于号表示塑性加载，等于号表示中性变载；对于理想弹塑性材料而言，大于号无意义，只有等于号适用。

符合德鲁克公设的材料也符合下面的公设（反之亦然）：

1）最大塑性能耗公设，又称为最大塑性功公设，可以表述为：实际的塑能耗最大；即实塑性功大于虚塑性功，也就是说，应力对相应塑性应变所做的“实”功大于其他应力对该塑性应变所做的“虚”功。

2）外凸-正交公设：外凸公设表示屈服-加载面是外凸的；正交公设表示塑性应变速率的方向在屈服-加载面的光滑点处与外法线的方向相同，在屈服-加载面的尖点处指向所有周边邻域屈服-加载面外法线方向之间的某个方向。显然，为了满足外凸-正交公设，塑性势面必须与屈服-加载面重合，即塑性流动法则必须是关联流动法则。

符合德鲁克公设的材料称为德鲁克（意义上的）稳定材料，否则称为德鲁克不稳定材料。对于稳定材料，可以证明塑性边值问题的解的唯一性，以及极限分析的下界定理和上界定理。

2.1.4　莫尔-库仑屈服准则

屈服准则表达的是材料质点达到极限状态即开始屈服时所应该满足的条件。有多种屈服准则，如冯-米赛斯（von Mises）屈服准则、德鲁克-普拉格（Drucker-Prager）屈服准则、霍克-布朗（Hoek-Brown）屈服准则、莫尔-库仑（Mohr-Coulomb）屈服准则。莫尔-库仑屈服准则是岩土极限理论中最为常用的一种屈服准则。

设正应力以压为正，如图 2.2 所示，对于固体的任意点，设 σ 和 τ 分别为包含该点的任意方位微小平面上的正压应力和剪应力，σ_1、σ_2、σ_3 分别为大、中、小主应力（$\sigma_1>\sigma_2>\sigma_3$），则在 $\sigma\tau$ 坐标系中，应力状态可用与 $\sigma_1\sigma_2$、$\sigma_2\sigma_3$、$\sigma_1\sigma_3$ 平面对应的大、中、小三个应力莫尔圆表示，而任意方位平面上的（σ，τ）可用大-中-小应力莫尔圆阴影区域上的点表示。

莫尔-库仑屈服准则的压-剪应力表达形式为

$$F(\tau^{p},\sigma^{p})=\tau^{p}-\sigma^{p}\tan\varphi-c=0 \tag{2.7}$$

式中，τ^{p} 和 σ^{p} 分别为屈服微元剪切破裂面上的剪应力和正应力；c 和 φ 分别为材料的黏聚力和内摩擦角。在 $\sigma\tau$ 坐标系中，式（2.7）为两条斜直线，称为莫尔-库仑屈服线，如图 2.2 所示。

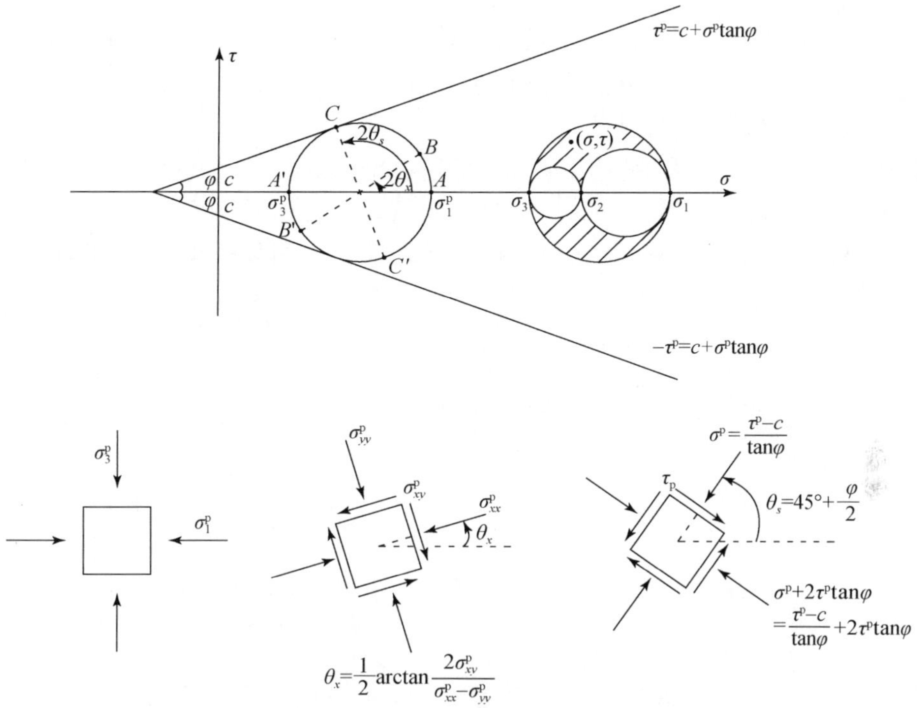

破坏微元的主应力 $\sigma_1^{\mathrm{p}}\sigma_3^{\mathrm{p}}$ 方位　　破坏微元的任意 xy 方位　　破坏微元的剪切破坏方位

图 2.2　应力莫尔圆与莫尔-库仑屈服线（正应力以压为正）

利用材料屈服时应力莫尔圆与莫尔-库仑屈服线相切的条件，可得

$$\tau^{\mathrm{p}}=\frac{1}{2}(\sigma_1^{\mathrm{p}}-\sigma_3^{\mathrm{p}})\cos\varphi \tag{2.8a}$$

$$\sigma^{\mathrm{p}}=\frac{1}{2}(\sigma_1^{\mathrm{p}}+\sigma_3^{\mathrm{p}})-\frac{1}{2}(\sigma_1^{\mathrm{p}}-\sigma_3^{\mathrm{p}})\sin\varphi \tag{2.8b}$$

代入式（2.7），可得莫尔-库仑屈服准则的主应力表达形式为

$$F(\sigma_1^{\mathrm{p}},\sigma_3^{\mathrm{p}})=\sigma_1^{\mathrm{p}}-\xi\sigma_3^{\mathrm{p}}-q_{\mathrm{uc}}=0 \tag{2.9}$$

式中，

$$q_{\mathrm{uc}}=\frac{2c\cdot\cos\varphi}{1-\sin\varphi}=2c\cdot\tan\left(45°+\frac{\varphi}{2}\right) \tag{2.10}$$

$$\xi=\frac{1+\sin\varphi}{1-\sin\varphi}=\tan^2\left(45°+\frac{\varphi}{2}\right) \tag{2.11}$$

可见，q_{uc} 等同单轴抗压强度（$\sigma_3^{\mathrm{p}}=0$ 时的 σ_1^{p}）；ξ 等同挡土墙极限平衡理论中的朗肯被动侧压力系数；莫尔-库仑破裂面是共轭的（大主应力方向和小主应力方向都是共轭轴），与大主应力作用面的夹角为 $\theta_s=45°+\varphi/2$。

对于破坏微元在 $\sigma_1\sigma_3$ 平面内的任意 xy 方位，利用 σ_1、σ_3 与 σ_{xx}、σ_{yy}、σ_{xy} 之间的关

系，可得莫尔-库仑屈服准则的 $\sigma_1\sigma_3$ 平面任意方位应力表达形式为

$$F(\sigma^{\mathrm{p}}_{xx},\sigma^{\mathrm{p}}_{yy},\sigma^{\mathrm{p}}_{xy})=(1-\xi)\left(\frac{\sigma^{\mathrm{p}}_{xx}+\sigma^{\mathrm{p}}_{yy}}{2}\right)+(1+\xi)\left(\frac{1}{2}\sqrt{(\sigma^{\mathrm{p}}_{xx}-\sigma^{\mathrm{p}}_{yy})^2+(2\sigma^{\mathrm{p}}_{xy})^2}\right)-q_{\mathrm{uc}}=0 \tag{2.12}$$

显然，σ^{p}_{xx} 方向相对于 σ^{p}_1 方向的逆时针转角为 $\theta_x=(1/2)\arctan[2\sigma^{\mathrm{p}}_{xy}/(\sigma^{\mathrm{p}}_{xx}-\sigma^{\mathrm{p}}_{yy})]$；式（2.9）是式（2.12）当 $\sigma^{\mathrm{p}}_{xx}=\sigma^{\mathrm{p}}_1$、$\sigma^{\mathrm{p}}_{yy}=\sigma^{\mathrm{p}}_3$、$\sigma^{\mathrm{p}}_{xy}=0$ 时的特例；式（2.7）是式（2.12）当 $\sigma^{\mathrm{p}}_{xx}=\sigma^{\mathrm{p}}$、$\sigma^{\mathrm{p}}_{yy}=\sigma^{\mathrm{p}}+2\tau^{\mathrm{p}}\tan\varphi$、$\sigma^{\mathrm{p}}_{xy}=\tau^{\mathrm{p}}$ 时的特例。

各向同性材料的屈服准则适用于主应力的所有排列方式。大、中、小主应力共有六种不同的排列方式，即除排列 $\sigma_1>\sigma_2>\sigma_3$ 以外，还可以有排列 $\sigma_1>\sigma_3>\sigma_2$，$\sigma_2>\sigma_3>\sigma_1$，$\sigma_2>\sigma_1>\sigma_3$，$\sigma_3>\sigma_2>\sigma_1$，$\sigma_3>\sigma_1>\sigma_2$。与排列 $\sigma_1>\sigma_2>\sigma_3$ 对应，可以把莫尔-库仑屈服准则表示

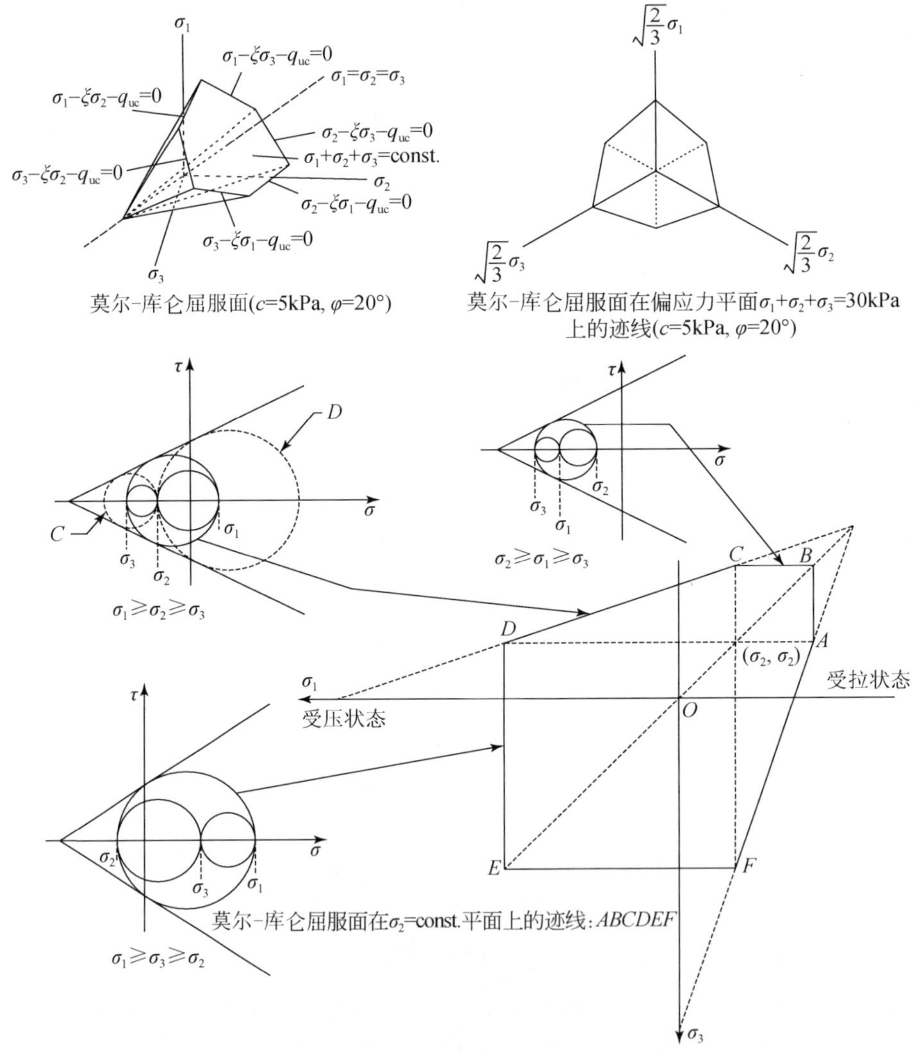

图 2.3　主应力空间莫尔-库仑屈服面及其在偏应力平面上的迹线和 $\sigma_2=\mathrm{const.}$ 平面上的迹线

正应力以压为正，屈服面方程省略了上标 p

为式（2.9），在主应力空间内代表一个与 σ_2 轴平行的平面，（1，0，$-\xi$）是一个法向量的坐标；与另外五种排列对应，也可以把莫尔－库仑屈服准则表示成与式（2.9）相似的方程。如图 2.3 所示，在主应力空间内，这种形式的六个方程定义了一个不规则的六棱锥面，其顶点坐标为（$-c\cot\varphi$，$-c\cot\varphi$，$-c\cot\varphi$），轴线方程为 $\sigma_1=\sigma_2=\sigma_3$（称为静水应力线或等倾线），与偏应力平面的交线为不规则六边形。

值得说明，对于饱和地层需要水土分算的情况而言，莫尔－库仑屈服准则中的正应力应取为有效应力，黏聚力和内摩擦角分别应取为有效黏聚力和有效内摩擦角。

与正应力以压为正的设定相一致，正应变（及体积应变）以压缩为正。根据关联流动法则式（2.4）和莫尔－库仑屈服准则式（2.9），可得塑性主应变速率 $\dot{\varepsilon}_1^{\mathrm{p}}=\dot{\lambda}$、$\dot{\varepsilon}_2^{\mathrm{p}}=0$、$\dot{\varepsilon}_3^{\mathrm{p}}=-\dot{\lambda}\xi$，于是，塑性体积应变速率为 $\dot{\varepsilon}_{\mathrm{V}}^{\mathrm{p}}=\dot{\varepsilon}_1^{\mathrm{p}}+\dot{\varepsilon}_2^{\mathrm{p}}+\dot{\varepsilon}_3^{\mathrm{p}}=(1-\xi)\dot{\lambda}$，因为 $\xi\geqslant1$、$\dot{\lambda}>0$，所以 $\dot{\varepsilon}_{\mathrm{V}}^{\mathrm{p}}\leqslant0$（等号仅在 $\varphi=0$ 时成立）。可见，莫尔－库仑材料在塑性变形过程中的体积应变速率小于零，即体积增大（剪胀）。

2.1.5　屈瑞斯卡（Tresca）屈服准则

屈瑞斯卡准则相当于无摩擦材料（$\varphi=0$）的莫尔－库仑屈服准则，是岩土极限理论中最为常用的屈服准则之一。设应力以压为正，如图 2.4 所示，屈瑞斯卡屈服准则的剪应力表达形式为

$$F(\tau^{\mathrm{p}})=\tau^{\mathrm{p}}-c=0 \tag{2.13}$$

设 $\sigma_1>\sigma_2>\sigma_3$，则屈瑞斯卡屈服准则的主应力表达形式为

$$F(\sigma_1^{\mathrm{p}},\sigma_3^{\mathrm{p}})=\sigma_1^{\mathrm{p}}-\sigma_3^{\mathrm{p}}-2c=0 \tag{2.14}$$

对于破坏微元在 $\sigma_1\sigma_3$ 平面内的任意 xy 方位，利用 σ_1、σ_3 与 σ_{xx}、σ_{yy}、σ_{xy} 之间的关系，可得屈瑞斯卡屈服准则的 $\sigma_1\sigma_3$ 平面任意方位应力表达形式为

$$F(\sigma_{xx}^{\mathrm{p}},\sigma_{yy}^{\mathrm{p}},\sigma_{xy}^{\mathrm{p}})=\sqrt{(\sigma_{xx}^{\mathrm{p}}-\sigma_{yy}^{\mathrm{p}})^2+(2\sigma_{xy}^{\mathrm{p}})^2}-2c=0 \tag{2.15}$$

可见，σ_{xx}^{p} 方向相对于 σ_1^{p} 方向的逆时针转角为 $\theta_x=(1/2)\arctan[2\sigma_{xy}^{\mathrm{p}}/(\sigma_{xx}^{\mathrm{p}}-\sigma_{yy}^{\mathrm{p}})]$；屈瑞斯卡破裂面是共轭的，与大（小）主应力作用面的夹角为 $\theta_s=45°$。

在主应力空间内，基于 $\sigma_1>\sigma_2>\sigma_3$ 条件的式（2.14）代表一个与 σ_2 轴平行的平面，单位法向量的坐标是（$1/\sqrt{2}$，0，$-1/\sqrt{2}$）；对于各向同性材料，屈瑞斯卡屈服准则适用于大、中、小主应力的所有六种不同排列方式，可以用式（2.14）形式的六个不同方程表达，如图 2.5 所示，这六个方程定义了一个以等倾线 $\sigma_1=\sigma_2=\sigma_3$ 为轴线的正六棱柱面，它与偏应力平面的交线为正六边形。

对于饱和地层水土分算的情况而言，屈瑞斯卡屈服准则中的主应力应取为有效应力，黏聚力应取为有效黏聚力。

根据关联流动法则式（2.4）和屈瑞斯卡屈服准则式（2.14），可得塑性主应变 $\dot{\varepsilon}_1^{\mathrm{p}}=\dot{\lambda}$、$\dot{\varepsilon}_2^{\mathrm{p}}=0$、$\dot{\varepsilon}_3^{\mathrm{p}}=-\dot{\lambda}$，于是，塑性体积应变速率为 $\dot{\varepsilon}_{\mathrm{V}}^{\mathrm{p}}=\dot{\varepsilon}_1^{\mathrm{p}}+\dot{\varepsilon}_2^{\mathrm{p}}+\dot{\varepsilon}_3^{\mathrm{p}}=0$。可见，屈瑞斯卡材料在塑性变形过程中的体积应变速率为零，即体积不变。

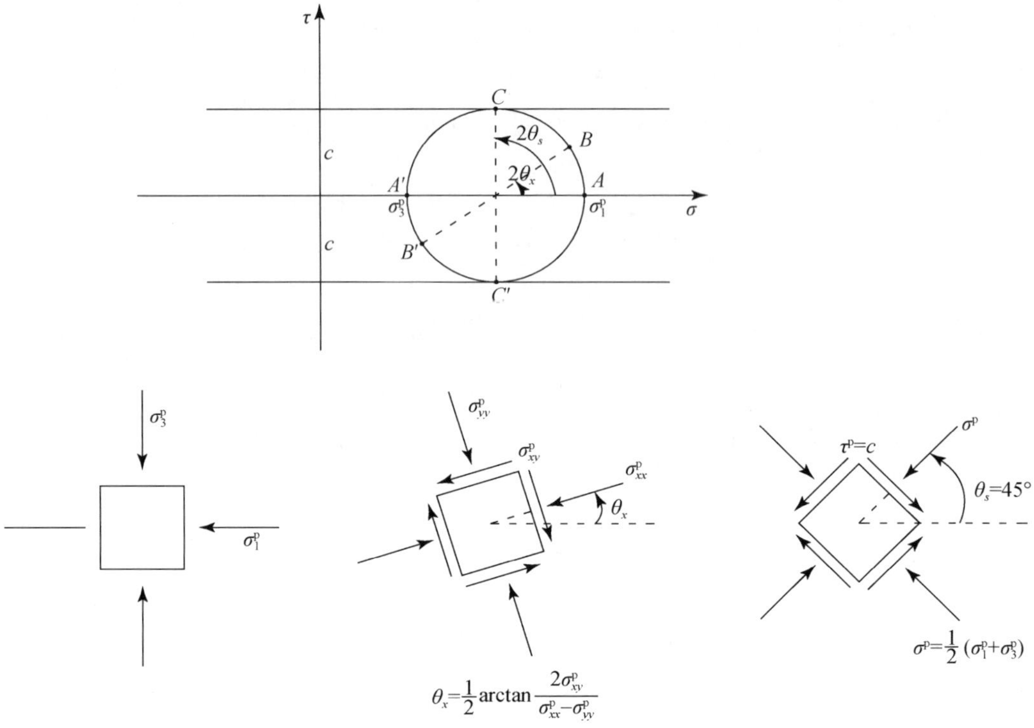

破坏微元的主应力$\sigma_1^p\sigma_3^p$方位　　破坏微元的任意xy方位　　破坏微元的剪切破坏方位

图 2.4　应力莫尔圆与屈瑞斯卡屈服线（正应力以压为正）

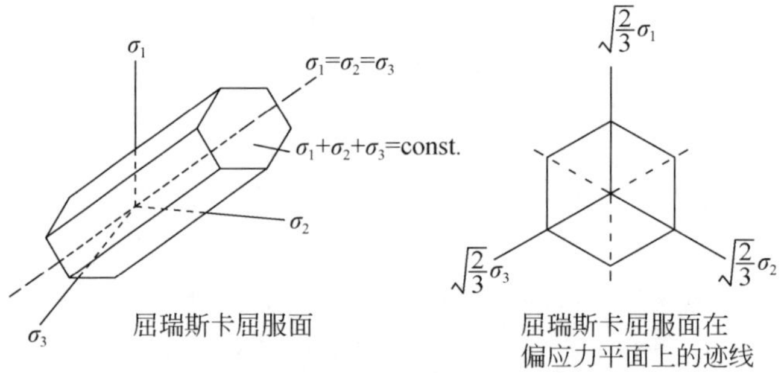

图 2.5　主应力空间屈瑞斯卡屈服面及其在偏应力平面上的迹线

正应力以压为正，屈服面方程省略了上标 p

2.2　岩土极限平衡理论

下面分别阐述挡土墙支护压力的朗肯极限平衡理论和库仑极限平衡理论。设应力以压为正，h 为挡土墙的高度，γ、c、φ 分别为挡土墙背后土体的重度、黏聚力和内摩擦角。

2.2.1　朗肯极限平衡理论

考虑无限长刚性挡土墙，背面竖直且光滑，背后土体无限大且表面水平，分别阐述挡土墙支护压力的朗肯主动极限平衡理论和朗肯被动极限平衡理论。

1. 挡土墙必要支护压力的朗肯主动极限平衡理论

设挡土墙在土压力的主动作用下发生有趋势脱离土体的位移，致使部分土体因脱离位移过大而主动达到极限状态。为了求得主动极限平衡条件下的必要支护压力（为维持土体稳定而需要的支护压力的下界），即朗肯主动极限土压力，可以采用两种不同的主动极限平衡模型，分别阐述如下。

（1）微元主动极限平衡模型

考虑图 2.6（a）所示的微元主动极限平衡模型，达到主动极限状态的土体的应力满足莫尔–库仑屈服准则，大主应力是 $\sigma_1=\gamma z$，小主应力是 $\sigma_3=k_a\gamma z-2c\tan\theta_a$，其中，朗肯主动破裂角 $\theta_a=45°-\varphi/2$，朗肯主动侧压力系数 $k_a=\tan^2\theta_a$（小于 1，如当 $\varphi=30°$时，$k_a=1/3$）。

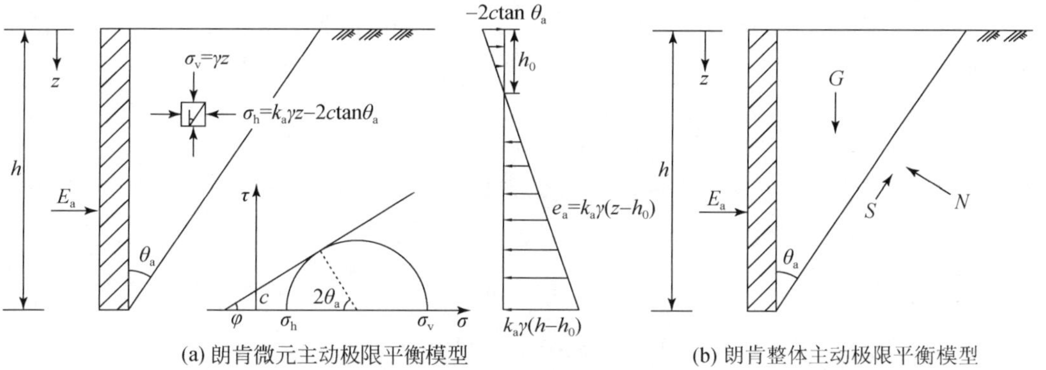

图 2.6　朗肯主动极限平衡模型

如果 $z\leqslant h_0=2c/\gamma\tan\theta_a$，$h_0$ 为拉应力作用的高度，则 $\sigma_3\leqslant 0$，即小主应力为拉应力。设挡土墙背面与土体的接触面不能承受拉应力，则在 $z\leqslant h_0$ 范围内会出现挡土墙背面与土体的脱离，主动极限平衡条件下的侧向土压力集度即为必要支护压力集度，可以表示为

$$e_a=k_a\gamma(z-h_0)\qquad h_0\leqslant z\leqslant h \tag{2.16}$$

沿挡土墙高度呈三角形分布，单位长度挡土墙背后土体的必要支护压力为

$$E_a=\frac{1}{2}(h-h_0)[k_a\gamma h-2c\tan\theta_a] \tag{2.17}$$

作用点位于挡土墙底端以上$(h-h_0)/3$ 处。

显然，对于无黏性土，$c=0$，$h_0=0$。

（2）整体主动极限平衡模型

为了简化表达，考虑无黏性土，$c=0$。考虑图 2.6（b）所示的整体主动极限平衡模型，设 θ_a 为挡土墙背后楔形破裂体的破裂角，问题共涉及五个未知量：E_a 为维持土体稳定的支护压力，G 为楔形破裂体的重力，S 和 N 分别为破裂面上的剪切阻力和法向压力；需要五个定解条件：条件一是 G 与 θ_a 的关系，条件二是 S 与 N 的关系，条件三是水平方向的静力平衡关系，条件四是竖直方向的静力平衡关系，条件五是 E_a 的下确界条件（为求得以上五个条件支护压力 E_a 的下确界即 E_a 的极大值，要求 E_a 对 θ_a 的一阶导数为零、二阶导数为负），依次可以表示为

$$G=\frac{1}{2}\gamma h^2\tan\theta_a \tag{2.18}$$

$$S=N\tan\varphi \tag{2.19}$$

$$E_a+S\sin\theta_a-N\cos\theta_a=0 \tag{2.20}$$

$$G-S\cos\theta_a-N\sin\theta_a=0 \tag{2.21}$$

$$\frac{\mathrm{d}E_a}{\mathrm{d}\theta_a}=0,\frac{\mathrm{d}^2E_a}{\mathrm{d}\theta_a^2}<0 \tag{2.22}$$

由式（2.18）~式（2.21）可以解出

$$E_a=\frac{1}{2}\gamma h^2\,\frac{\sin\theta_a\cos(\varphi+\theta_a)}{\cos\theta_a\sin(\varphi+\theta_a)} \tag{2.23}$$

因为 E_a 表达式（2.23）中的分子和分母都含有 θ_a，直接求导会比较复杂，所以进行形式变换，可得

$$E_a=\frac{1}{2}\gamma h^2\left(1-\frac{\sin\varphi}{\cos\theta_a\sin(\varphi+\theta_a)}\right) \tag{2.24}$$

显然，E_a 在 $\cos\theta_a\sin(\varphi+\theta_a)$ 取极大值时为极大值，因此，利用 $\cos\theta_a\sin(\varphi+\theta_a)$ 的极大值条件，可以方便地求得 $\theta_a=45°-\varphi/2$，代入式（2.24）可得必要支护压力为

$$E_a=\frac{1}{2}\gamma h^2k_a \tag{2.25}$$

作用点位于挡土墙底端以上 $h/3$ 处，与 $c=0$ 时的式（2.17）相同。

由式（2.25）求 E_a 对墙高 h 的导数，并注意到 h 是可以连续增大或减小的，替换成坐标 z，可得必要支护压力集度为

$$e_a=\frac{\mathrm{d}E_a}{\mathrm{d}h}=k_a\gamma h\Rightarrow k_a\gamma z \tag{2.26}$$

与式（2.16）的 $c=0$ 情况相同。

值得说明的是，如果考虑黏性土即 $c\neq0$ 的情况，则式（2.19）应该替换为 $S=N\tan\varphi+ch/\cos\theta_a=N\tan\varphi^*$，经过类似的过程，并考虑拉应力作用的高度，可得与式（2.17）相同的结果；这里，φ^* 代表似摩擦角。

2. 挡土墙容许支护压力的朗肯被动极限平衡理论

设挡土墙发生挤压土体的位移，致使部分土体因挤压位移过大而被动达到极限状态。为了求得被动极限平衡条件下的容许支护压力（为维持土体稳定所容许的支护压力的上界），即朗肯被动极限土压力，可以采用两种不同的被动极限平衡模型，分别阐述如下。

（1）微元被动极限平衡模型

考虑图 2.7（a）所示的微元被动极限平衡模型，达到被动极限状态的土体的应力满足莫尔-库仑屈服准则，小主应力是 $\sigma_3=\gamma z$，大主应力是 $\sigma_1=k_p\gamma z+2c\tan\theta_p$，其中，朗肯被动破裂角 $\theta_p=45°+\varphi/2$，朗肯被动侧压力系数 $k_p=\tan^2\theta_p$（大于 1，如当 $\varphi=30°$时，$k_p=3$）。

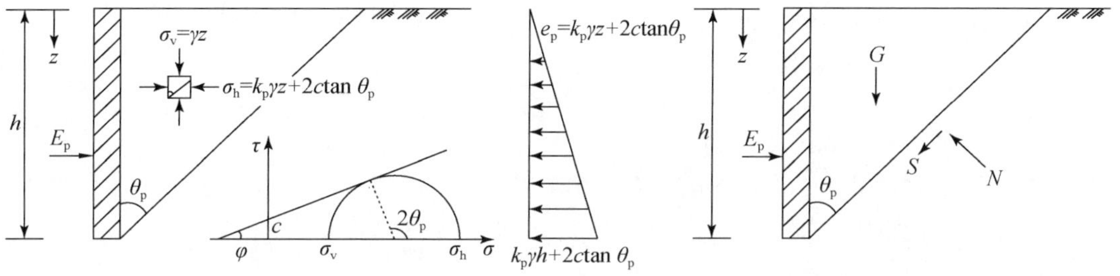

(a) 朗肯微元被动极限平衡模型　　(b) 朗肯整体被动极限平衡模型

图 2.7　朗肯被动极限平衡模型

被动极限平衡条件下的侧向土压力集度即为容许支护压力集度，可以表示为

$$e_p=k_p\gamma z+2c\tan\theta_p \tag{2.27}$$

沿挡土墙高度呈三角形分布，单位长度挡土墙背后土体的容许支护压力为

$$E_p=\frac{1}{2}h(k_p\gamma h+2c\tan\theta_p) \tag{2.28}$$

作用点位于挡土墙底端以上 $h/3$ 处。

（2）整体被动极限平衡模型

为了简化表达，考虑无黏性土，$c=0$。考虑如图 2.7（b）所示的整体被动极限平衡模型，设 θ_p 为挡土墙背后楔形破裂体的破裂角，问题共涉及五个未知量：E_p 为维持土体稳定的支护压力，G 为楔形破裂体的重力，S 和 N 分别为破裂面上的剪切阻力和法向压力；需要五个定解条件：条件一是 G 与 θ_p 的关系，条件二是 S 与 N 的关系，条件三是水平方向的静力平衡关系，条件四是竖直方向的静力平衡关系，条件五是 E_p 的上确界条件（为求得以上五个条件支护压力 E_p 的上确界即 E_p 的极小值，要求 E_p 对 θ_p 的一阶导数为零、二阶导数为正），依次可以表示为

$$G=\frac{1}{2}\gamma h^2\tan\theta_p \tag{2.29}$$

$$S=N\tan\varphi \tag{2.30}$$

$$E_p-S\sin\theta_p-N\cos\theta_p=0 \tag{2.31}$$

$$G+S\cos\theta_p-N\sin\theta_p=0 \tag{2.32}$$

$$\frac{dE_p}{d\theta_p}=0,\frac{d^2E_p}{d\theta_p^2}>0 \tag{2.33}$$

由式（2.29）~式（2.32）可以解出

$$E_p=\frac{1}{2}\gamma h^2\frac{\sin\theta_p\cos(\theta_p-\varphi)}{\cos\theta_p\sin(\theta_p-\varphi)} \tag{2.34}$$

因为 E_p 表达式（2.34）中的分子和分母都含有 θ_p，直接求导会比较复杂，所以进行形式变换，可得

$$E_p=\frac{1}{2}\gamma h^2\left(1+\frac{\sin\varphi}{\cos\theta_p\sin(\theta_p-\varphi)}\right) \tag{2.35}$$

显然，E_p 在 $\cos\theta_p\sin(\theta_p-\varphi)$ 取极大值时为极小值，因此，利用 $\cos\theta_p\sin(\theta_p-\varphi)$ 的极大值条件，可以方便地求得 $\theta_p=45°+\varphi/2$，代入式（2.35）可得容许支护压力为

$$E_p=\frac{1}{2}\gamma h^2 k_p \tag{2.36}$$

作用点位于挡土墙底端以上 $h/3$ 处。

由式（2.36）求 E_p 对墙高 h 的导数，并注意到 h 是可以连续增大或减小的，替换成坐标 z，可得容许支护压力集度为

$$e_p=\frac{\mathrm{d}E_p}{\mathrm{d}h}=k_p\gamma h\Rightarrow k_p\gamma z \tag{2.37}$$

与式（2.27）在 $c=0$ 时的情况相同。

值得说明的是，如果考虑黏性土即 $c\neq0$ 的情况，则式（2.30）应该替换为 $S=N\tan\varphi+ch/\cos\theta_p=N\tan\varphi^*$，经过类似的过程，可得与式（2.28）相同的结果；这里，φ^* 代表似摩擦角。

2.2.2　库仑极限平衡理论

考虑无限长刚性挡土墙，如图 2.8 和图 2.9 所示，设 α 为墙背面与竖向的夹角，β 为背后（无限大）土体表面与水平方向的夹角，ω 为墙背面与背后土体在交界面处的摩擦角，θ 为楔形破裂体的破裂面与水平方向的夹角，分别阐述挡土墙支护压力的库仑主动极限平衡理论和库仑被动极限平衡理论。为了简化表达，只考虑无黏性土，$c=0$。

1. 挡土墙必要支护压力的库仑主动极限平衡理论

设挡土墙在土压力的主动作用下发生有趋势脱离土体的位移，致使部分土体由于脱离趋势的位移过大而主动达到极限状态。为了求得主动极限平衡条件下的必要支护压力，即库仑主动极限土压力，根据图 2.8 所示的主动极限平衡模型及其平衡力三角形（R 为楔形破裂体在破裂面上受到的阻力，等于向上剪切阻力与支撑阻力的向量和），可有

$$E_a^*=G\frac{\sin(\theta-\varphi)}{\sin[180°-(\psi+\theta-\varphi)]} \tag{2.38}$$

$$G=\frac{1}{2}\overline{AD}\cdot\overline{BC}\cdot\gamma=\frac{1}{2}\gamma h^2\frac{\cos(\alpha-\theta)\cos(\beta-\alpha)}{\cos^2\alpha\sin(\theta-\beta)} \tag{2.39}$$

式中，E_a^* 为支护压力；G 为库仑主动极限楔形破裂体重力；把式（2.39）代入式（2.38），并注意 $\psi=90°-\alpha-\omega$，可得

$$E_a^*=\frac{1}{2}\gamma h^2\frac{\cos(\alpha-\theta)\cos(\beta-\alpha)\sin(\theta-\varphi)}{\cos^2\alpha\sin(\theta-\beta)\cos(\theta-\alpha-\omega-\varphi)} \tag{2.40}$$

可见，$E_a^*\big|_{\theta=90°+\alpha}=0$，$E_a^*\big|_{\theta=\varphi}=0$，因此，当 θ 在区间（φ，$90°+\alpha$）内变化时，E_a^* 有一

个极大值；由 $\mathrm{d}E_{\mathrm{a}}^{*}/\mathrm{d}\theta=0$，求得使 E_{a}^{*} 取极大值的 θ，并代入式（2.40），可得必要支护压力为

$$E_{\mathrm{a}}^{*}=\frac{1}{2}\gamma h^{2}\frac{\cos^{2}(\varphi-\alpha)}{\cos^{2}\alpha\cos(\omega+\alpha)\left[1+\sqrt{\dfrac{\sin(\omega+\varphi)\sin(\varphi-\beta)}{\cos(\omega+\alpha)\cos(\alpha-\beta)}}\right]^{2}} \tag{2.41}$$

可见，当墙背面竖直（$\alpha=0$）光滑（$\omega=0$）、背后土体表面水平（$\beta=0$）时，库仑主动极限砂性土压力式（2.41）与朗肯主动极限砂性土压力式（2.25）相同。

由于 E_{a}^{*} 是墙高 h 的二次函数，而 h 是可以连续增大或减小的，故可知库仑主动极限土压力的集度是随深度的增大而线性增大的。

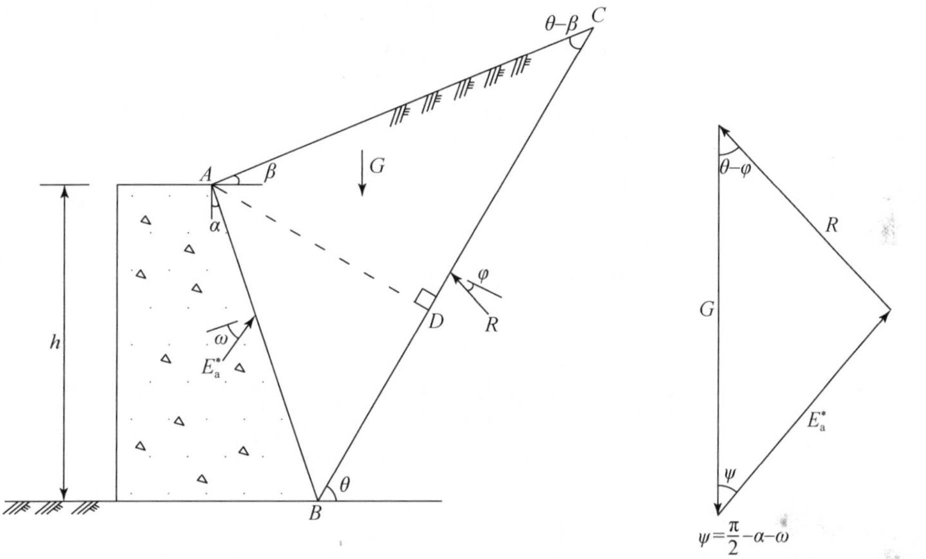

(a) 库仑主动极限土压力模型　　(b) 库仑主动极限平衡力三角形

图 2.8　库仑主动极限平衡模型

2. 挡土墙容许支护压力的库仑被动极限平衡理论

设挡土墙发生挤压土体的位移，致使部分土体由于挤压位移过大而被动达到极限状态。为了求得被动极限平衡条件下的容许支护压力，即库仑被动极限土压力，根据图 2.9 所示的被动极限平衡模型及其平衡力三角形（R 为楔形破裂体在破裂面上受到的阻力，等于向下剪切阻力与支撑阻力的向量和），可有支护压力

$$E_{\mathrm{p}}^{*}=G\frac{\sin(\theta+\varphi)}{\sin(90^{\circ}+\alpha-\omega-\theta-\varphi)} \tag{2.42}$$

容许支护压力应该是 E_{p}^{*} 的一个极小值；由 $\mathrm{d}E_{\mathrm{p}}^{*}/\mathrm{d}\theta=0$，求得使 E_{p}^{*} 取极小值的 θ，并代入式（2.42），可得容许支护压力为

$$E_{\mathrm{p}}^{*}=\frac{1}{2}\gamma h^{2}\frac{\cos^{2}(\varphi+\alpha)}{\cos^{2}\alpha\cos(\alpha-\omega)\left[1-\sqrt{\dfrac{\sin(\omega+\varphi)\sin(\varphi+\beta)}{\cos(\alpha-\omega)\cos(\alpha-\beta)}}\right]^{2}} \tag{2.43}$$

式中，G 为库仑被动极限楔形破裂体重力。

由于 E_p^* 是墙高 h 的二次函数，而 h 是可以连续增大或减小的，故可知库仑被动极限土压力的集度是随深度的增大而线性增大的。

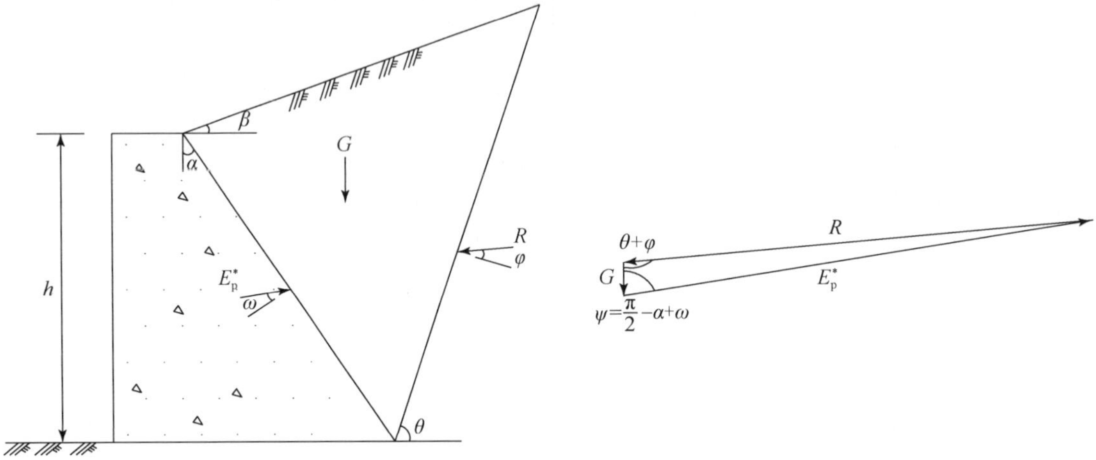

(a) 库仑被动极限土压力模型　　(b) 库仑被动极限平衡力三角形

图 2.9　库仑被动极限平衡模型

2.3　岩土极限分析理论

2.3.1　小变形假设与虚功方程

小变形假设：假设固体在破坏瞬时的几何变形是微小的，则针对固体初始（未变形）状态所建立的平衡方程在固体破坏的瞬时仍然是适用的。

虚功原理：对于等温固体，在小变形假设下，满足平衡条件的任意外力和应力分别对满足变形协调条件的任意位移和应变所做的功是相等的。如图 2.10 所示，任意虚（或实）静力许可体系（平衡力体系）对任意虚（或实）运动许可体系（相容变位体系）所做的外力虚功（或实功）等于内力虚功（或实功），虚功原理可以用功率形式表示为

$$\left(\dot{W}=\int_A t_i\dot{u}_i^*\,\mathrm{d}A+\int_V f_i\dot{u}_i^*\,\mathrm{d}V\right)=\left(\dot{E}=\int_V \sigma_{ij}\dot{\varepsilon}_{ij}^*\,\mathrm{d}V+\int_S \tau_i\dot{\delta}_i^*\,\mathrm{d}S\right) \tag{2.44}$$

式中，下标 i 和 j 为直角坐标的方向；W 和 $\dot{W}$ 分别为外力虚功和外力虚功率；E 和 $\dot{E}$ 分别为内力虚功（虚应变能）和内力虚功率（虚应变能速率）；V、A、S 分别为固体的体积、表面积、位移间断面积；t_i 为固体表面任意点沿 i 方向的面力（固体表面的集中力相当于无限微小面积上的面力的合力）；f_i 为固体内部任意点沿 i 方向的体力（固体内部的集中力相当于无限微小体积内部的体力的合力；σ_{ij}为固体内部任意点的应力；τ_i 为固体间断面任意点沿 i 方向的面力（在固体位移间断面上，τ_i 是连续的），t_i&f_i-σ_{ij}&τ_i 构成任意静力

许可体系；u_i^* 和 $\dot{u}_i^*$ 分别为 t_i 作用点或 f_i 作用点沿 i 方向的位移和速度；ε_{ij}^* 和 $\dot{\varepsilon}_{ij}^*$ 分别为 σ_{ij} 作用点的应变和应变速率；$\dot{\delta}_i^*=(\dot{u}_i^*+\dot{\delta}_i^*)-\dot{u}_i^*$ 为 τ_i 作用点沿 i 方向的位移速度间断，$\dot{u}_i^*-\dot{\varepsilon}_{ij}^*-\dot{\delta}_i^*$ 构成任意运动许可体系。值得指出，可以把位移速度间断 $\dot{\delta}_i^*$ 视为位移速度在沿着间断面的微小厚度范围内连续大幅度变化的极限。

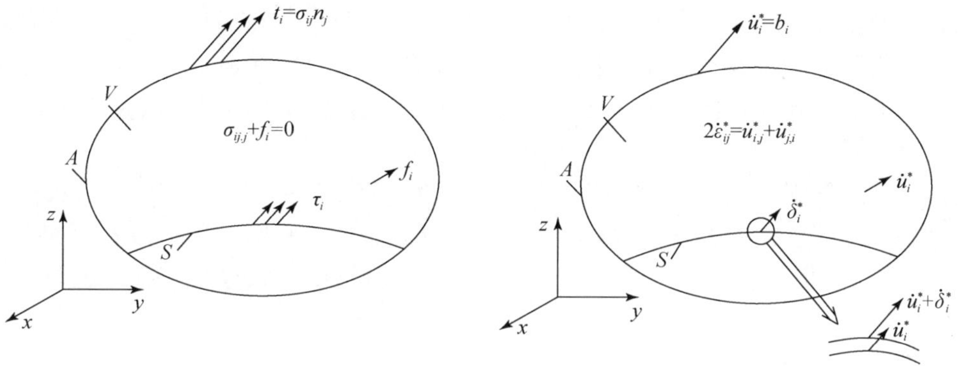

(a) 静力许可体系　　(b) 运动许可体系

图 2.10　（满足小变形假设的等温固体的）静力许可体系和运动许可体系

值得说明的是，面力、体力、位移速度都是任意已知或未知的，可以是部分已知和部分未知的，也可以是全部已知的或全部未知的。

静力许可体系 $t_i\&f_i-\sigma_{ij}\&\tau_i$ 在固体内部满足应力–体力平衡方程

$$\frac{\partial\sigma_{ij}}{\partial x_j}+f_i=\sigma_{ij,j}+f_i=0 \tag{2.45a}$$

在固体表面的给定应力边界上满足应力边界条件（应力–面力平衡方程）

$$t_i=\sigma_{ij}n_j \tag{2.45b}$$

式中，n_j 为固体表面外法线相对于 j 坐标轴的方向余弦。

运动许可体系 $\dot{u}_i^*-\dot{\varepsilon}_{ij}^*-\dot{\delta}_i^*$ 在固体内部满足应变–位移几何方程

$$\dot{\varepsilon}_{ij}^*=\frac{1}{2}\left(\frac{\partial\dot{u}_i^*}{\partial x_j}+\frac{\partial\dot{u}_j^*}{\partial x_i}\right)=\frac{1}{2}(\dot{u}_{i,j}^*+\dot{u}_{j,i}^*) \tag{2.46a}$$

在固体表面的给定位移速度的边界上满足位移速度边界条件

$$\dot{u}_i^*=b_i \tag{2.46b}$$

式中，b_i 为给定位移速度。

注意，力对（其所产生的）相应位移所做的功为实功，对其他位移所做的功为虚功；应力对（其所产生的）相应应变所做的功为实功（实应变能），对其他应变所做的功为虚功（虚应变能）。在虚功方程式（2.44）中，静力许可体系和运动许可体系都是任意的，可以实也可以虚，可以相关也可以不相关，上标“*”只是为了区别，以表示两者各自的独立任意性。

由于静力许可体系 $t_i\&f_i-\sigma_{ij}\&\tau_i$ 的任意性，虚功原理也可以用外力增量–应力增量的功

率形式表示为

$$\int_A \Delta t_i \dot{u}_i^* \mathrm{d}A + \int_V \Delta f_i \dot{u}_i^* \mathrm{d}V = \int_V \Delta\sigma_{ij} \dot{\varepsilon}_{ij}^* \mathrm{d}V + \int_S \Delta\tau_i \dot{\delta}_i^* \mathrm{d}S \tag{2.47}$$

式中，Δt_i 为固体表面任意点沿 i 方向的面力增量；Δf_i 为固体内部任意点沿 i 方向的体力增量；$\Delta\sigma_{ij}$为固体内部任意点的应力增量；$\Delta\tau_i$ 为固体位移间断面任意点沿 i 方向的面力增量；$\Delta t_i \& \Delta f_i - \Delta\sigma_{ij} \& \Delta\tau_i$ 构成静力许可体系。

虚功方程式（2.44）与式（2.47）只包括针对固体位移间断的内力虚功（或实功），而没有反映固体可能存在的面力间断的贡献；这是因为，在面力间断面处，位移是连续的，而两侧的面力则（只能）大小相等、方向相反，故面力间断对位移所做的虚功（或实功）相互抵消，对虚功方程没有贡献。

显然，如果把固体位移间断面积 S 视为固体表面积 A 的一部分，把固体位移间断面任意点沿 i 方向的面力 τ_i 视为表面力 $t_i=-\tau_i$，则由显式包含位移间断面塑性能耗速率的虚功方程式（2.44），把右端的第二项并入左端的第一项，可得隐式包含位移间断面塑性能耗速率的虚功方程

$$\int_{\tilde{A}} t_i \dot{u}_i^* \mathrm{d}\tilde{A} + \int_V f_i \dot{u}_i^* \mathrm{d}V = \int_V \sigma_{ij} \dot{\varepsilon}_{ij}^* \mathrm{d}V \tag{2.48}$$

式中，$\tilde{A}=A+S$；在 S 上，$\dot{u}_i^*$ 和 $\dot{u}_i^* \triangleq \dot{u}_i^* + \dot{\delta}_i^*$ 分别是两侧对应点的位移速度，符号$\triangleq$表示用右端取代左端。

运动许可体系一般可以表示为两个部分的线性叠加，一部分是弹性变形，对应的是弹性功 W^{e}和弹性应变能 E^{e}；另一部分是塑性变形，对应的是塑性功 W^{p}和塑性能耗 E^{p}；于是，功率形式的虚功方程可以表示为$(\dot{W}=\dot{W}^{\mathrm{e}}+\dot{W}^{\mathrm{p}})=(\dot{E}=\dot{E}^{\mathrm{e}}+\dot{E}^{\mathrm{p}})$，其中，$\dot{W}^{\mathrm{e}}$ 为弹性功率；$\dot{W}^{\mathrm{p}}$ 为塑性功率；$\dot{E}^{\mathrm{e}}$ 为弹性应变能速率；$\dot{E}^{\mathrm{p}}$ 为塑性能耗速率。

塑性极限分析一般需要采用功率形式的虚功方程，因为，塑性应变所带来的塑性能耗与塑性应力-应变关系有关，而后者一般需要以增量或速率的形式表达。

2.3.2　（理想塑性）极限荷载

固体的（垮塌）破坏荷载的工程定义是固体在完全失去承载功能并显著改变几何形状时的荷载。但在极限稳定分析理论中，固体的破坏荷载的定义是固体开始塑性流动但仍然符合小变形假设时的荷载。以地层表面上的基础为例，图 2.11 显示了典型的 P-Δ 荷载-位移关系曲线，其中，oa 段为弹性关系，ac 段为弹塑性关系，cd 段为塑性关系，P^{c} 为极

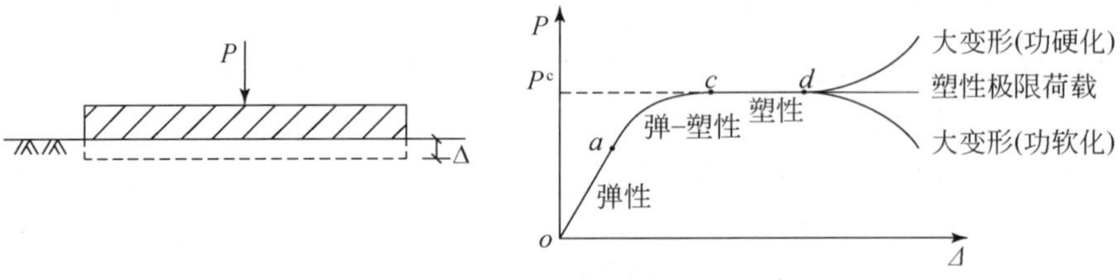

图 2.11　极限荷载的定义

限理论定义下的破坏荷载，又称为极限荷载；上标 c 代表垮塌破坏。

利用外力增量-应力增量功率形式的虚功原理式（2.47）和正交法则式（2.1），可以证明极限荷载与弹性变形无关。

2.3.3　极限分析的下界定理

极限分析的下界定理可以表述为：对于符合德鲁克公设和小变形假设的固体，如果在某荷载作用下，能找到一个满足静力许可条件和塑性许可条件的应力场，称为静力许可-塑性许可体系，则该固体或者没有破坏，或者濒临破坏。

设上标“∗”代表虚拟，如图 2.12 所示，考虑体积为 V、表面积为 A 的固体，符合德鲁克公设和小变形假设，如果有应力 σ_{ij}^* 与面力 t_i^* 和体力 f_i^* 构成静力许可体系，并满足塑性许可条件，即 t_i^* &f_i^* -σ_{ij}^* 为静力许可-塑性许可体系，则该固体在 $F(\sigma_{ij}^*)<0$ 时不会破坏，在 $F(\sigma_{ij}^*)=0$ 时处于临界状态，相应的面力 t_i^* 和体力 f_i^* 分别为真实面力极限荷载 t_i^c 的一个下界和真实体力极限荷载 f_i^c 的一个下界，即

$$t_i^* < t_i^c,\ f_i^* < f_i^c \tag{2.49}$$

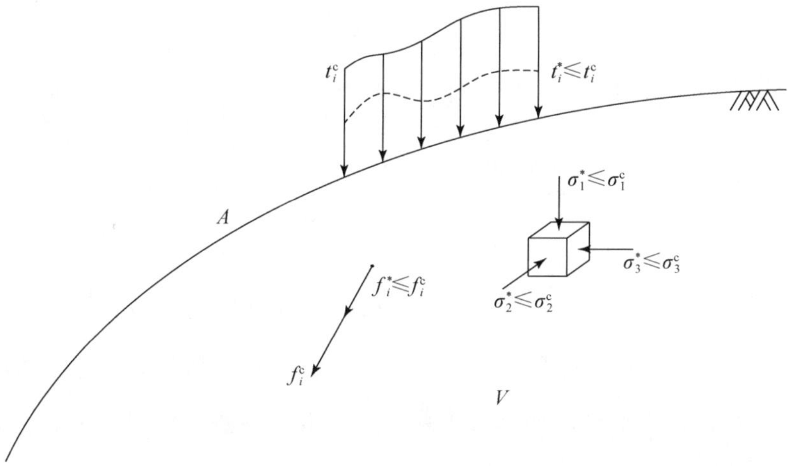

图 2.12　下界极限分析定理中的（虚拟）静力许可-塑性许可体系与（真实）极限塑性体系

可见，根据下界定理，考虑理想塑性固体的虚拟静力许可-塑性许可体系，利用静力平衡关系和屈服准则，即可求出面力极限荷载下界和体力极限荷载下界。一般而言，如此求出的面力极限荷载下界和体力极限荷载下界都是静力许可-塑性许可体系中待定参数的函数，可以通过优化，求得面力极限荷载和体力极限荷载的下确界（最大下界），以及相应的静力许可-塑性许可体系的最不利参数。

显然，（面力与体力）极限荷载的下界和下确界都是相对于虚拟静力许可-塑性许可体系而言的；设定不同的静力许可-塑性许可体系（即设定不同的与荷载相平衡并满足塑性许可条件的应力场），一般会得到极限荷载的不同下界和不同下确界。

极限分析下界定理是最大塑性能耗公设和虚功方程对静力许可-塑性许可体系的应用。

可以采用两种不同的方法来证明下界定理，分别阐述如下：

1. 证法一

先考虑 $F(\sigma_{ij}^*)=0$ 的情况。显然，此时的固体处于临界状态，下界定理是成立的，式 (2.49)等号成立。

再考虑 $F(\sigma_{ij}^*)<0$ 的情况。采用反证法，假设下界定理是错误的，即面力 t_i^* 和体力 f_i^* 等于极限荷载，固体会破坏或处于临界状态；设 σ_{ij}^c、$\dot{\varepsilon}_{ij}^c$、$\dot{u}_i^c$ 分别为与面力 t_i^* 和体力 f_i^* 相应的应力、塑性应变速率、塑性位移速度，则对于运动许可体系 $\dot{u}_i^c-\dot{\varepsilon}_{ij}^c$ 和静力许可体系 $t_i^*\&f_i^*-\sigma_{ij}^c$，虚功方程可以表示为

$$\int_{\tilde{A}} t_i^* \dot{u}_i^c \mathrm{d}\tilde{A} + \int_V f_i^* \dot{u}_i^c \mathrm{d}V = \int_V \sigma_{ij}^c \dot{\varepsilon}_{ij}^c \mathrm{d}V \tag{2.50}$$

对于运动许可体系 $\dot{u}_i^c-\dot{\varepsilon}_{ij}^c$ 和静力许可体系 $t_i^*\&f_i^*-\sigma_{ij}^*$，虚功方程可以表示为

$$\int_{\tilde{A}} t_i^* \dot{u}_i^c \mathrm{d}\tilde{A} + \int_V f_i^* \dot{u}_i^c \mathrm{d}V = \int_V \sigma_{ij}^* \dot{\varepsilon}_{ij}^c \mathrm{d}V \tag{2.51}$$

两式相减，可得

$$\int_V (\sigma_{ij}^c - \sigma_{ij}^*) \dot{\varepsilon}_{ij}^c \mathrm{d}V = 0 \tag{2.52}$$

但是，根据最大塑性能耗公设，因为 $F(\sigma_{ij}^*)<0$，所以 $(\sigma_{ij}^c-\sigma_{ij}^*)\dot{\varepsilon}_{ij}^c>0$，而非负函数的积分不可能等于零，由此可以推断，式 (2.52) 违背了最大塑性能耗公设，下界定理在 $F(\sigma_{ij}^*)<0$ 的情况下只能是成立的，式 (2.49) 不等号成立。

2. 证法二

设 σ_{ij}^c、$\dot{\varepsilon}_{ij}^c$、$\dot{u}_i^c$ 为分别与面力极限荷载 t_i^c 和体力极限荷载 f_i^c 相应的应力、塑性应变速率、塑性位移速度，对于运动许可体系 $\dot{u}_i^c-\dot{\varepsilon}_{ij}^c$ 和静力许可–塑性许可体系 $t_i^*\&f_i^*-\sigma_{ij}^*$，虚功方程可以写成式 (2.51)，对于运动许可体系 $\dot{u}_i^c-\dot{\varepsilon}_{ij}^c$ 和相应静力许可–塑性许可体系 $t_i^c\&f_i^c-\sigma_{ij}^c$，虚功方程可以写为

$$\int_{\tilde{A}} t_i^c \dot{u}_i^c \mathrm{d}\tilde{A} + \int_V f_i^c \dot{u}_i^c \mathrm{d}V = \int_V \sigma_{ij}^c \dot{\varepsilon}_{ij}^c \mathrm{d}V \tag{2.53}$$

由式 (2.53) 与式 (2.51) 相减，可得

$$\int_{\tilde{A}} (t_i^c - t_i^*) \dot{u}_i^c \mathrm{d}\tilde{A} + \int_V (f_i^c - f_i^*) \dot{u}_i^c \mathrm{d}V = \int_V (\sigma_{ij}^c - \sigma_{ij}^*) \dot{\varepsilon}_{ij}^c \mathrm{d}V \tag{2.54}$$

根据最大塑性能耗公设，$(\sigma_{ij}^c-\sigma_{ij}^*)\dot{\varepsilon}_{ij}^c>0$，可得

$$\int_{\tilde{A}} t_i^c \dot{u}_i^c \mathrm{d}\tilde{A} + \int_V f_i^c \dot{u}_i^c \mathrm{d}V > \int_{\tilde{A}} t_i^* \dot{u}_i^c \mathrm{d}\tilde{A} + \int_V f_i^* \dot{u}_i^c \mathrm{d}V \tag{2.55}$$

即对于塑性位移速度 $\dot{u}_i^c$，相应面力 t_i^c 和体力 f_i^c 所做的实功大于或等于面力 t_i^* 和体力 f_i^* 所做的虚功。由于静力许可–塑性许可体系 $t_i^*\&f_i^*-\sigma_{ij}^*$ 的任意性，式 (2.55) 成立的必要条件是式 (2.49) 成立，即面力 t_i^* 是面力极限荷载 t_i^c 的一个下界，体力 f_i^* 是体力极限荷载

f_i^c的一个下界。

2.3.4　极限分析的上界定理

极限分析的上界定理可以表述为：对于符合德鲁克公设和小变形假设的固体，如果在某荷载作用下，能找到一个满足运动许可条件的塑性位移速度-塑性应变速率场，称为塑性运动许可体系，则该固体或者已经破坏，或者濒临破坏。

设上标“ * ”代表虚拟，如图 2.13 所示，考虑体积为 V、表面积为 A 的固体，符合德鲁克公设和小变形假设，如果对于表面积 A^{p*}、间断面积 S^{p*}、体积 $V^{p*}(V^{p*}\subseteq V)$，存在塑性位移速度 $\dot{u}_i^{p*}$ 和塑性应变速率 $\dot{\varepsilon}_{ij}^{p*}$ 构成塑性运动许可体系，则该固体或者已经破坏或者处于临界状态，相应的面力 t_i^{p*} 和体力 f_i^{p*} 分别为真实面力极限荷载 t_i^c 的一个上界和真实体力极限荷载f_i^c的一个上界，即

$$t_i^c < t_i^{p*}, \quad f_i^c < f_i^{p*} \tag{2.56}$$

设 σ_{ij}^{p*} 为与塑性应变速率 $\dot{\varepsilon}_{ij}^{p*}$ 对应的极限应力，则由临界状态的虚功方程

$$\int_{\tilde{A}} t_i^{p*}\dot{u}_i^{p*}\,\mathrm{d}\tilde{A} + \int_V f_i^{p*}\dot{u}_i^{p*}\,\mathrm{d}V = \int_V \sigma_{ij}^{p*}\dot{\varepsilon}_{ij}^{p*}\,\mathrm{d}V \tag{2.57}$$

可以确定面力极限荷载的上界 t_i^{p*} 和体力极限荷载的上界 f_i^{p*}。

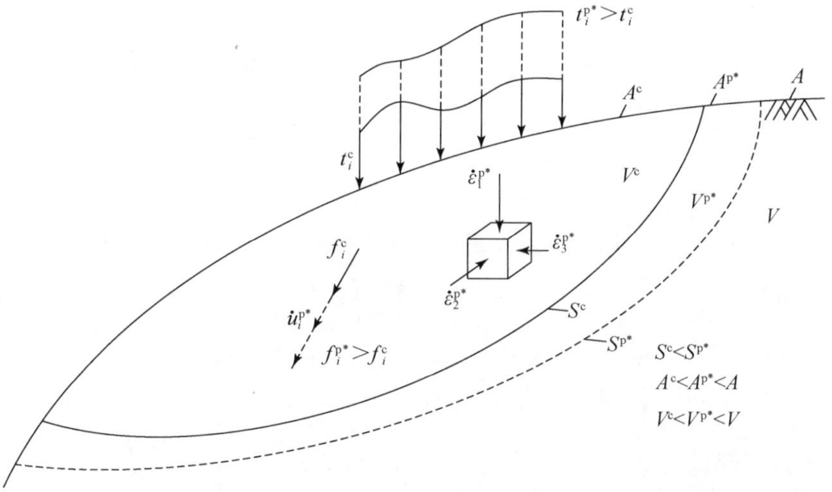

图 2.13　上界极限分析定理中的（虚拟）塑性运动许可体系与（真实）极限塑性体系
A^{p*}、S^{p*}、V^{p*} 分别为（虚拟）塑性运动许可体系的表面积、间断面积、体积（其外部为弹性区）；
A^c、S^c、V^c 分别为（真实）极限塑性体系的表面积、间断面积、体积（其外部为弹性区）

式（2.57）是上界定理的临界条件形式。也可以用稳定必要条件的形式，把上界定理表示为

$$\left(\dot{W}^{p*} = \int_A t_i\dot{u}_i^{p*}\,\mathrm{d}A + \int_V f_i\dot{u}_i^{p*}\,\mathrm{d}V\right) \leqslant \left(\dot{E}^{p**} = \int_V \dot{e}_V^{p**}\,\mathrm{d}V + \int_S \dot{e}_S^{p**}\,\mathrm{d}S\right) \tag{2.58}$$

式中，$\dot{e}_{V}^{p**}=\sigma_{ij}^{p*}\dot{\varepsilon}_{ij}^{p*}$为与塑性应变速率$\dot{\varepsilon}_{ij}^{p*}$对应的单位体积塑性能耗速率；$\dot{e}_{S}^{p**}=\tau_{i}^{p*}\dot{\delta}_{i}^{p*}$为与塑性位移速度间断$\dot{\delta}_{i}^{p*}$对应的单位间断面积塑性能耗速率；$t_i$和$f_i$分别为面力荷载和体力荷载，当固体处于临界状态时，$t_i=t_i^{p*}$，$f_i=f_i^{p*}$，$\dot{W}^{p*}=\dot{E}^{p**}$；$\dot{\delta}_i^{p*}=(\dot{u}_i^{p*}+\dot{\delta}_i^{p*})-\dot{u}_i^{p*}$，$\tau_i^{p*}$为塑性位移速度间断面上的面力；其他符号定义同前；注意，$\tilde{A}=A+S$。

上界定理式（2.58）的左端代表荷载塑性功率$\dot{W}^{p*}$，其中的第一项和第二项分别为面力荷载和体力荷载对连续塑性位移速度的功率；右端代表塑性能耗速率$\dot{E}^{p**}$，其中的第一项和第二项分别为连续塑性变形的塑性能耗速率和间断塑性变形的塑性能耗速率。

可见，根据上界定理，考虑理想塑性固体的虚拟塑性运动许可体系，当荷载塑性功率大于塑性能耗速率时，固体已经发生破坏；当荷载塑性功率小于塑性能耗速率时，固体不会发生破坏；当荷载塑性功率等于塑性能耗速率时，固体处于临界状态。可以利用临界状态的虚功方程式，求出面力极限荷载上界和体力极限荷载上界。一般而言，如此求出的面力极限荷载上界和体力极限荷载上界都是塑性运动许可体系中待定参数的函数，可以通过优化，求得面力极限荷载和体力极限荷载的上确界（最小上界），以及相应塑性运动许可体系的最不利参数。

显然，（面力与体力）极限荷载的上界和上确界都是相对于虚拟塑性运动许可体系而言的；设定不同的塑性运动许可体系，一般会得到极限荷载的不同上界和不同上确界。

极限分析上界定理是最大塑性能耗公设和虚功方程对塑性运动许可体系的应用。可以采用两种不同的方法来证明上界定理，分别阐述如下：

1. 证法一

采用反证法，假设上界定理是错误的，则存在与t_i^{p*}和f_i^{p*}构成静力平衡体系的应力σ_{ij}^{e}，满足塑性许可条件$F(\sigma_{ij}^{e})<0$；对于假设静力平衡体系$t_i^{p*}\&f_i^{p*}-\sigma_{ij}^{e}$和塑性运动许可体系$\dot{u}_i^{p*}-\dot{\varepsilon}_{ij}^{p*}$，虚功方程可以表示为

$$\int_{\tilde{A}}t_i^{p*}\dot{u}_i^{p*}\mathrm{d}\tilde{A}+\int_V f_i^{p*}\dot{u}_i^{p*}\mathrm{d}V=\int_V\sigma_{ij}^{e}\dot{\varepsilon}_{ij}^{p*}\mathrm{d}V \tag{2.59}$$

与临界状态虚功方程式（2.57）相减，可得

$$\int_V(\sigma_{ij}^{p*}-\sigma_{ij}^{e})\dot{\varepsilon}_{ij}^{p*}\mathrm{d}V=0 \tag{2.60}$$

但是，根据最大塑性能耗公设，因为$F(\sigma_{ij}^{e})<0$，所以$(\sigma_{ij}^{p*}-\sigma_{ij}^{e})\dot{\varepsilon}_{ij}^{p*}>0$，而非负函数的积分不可能等于零，由此可以推断，式（2.60）违背了最大塑性能耗公设，上界定理只能是成立的。

2. 证法二

对于塑性运动许可体系$\dot{u}_i^{p*}-\dot{\varepsilon}_{ij}^{p*}$和相应静力平衡体系$t_i^{p*}\&f_i^{p*}-\sigma_{ij}^{p*}$，虚功方程可以写

成式（2.57）。设σ_{ij}^{c}为与t_i^c和f_i^c构成静力平衡体系的极限应力，则对于塑性运动许可体系$\dot{u}_i^{p*}-\dot{\varepsilon}_{ij}^{p*}$和静力平衡体系$t_i^c\&f_i^c-\sigma_{ij}^c$，虚功方程可以写成

$$\int_{\tilde{A}} t_i^c \dot{u}_i^{p*} \mathrm{d}\tilde{A} + \int_V f_i^c \dot{u}_i^{p*} \mathrm{d}V = \int_V \sigma_{ij}^c \dot{\varepsilon}_{ij}^{p*} \mathrm{d}V \tag{2.61}$$

由式（2.61）与式（2.57）相减，可得

$$\int_{\tilde{A}} (t_i^{p*} - t_i^c) \dot{u}_i^{p*} \mathrm{d}\tilde{A} + \int_V (f_i^{p*} - f_i^c) \dot{u}_i^{p*} \mathrm{d}V = \int_V (\sigma_{ij}^{p*} - \sigma_{ij}^c) \dot{\varepsilon}_{ij}^{p*} \mathrm{d}V \tag{2.62}$$

根据最大塑性能耗公设，$(\sigma_{ij}^{p*}-\sigma_{ij}^c)\dot{\varepsilon}_{ij}^{p*}>0$，可得

$$\int_{\tilde{A}} t_i^{p*} \dot{u}_i^{p*} \mathrm{d}\tilde{A} + \int_V f_i^{p*} \dot{u}_i^{p*} \mathrm{d}V > \int_{\tilde{A}} t_i^c \dot{u}_i^{p*} \mathrm{d}\tilde{A} + \int_V f_i^c \dot{u}_i^{p*} \mathrm{d}V \tag{2.63}$$

即对于塑性位移速度$\dot{u}_i^{p*}$，相应的面力t_i^{p*}和体力f_i^{p*}所做的实功大于面力极限荷载t_i^c和体力极限荷载f_i^c所做的虚功。由于塑性运动许可体系$\dot{u}_i^{p*}-\dot{\varepsilon}_{ij}^{p*}$及相应面力$t_i^{p*}$和体力$f_i^{p*}$的任意性，式（2.63）成立的必要条件是式（2.56）成立，即面力t_i^{p*}是面力极限荷载t_i^c的一个上界，体力f_i^{p*}是体力极限荷载f_i^c的一个上界。

值得指出的是，对于式（2.57）及式（2.59）~式（2.63），面积分域$\tilde{A}=A+S$也可以替换成$\tilde{A}^{p*}=A^{p*}+S^{p*}$，体积分域$V$也可以替换成$V^{p*}$，因为，$\tilde{A}^{p*}\subseteq\tilde{A}$，$V^{p*}\subseteq V$，而且根据塑性运动许可体积系$\dot{u}_i^{p*}-\dot{\varepsilon}_{ij}^{p*}$及相应面力$t_i^{p*}$、体力$f_i^{p*}$、应力$\sigma_{ij}^{p*}$的定义，以及假设静力平衡体系$t_i^{p*}\&f_i^{p*}-\sigma_{ij}^{e}$和真实静力平衡体系$t_i^c\&f_i^c-\sigma_{ij}^c$的定义，在$\tilde{A}^{p*}$以外的面积分和$V^{p*}$以外的体积分全部为零。

2.3.5　塑性能耗速率函数

与塑性应变速率$\dot{\varepsilon}_{ij}^{p}$对应的单位体积塑性能耗速率为，$\dot{e}_V^p=\sigma_{ij}^p\dot{\varepsilon}_{ij}^p=\sigma_i^p\dot{\varepsilon}_i^p$，其中，$\sigma_{ij}^p$为满足屈服准则的应力，$\sigma_i^p$为满足屈服准则的主应力分量，即$\sigma_1^p$、$\sigma_2^p$、$\sigma_3^p$分别为满足屈服准则的第一、第二、第三主应力，$\dot{\varepsilon}_i^p$为塑性主应变速率分量，即$\dot{\varepsilon}_1^p$、$\dot{\varepsilon}_2^p$、$\dot{\varepsilon}_3^p$分别为第一、第二、第三塑性主应变速率。

与塑性位移速度间断$\dot{\delta}_i^p$对应的单位间断面积塑性能耗速率为，$\dot{e}_S^p=\tau_i^p\dot{\delta}_i^p$，其中，$\tau_i^p$为满足屈服准则的间断面力，$\dot{\delta}_i^p=\dot{u}_i^{p+}-\dot{u}_i^{p-}$，$\dot{u}_i^{p+}$和$\dot{u}_i^{p-}$代表塑性位移间断面两侧对应点的塑性位移。

固体连续塑性变形的塑性能耗和间断塑性变形的塑性能耗均与材料的屈服性质有关。下面将分别针对屈瑞斯卡材料和莫尔-库仑材料，给出连续塑性变形的塑性能耗速率函数和间断塑性变形的塑性能耗速率函数。

1. 屈瑞斯卡材料塑性变形的塑性能耗速率函数

(1) 屈瑞斯卡材料连续塑性变形的单位体积塑性能耗速率函数

对于屈瑞斯卡材料的连续塑性变形，利用屈服准则的主应力表达式（2.14）可知 $\sigma_1^{\mathrm{p}}-\sigma_3^{\mathrm{p}}=2c$，根据关联流动法则式（2.4）可得

$$\dot{\varepsilon}_1^{\mathrm{p}}=\dot{\lambda}\ \frac{\partial F}{\partial \sigma_1^{\mathrm{p}}}=\dot{\lambda}>0 \tag{2.64a}$$

$$\dot{\varepsilon}_2^{\mathrm{p}}=\dot{\lambda}\ \frac{\partial F}{\partial \sigma_2^{\mathrm{p}}}=0 \tag{2.64b}$$

$$\dot{\varepsilon}_3^{\mathrm{p}}=\dot{\lambda}\ \frac{\partial F}{\partial \sigma_3^{\mathrm{p}}}=-\dot{\lambda}=-\dot{\varepsilon}_1^{\mathrm{p}}<0 \tag{2.64c}$$

于是，单位体积塑性能耗速率可以表示为

$$\dot{e}_{\mathrm{V}}^{\mathrm{p}}=\sigma_i^{\mathrm{p}}\dot{\varepsilon}_i^{\mathrm{p}}=(\sigma_1^{\mathrm{p}}-\sigma_3^{\mathrm{p}})\dot{\varepsilon}_1^{\mathrm{p}}=2c\dot{\varepsilon}_1^{\mathrm{p}}=2c\mid\dot{\varepsilon}_1^{\mathrm{p}}\mid \tag{2.65}$$

即对于屈瑞斯卡材料而言，连续塑性变形的单位体积塑性能耗速率等于黏聚力与塑性大主压应变速率（绝对值）乘积的2倍。

对于平面应变情况，$2\dot{\varepsilon}_1^{\mathrm{p}}=2\dot{\lambda}=\dot{\varepsilon}_1^{\mathrm{p}}-\dot{\varepsilon}_3^{\mathrm{p}}=\dot{\gamma}_{\max}^{\mathrm{p}}$，屈瑞斯卡材料连续塑性变形的单位体积塑性能耗速率也可以写成

$$\dot{e}_{\mathrm{V}}^{\mathrm{p}}=c\,\dot{\gamma}_{\max}^{\mathrm{p}}=c\mid\dot{\gamma}_{\max}^{\mathrm{p}}\mid \tag{2.66}$$

式中，$\dot{\gamma}_{\max}^{\mathrm{p}}$为最大塑性（工程）剪应变速率。

在此值得指出，对于屈瑞斯卡材料，$\dot{\varepsilon}_{\mathrm{V}}^{\mathrm{p}}=\dot{\varepsilon}_1^{\mathrm{p}}+\dot{\varepsilon}_2^{\mathrm{p}}+\dot{\varepsilon}_3^{\mathrm{p}}=0$，塑性体积应变为零，即体积在塑性变形中不变。

(2) 屈瑞斯卡材料间断塑性变形的单位间断面积塑性能耗速率函数

如图2.14所示，考虑屈瑞斯卡材料的平动间断塑性变形或转动间断塑性变形，不失一般性，设间断塑性变形的两侧为任意形状的刚体，刚体Ⅰ相对于刚体Ⅱ平动或转动，S为间断面，$\dot{\delta}^{\mathrm{p}}$代表塑性位移速度间断，$\dot{\delta}_s^{\mathrm{p}}$和$\dot{\delta}_n^{\mathrm{p}}$分别代表塑性位移速度间断的切向分量和法向分量，$\tau_s^{\mathrm{p}}$和$\tau_n^{\mathrm{p}}$分别代表面力向量$\tau_i^{\mathrm{p}}$的切向分量和法向分量（注意，与前面正应力以压为正的约定不同，这里设τ_n^{p}以拉为正），下标s和n分别代表间断面的切向和法向。在$x_1x_2x_3$直角坐标系下，有以下张量关系

$$\tau_{ni}^{\mathrm{p}}=n_i n_j \tau_j^{\mathrm{p}} \tag{2.67}$$

$$\tau_{si}^{\mathrm{p}}=\delta_{ij}\tau_j^{\mathrm{p}}-\tau_{ni}^{\mathrm{p}}=(\delta_{ij}-n_i n_j)\tau_j^{\mathrm{p}} \tag{2.68}$$

$$s_i=\frac{\tau_{si}^{\mathrm{p}}}{\mid\tau_{si}^{\mathrm{p}}\mid} \tag{2.69}$$

式中，τ_{ni}^{p}为法向面力向量τ_n^{p}的x_i向分量；τ_{si}^{p}为切向面力向量τ_s^{p}的x_i向分量；s_i为切向单位向量的x_i向分量（注意，$s_i n_i=0$，n_i代表法向单位向量的x_i向分量）；τ_j^{p}为面力向量的x_j向分量；δ_{ij}为洛科内尔δ张量；$i=1$，2，3；$j=1$，2，3。

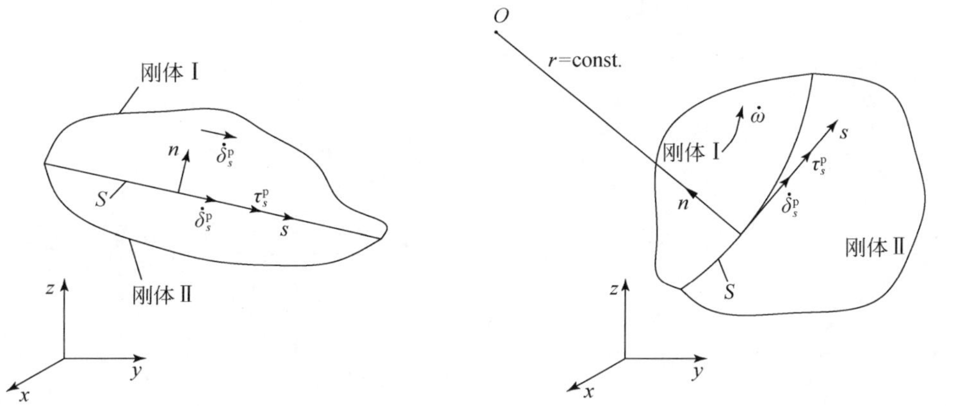

(a) 直线间断面与平动塑性位移速度间断　　(b) 圆弧线间断面与转动塑性位移速度间断

图 2.14　屈瑞斯卡材料的间断面和塑性位移速度间断及面力

O. 圆心；r=const.. 半径；$\dot{\omega}$. 转动角速度

利用屈服准则的剪应力表达式（2.13），可以写出

$$F(\tau_s^{\mathrm{p}})=\tau_i^{\mathrm{p}}s_i-c=\tau_s^{\mathrm{p}}-c=0 \tag{2.70}$$

根据关联流动法则，$\dot{\delta}_s^{\mathrm{p}}$ 和 $\dot{\delta}_n^{\mathrm{p}}$ 分别与 $\partial F/\partial\tau_s^{\mathrm{p}}$ 和 $\partial F/\partial\tau_n^{\mathrm{p}}$ 成正比，即

$$\dot{\delta}_s^{\mathrm{p}}\propto\left(\frac{\partial F}{\partial\tau_s^{\mathrm{p}}}=1\right) \tag{2.71a}$$

$$\dot{\delta}_n^{\mathrm{p}}\propto\left(\frac{\partial F}{\partial\tau_n^{\mathrm{p}}}=0\right) \tag{2.71b}$$

于是，$\dot{\delta}_n^{\mathrm{p}}=0$，令 $\dot{\delta}_s^{\mathrm{p}}=\dot{\delta}^{\mathrm{p}}$，间断塑性变形的单位间断面积塑性能耗速率可以表示为

$$\dot{e}_{\mathrm{S}}^{\mathrm{p}}=\tau_i^{\mathrm{p}}\,\dot{\delta}_i^{\mathrm{p}}=\tau_s^{\mathrm{p}}\,\dot{\delta}_s^{\mathrm{p}}+\tau_n^{\mathrm{p}}\dot{\delta}_n^{\mathrm{p}}=\tau_s^{\mathrm{p}}\,\dot{\delta}_s^{\mathrm{p}}=c\dot{\delta}_s^{\mathrm{p}}=c\dot{\delta}^{\mathrm{p}} \tag{2.72}$$

可见，对于屈瑞斯卡材料，塑性位移速度间断必须与间断面相切，平动间断面的母线为直线，转动间断面的母线为圆弧线（转动间断面的母线与转动半径之间的夹角为常量 $\pi/2$，动点相对于定点的转动半径为常量）。

如图 2.15 所示，把屈瑞斯卡材料的间断面视为厚度很小的应力应变均匀的过渡层，利用连续塑性变形的单位体积塑性能耗速率的定义，也可以得到与式（2.72）相同的结果，如下所示。

设 a 为该过渡层的任意微小厚度，$\dot{\varepsilon}_s^{\mathrm{p}}$ 为塑性剪应变速率，则有

$$\dot{\varepsilon}_s^{\mathrm{p}}=\frac{\dot{\delta}_s^{\mathrm{p}}}{a} \tag{2.73}$$

于是可得

$$\dot{e}_{\mathrm{S}}^{\mathrm{p}}=a\dot{e}_{\mathrm{V}}^{\mathrm{p}}=a\sigma_{ij}^{\mathrm{p}}\dot{\varepsilon}_{ij}^{\mathrm{p}}=a\tau_s^{\mathrm{p}}\dot{\varepsilon}_s^{\mathrm{p}}=\tau_s^{\mathrm{p}}\dot{\delta}_s^{\mathrm{p}}=c\dot{\delta}_s^{\mathrm{p}}=c\dot{\delta}^{\mathrm{p}} \tag{2.74}$$

即为式（2.72）。

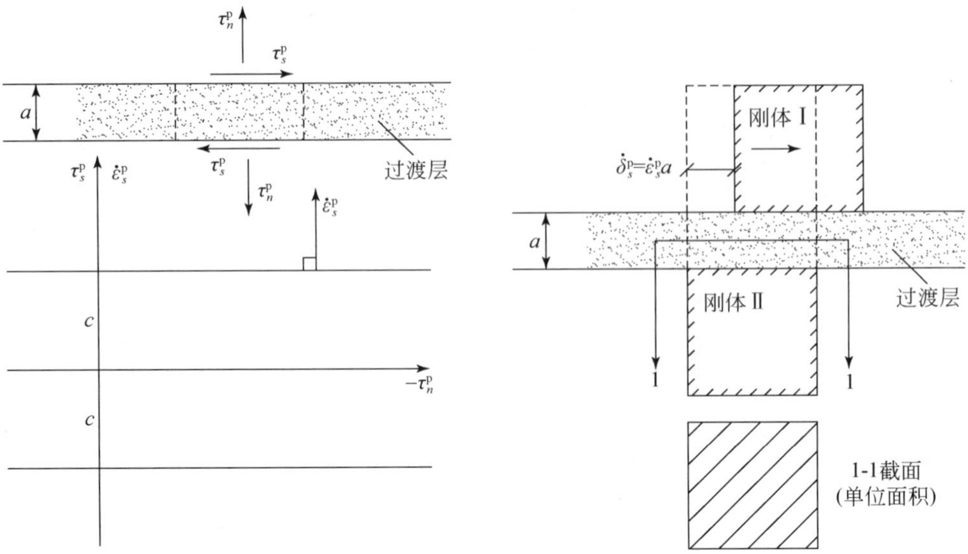

图 2.15　屈瑞斯卡材料的塑性应变和微小厚度间断层塑性位移速度

2. 莫尔–库仑材料塑性变形的塑性能耗速率函数

（1） 莫尔–库仑材料连续塑性变形的单位体积塑性能耗速率函数

对于莫尔–库仑材料的连续塑性变形，利用屈服准则的主应力表达式（2.9）可得 $\sigma_1^p-\xi\sigma_3^p=q_{uc}$，根据关联流动法则式（2.4）可得

$$\dot{\varepsilon}_1^p=\dot{\lambda}\ \frac{\partial F}{\partial\sigma_1^p}=\dot{\lambda} \tag{2.75a}$$

$$\dot{\varepsilon}_2^p=\dot{\lambda}\ \frac{\partial F}{\partial\sigma_2^p}=0 \tag{2.75b}$$

$$\dot{\varepsilon}_3^p=\dot{\lambda}\ \frac{\partial F}{\partial\sigma_3^p}=-\xi\dot{\lambda} \tag{2.75c}$$

于是，单位体积塑性能耗速率可以表示为

$$\dot{e}_V^p=\sigma_i^p\dot{\varepsilon}_i^p=(\sigma_1^p-\xi\sigma_3^p)\dot{\lambda}=\dot{\lambda}q_{uc}=-c\dot{\varepsilon}_V^p\cot\varphi=c\left|\dot{\varepsilon}_V^p\right|\cot\varphi \tag{2.76}$$

式中，$\dot{\varepsilon}_V^p$ 为塑性体积应变速率；$\dot{\varepsilon}_V^p=\dot{\varepsilon}_1^p+\dot{\varepsilon}_2^p+\dot{\varepsilon}_3^p=(1-\xi)\dot{\lambda}$；$q_{uc}$ 为单轴抗压强度，由式（2.10）给出，$q_{uc}=(2c\cdot\cos\varphi)/(1-\sin\varphi)$；$\xi$ 由式（2.11）给出，$\xi=(1+\sin\varphi)/(1-\sin\varphi)$。

因为 $\dot{\varepsilon}_1^p=\dot{\lambda}$，所以，莫尔–库仑材料连续塑性变形的单位体积塑性能耗速率也可以写成

$$\dot{e}_V^p=q_{uc}\dot{\varepsilon}_1^p=q_{uc}\left|\dot{\varepsilon}_1^p\right| \tag{2.77}$$

即对于莫尔–库仑材料而言，连续塑性变形的单位体积塑性能耗速率等于单轴抗压强度与塑性主压应变速率（绝对值）的乘积。

对于平面应变情况，莫尔–库仑材料连续塑性变形的单位体积塑性能耗速率也可以写成

$$\dot{e}_{\mathrm{V}}^{\mathrm{p}}=c\dot{\gamma}_{\max}^{\mathrm{p}}\cos\varphi=c\left|\dot{\gamma}_{\max}^{\mathrm{p}}\right|\cos\varphi \tag{2.78}$$

或者，由如图 2.16 所示的应变莫尔圆关系（$\dot{\gamma}^{\mathrm{p}}$ 代表塑性剪应变速率，$\dot{\varepsilon}^{\mathrm{p}}$ 代表塑性正应变速率），也可以用任意 xy 坐标系下的应变分量表示为

$$\dot{e}_{\mathrm{V}}^{\mathrm{p}}=c\cos\varphi\sqrt{(\dot{\varepsilon}_{xx}^{\mathrm{p}}-\dot{\varepsilon}_{yy}^{\mathrm{p}})^{2}+(\dot{\gamma}_{xy}^{\mathrm{p}})^{2}} \tag{2.79}$$

式中，$\dot{\gamma}_{\max}^{\mathrm{p}}=\dot{\varepsilon}_{1}^{\mathrm{p}}-\dot{\varepsilon}_{3}^{\mathrm{p}}$，为最大塑性（工程）剪应变速率；$\dot{\varepsilon}_{xx}^{\mathrm{p}}$ 为 x 向塑性正应变速率；$\dot{\varepsilon}_{yy}^{\mathrm{p}}$ 为 y 向塑性正应变速率；$\dot{\gamma}_{xy}^{\mathrm{p}}=2\dot{\varepsilon}_{xy}^{\mathrm{p}}$ 为 xy 平面塑性剪应变速率；$\dot{\varepsilon}_{xy}^{\mathrm{p}}$ 为 xy 平面塑性应变剪切分量速率。

显然，当 $\varphi=0$，莫尔-库仑材料退化为屈瑞斯卡材料，式（2.77）退化为式（2.65），式（2.78）退化为式（2.66）。

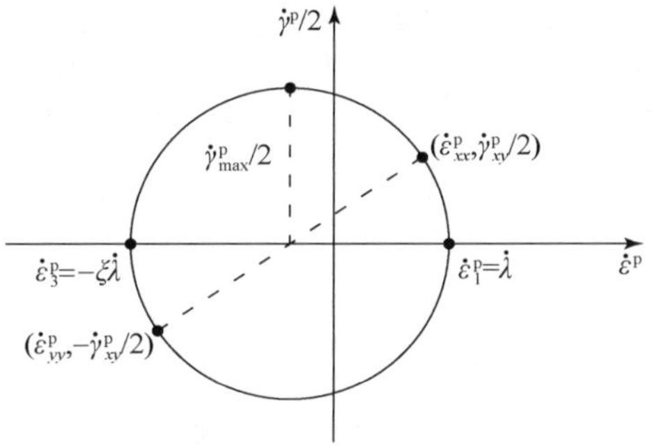

图 2.16　莫尔-库仑材料塑性正（压）应变速率与塑性剪应变速率之间的莫尔圆关系

对于莫尔-库仑材料，塑性体积应变速率小于零（注意，塑性应变速率以压缩为正，膨胀为负）

$$\dot{\varepsilon}_{\mathrm{V}}^{\mathrm{p}}=\dot{\varepsilon}_{1}^{\mathrm{p}}+\dot{\varepsilon}_{2}^{\mathrm{p}}+\dot{\varepsilon}_{3}^{\mathrm{p}}=(1-\xi)\dot{\lambda}<0 \tag{2.80}$$

即体积在塑性变形中发生剪胀。值得指出的是，莫尔-库仑材料的剪胀只会发生在特定剪切塑性流动过程的初期，并不会在反复的不同方向的剪切塑性流动过程中持续发生，造成体积的无限增大。

由式（2.75a）和式（2.75c），可得

$$\frac{\dot{\varepsilon}_{1}^{\mathrm{p}}}{\dot{\varepsilon}_{3}^{\mathrm{p}}}=-\frac{1}{\xi}=-\frac{1-\sin\varphi}{1+\sin\varphi} \tag{2.81}$$

$$\frac{\dot{\varepsilon}_{1}^{\mathrm{p}}+\dot{\varepsilon}_{3}^{\mathrm{p}}}{\dot{\varepsilon}_{1}^{\mathrm{p}}-\dot{\varepsilon}_{3}^{\mathrm{p}}}=-\sin\varphi \tag{2.82}$$

对于平面应变情况，也可以写成

$$\frac{\dot{\varepsilon}_{\mathrm{V}}^{\mathrm{p}}}{\dot{\gamma}_{\max}^{\mathrm{p}}}=-\sin\varphi \tag{2.83}$$

可见，因为 $0\leqslant\sin\varphi\leqslant1$，$\dot{\varepsilon}_{1}^{\mathrm{p}}$ 与 $\dot{\varepsilon}_{3}^{\mathrm{p}}$ 必须正负号相反，即如果一个是塑性压应变速率，另外那个必须是塑性拉应变速率，反之亦然；对于平面应变情况，因为塑性体积应变速率 $\dot{\varepsilon}_{\mathrm{V}}^{\mathrm{p}}<$

0，必有最大塑性（工程）剪应变速率 $\dot{\gamma}^{p}_{max}>0$。

（2）莫尔–库仑材料间断塑性变形的单位间断面积塑性能耗速率函数

如图 2.17 所示，考虑莫尔–库仑材料的平动间断塑性变形或转动间断塑性变形，不失一般性，设间断塑性变形的两侧为任意形状的刚体，刚体 Ⅰ 相对于刚体 Ⅱ 平动或转动，S 为间断面，$\dot{\delta}^{p}$ 代表塑性位移速度间断，$\dot{\delta}^{p}_{s}$ 和 $\dot{\delta}^{p}_{n}$ 分别代表塑性位移速度间断的切向分量和法向分量，τ^{p}_{s} 和 τ^{p}_{n} 分别代表面力向量 τ^{p}_{i} 的切向分量和法向分量（设 τ^{p}_{n} 以拉为正），下标 s 代表间断面的切向，下标 n 代表间断面法向。τ^{p}_{n} 和 τ^{p}_{s} 的大小和方向由式（2.67）、式（2.68）、式（2.69）确定。

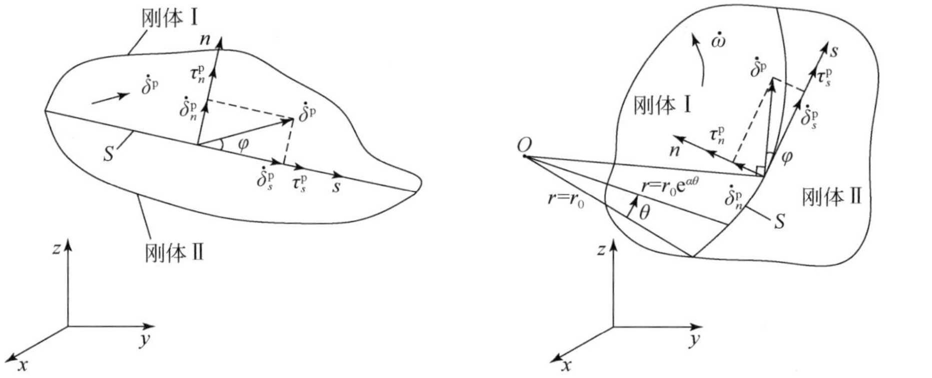

(a) 直线间断面与平动塑性位移速度间断　　(b) 对数螺线间断面与转动塑性位移速度间断

图 2.17　莫尔–库仑材料的间断面和塑性位移速度间断及面力

O. 转动中心点（定点）；r、θ. 动点的径向坐标、转角坐标（相对于起始径向）；

r_0、α. 对数螺旋线的起始半径参数和角度系数；$\dot{\omega}$. 转动角速度

利用莫尔–库仑屈服准则的压–剪应力表达式（2.7），可以写出

$$F(\tau^{p}_{s},\tau^{p}_{n})=\tau^{p}_{i}s_i+\tau^{p}_{i}n_i\tan\varphi-c=\tau^{p}_{s}+\tau^{p}_{n}\tan\varphi-c=0 \tag{2.84}$$

式中，τ^{p}_{i} 为面力向量的 x_i 向分量；s_i 为切向单位向量的 x_i 向分量；n_i 为法向单位向量的 x_i 向分量（注意，$s_in_i=0$）。

关联流动法则要求 $\dot{\delta}^{p}_{s}$ 和 $\dot{\delta}^{p}_{n}$ 分别与 $\partial F/\partial\tau^{p}_{s}$ 和 $\partial F/\partial\tau^{p}_{n}$ 成正比

$$\dot{\delta}^{p}_{s}\propto\left(\frac{\partial F}{\partial\tau^{p}_{s}}=1\right) \tag{2.85a}$$

$$\dot{\delta}^{p}_{n}\propto\left(\frac{\partial F}{\partial\tau^{p}_{n}}=\tan\varphi\right) \tag{2.85b}$$

于是，对于间断塑性变形，法向–切向塑性位移速度间断关系为

$$\dot{\delta}^{p}_{n}=\dot{\delta}^{p}_{s}\tan\varphi \tag{2.86}$$

单位间断面积塑性能耗速率为

$$\dot{e}^{p}_{S}=\tau^{p}_{i}\dot{\delta}^{p}_{i}=\tau^{p}_{s}\dot{\delta}^{p}_{s}+\tau^{p}_{n}\dot{\delta}^{p}_{n}=c\dot{\delta}^{p}_{s}=c\dot{\delta}^{p}\cos\varphi \tag{2.87}$$

可见，对于莫尔–库仑材料，塑性位移速度间断与间断面母线之间的夹角必须为等于内摩

擦角，平动间断面的母线为直线，转动间断面的母线为对数螺线（转动间断面的母线与转动半径之间的夹角为常量 $\varphi+\pi/2$，转动塑性位移速度间断方向与转动半径之间的夹角为 $\pi/2$，动点相对于定点的转动半径随着转角坐标的增大而按指数函数关系增大）。

如图 2.18 所示，把莫尔-库仑材料的间断面视为厚度很小的应力应变均匀的过渡层，利用连续塑性变形的单位体积塑性能耗速率的定义，也可以得到与式（2.87）相同的结果，如下所示。

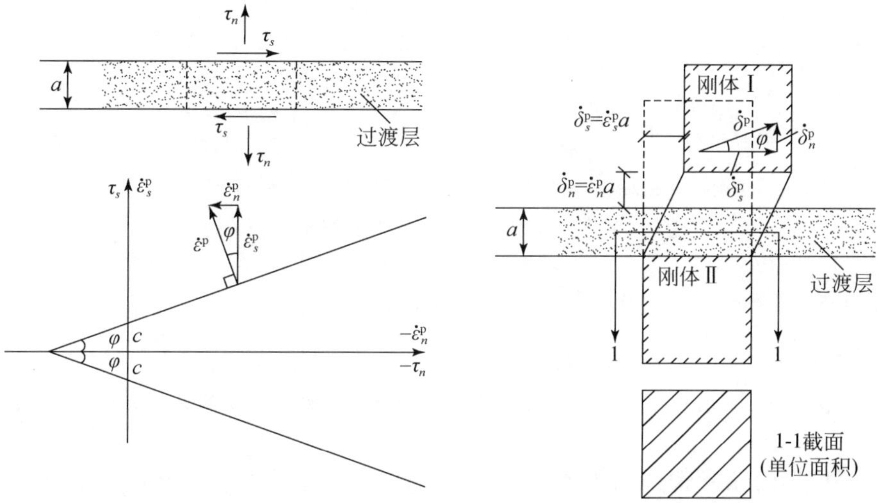

图 2.18　莫尔-库仑材料的塑性应变分解和微小厚度间断层塑性位移速度分解

设 a 为过渡层的任意微小厚度，$\dot{\varepsilon}_s^{\mathrm{p}}$ 为塑性剪应变速率，$\dot{\varepsilon}_n^{\mathrm{p}}$ 为塑性拉应变速率，则有

$$\dot{\varepsilon}_s^{\mathrm{p}}=\frac{\dot{\delta}_s^{\mathrm{p}}}{a} \tag{2.88a}$$

$$\dot{\varepsilon}_n^{\mathrm{p}}=\frac{\dot{\delta}_n^{\mathrm{p}}}{a}=\frac{\dot{\delta}_s^{\mathrm{p}}\tan\varphi}{a}=\dot{\varepsilon}_s^{\mathrm{p}}\tan\varphi \tag{2.88b}$$

于是可得

$$\dot{e}_{\mathrm{S}}^{\mathrm{p}}=a\dot{e}_{\mathrm{V}}^{\mathrm{p}}=a\sigma_{ij}^{\mathrm{p}}\dot{\varepsilon}_{ij}^{\mathrm{p}}=a(\tau_s^{\mathrm{p}}\dot{\varepsilon}_s^{\mathrm{p}}+\tau_n^{\mathrm{p}}\dot{\varepsilon}_n^{\mathrm{p}})=c\dot{\delta}_s^{\mathrm{p}}=c\dot{\delta}^{\mathrm{p}}\cos\varphi \tag{2.89}$$

即为式（2.87）。

2.4　极限分析定理在挡土墙支护压力计算中的应用示例

2.4.1　上界定理的应用示例

如图 2.19 所示，考虑挡土墙背后土体的主动垮塌破坏模式，设 θ 为破裂角（破坏模式的待定参数），$\dot{\delta}^{\mathrm{p}}$ 为楔形破裂体在破裂面处的塑性位移速度间断（满足塑性运动许

可条件的破坏模式参数)，G 为挡土墙背后楔形破裂体的重力，P 为挡土墙的支护抗力。因为挡土墙支护抗力属于负荷载，所以根据上界定理，可得与极限荷载上界对应的挡土墙支护抗力 P 的下界（函数）$P_1=P_1(\theta)$。通过优化可得 P 的下确界（最大下界）$P_{1\text{-max}}=P_{1\text{-max}}(\bar{\theta})$，即为必要支护抗力；$\bar{\theta}$ 为使 P_1 取极大值 $P_{1\text{-max}}$ 的破裂角。

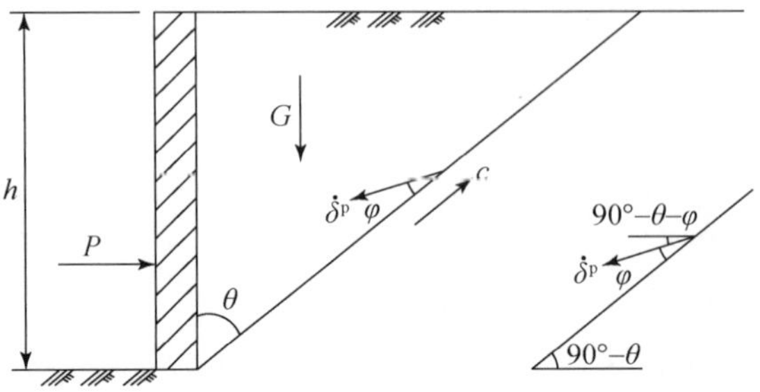

图 2. 19　挡土墙支护抗力的上界极限分析模型

对于上述的破坏模式，令楔形破裂体重力功率与挡土墙支护抗力下界功率的代数和等于塑性位移速度间断的塑性能耗速率

$$\frac{1}{2}\gamma h^2\dot{\delta}^{\mathrm{p}}\tan\theta\sin(90°-\theta-\varphi)-P_1\dot{\delta}^{\mathrm{p}}\cos(90°-\theta-\varphi)=c\dot{\delta}^{\mathrm{p}}h\cos\varphi/\cos\theta \tag{2.90}$$

约去 $\dot{\delta}^{\mathrm{p}}$ 并解出挡土墙支护抗力下界

$$P_1=\frac{1}{2}\gamma h^2\tan\theta\tan(90°-\theta-\varphi)-\frac{ch\cos\varphi}{\cos(90°-\theta-\varphi)\cos\theta} \tag{2.91}$$

显然，当式（2. 91）右端第一项取极大值，第二项取极小值时，P_1 取极大值 $P_{1\text{-max}}$；通过优化，可得使 P_1 取极大值 $P_{1\text{-max}}$ 的破裂角为 $\theta=\bar{\theta}=45°-\varphi/2$，代入式（2. 91），可得挡土墙必要支护抗力

$$P_{1\text{-max}}=\frac{1}{2}\gamma h^2\tan^2\left(45°-\frac{\varphi}{2}\right)-2ch\tan\left(45°-\frac{\varphi}{2}\right) \tag{2.92}$$

式中，γ 为土体的重度；h 为挡土墙的高度，注意，这里设考虑挡土墙背后顶部的拉应力的影响。

2. 4. 2　下界定理的应用示例

如图 2. 20 所示，针对挡土墙背后的土体，考虑静力许可−塑性许可体系，设竖向压应力为大主应力 $\sigma_1=\gamma y$，水平压应力为小主应力 $\sigma_3=k\gamma y$，γ 为土体的重度，k 为侧压力系数（静力许可−塑性许可体系的待定参数），P 为挡土墙的支护抗力。根据下界定理，利用静力平衡条件，可得与极限荷载下界对应的挡土墙支护抗力 P 的上界（函数）$P_{\mathrm{u}}=P_{\mathrm{u}}(k)$。利用塑性许可条件 $F(\sigma_1,\sigma_3)=0$，可得 k 的表达式。一般而言，通过优化可得 P 的上确界（最小上界）$P_{\mathrm{u\text{-}min}}=P_{\mathrm{u\text{-}min}}(\bar{k})$，即为容许支护抗力；$\bar{k}$ 为使 P_{u} 取极小值 $P_{\mathrm{u\text{-}min}}$ 的侧压力系数。

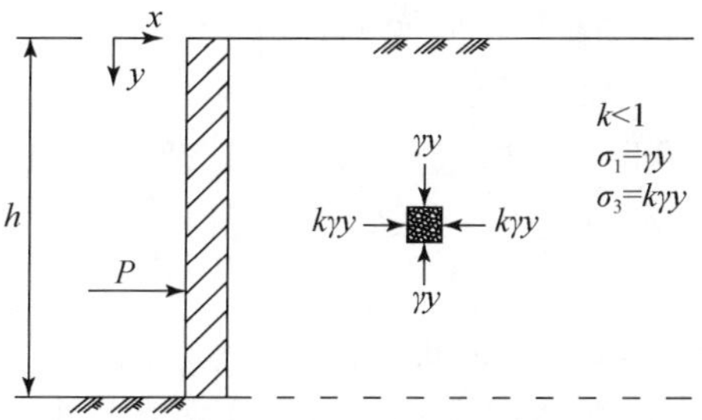

图 2.20　挡土墙支护抗力的下界极限分析模型

利用塑性许可条件，把大主应力 $\sigma_1=\gamma y$ 和小主应力 $\sigma_3=k\gamma y$ 代入莫尔-库仑屈服准则的主应力式（2.9），可得

$$k=\tan^2\left(45°-\frac{\varphi}{2}\right)-\frac{2c}{\gamma y}\tan\left(45°-\frac{\varphi}{2}\right) \tag{2.93}$$

根据下界定理，利用静力平衡条件，并代入式（2.94），可得挡土墙容许支护抗力

$$P_{\mathrm{u-min}}=P_{\mathrm{u}}=\int_0^h k\gamma y\mathrm{d}y=\frac{1}{2}\gamma h^2\tan^2\left(45°-\frac{\varphi}{2}\right)-2ch\tan\left(45°-\frac{\varphi}{2}\right) \tag{2.94}$$

式中，h 为挡土墙的高度。

挡土墙支护抗力的上确界式（2.94）与下确界式（2.92）相同，表明由上界定理和下界定理得到的界限解是准确解。

2.5　上界定理在浅埋隧道极限分析中的应用方式

2.5.1　上界定理概念关系式与浅埋隧道上界极限分析法

对于岩土工程稳定性问题，可以把地层保持稳定的必要条件，上界定理式（2.58），表示为针对任意塑性运动许可体系的概念关系式

$$[(\text{地层})\text{荷载塑性}(\text{虚})\text{功率}]\leqslant[(\text{地层})\text{塑性}(\text{虚})\text{能耗速率}] \tag{2.95}$$

其中，地层塑性能耗速率非负，由两个非负部分组成，一个是失稳边界的塑性能耗速率，另一个是失稳边界所包围岩土体的塑性能耗速率；等号成立时，地层处于临界状态。

基于概念关系式（2.95），可以求得极限荷载的上界，一般是塑性运动许可体系的函数；进而通过优化计算，可以得到最不利的失稳模式和极限荷载的上确界（最小上界）。这就是岩土工程稳定性问题的上界极限分析法。

在刚体上界极限分析法、间断布局优化上界极限分析法、有限元上界极限分析法和连续上界极限分析法这四种上界极限分析法中，前两者只考虑失稳边界的塑性能耗速率，不考虑失稳边界所包围岩土体的塑性能耗速率，而有限元上界极限分析法和连续上界极限分析法则既考虑失稳边界的塑性能耗速率，又考虑失稳边界所包围岩土体的塑性能耗速率。

在此值得顺便指出，极限平衡分析法可以归属为刚体上界极限分析法的一种近似，既不考虑上界定理的运动许可条件，也不完全满足下界定理的静力许可条件，只是针对设定

的刚体失稳模型，利用合力平衡方程求解极限荷载的最小上界。刚体上界极限分析的解一定也是极限平衡分析的的解，但反之则不一定。

对于浅埋隧道工程稳定性问题，概念关系式（2.95）中的荷载塑性功率由两个部分组成，一个是支护压力的塑性功率，另一个是（其他）外力（如地层自重和地表超载）的塑性功率；因此，可以把概念关系式（2.95）写成

$$[\text{支护压力塑性功率}]+[(\text{其他})\text{外力塑性功率}]\leqslant[\text{塑性能耗速率}] \tag{2.96}$$

其中，地层支护压力塑性功率的正负和地层外力塑性功率的正负均与地层的失稳类型有关，可以区分以下两种不同情况：1）地层当因支护压力不足而发生主动失稳时，支护压力因与运动反向故塑性功率为负，外力因与运动同向故塑性功率为正；2）地层当因支护压力过大而发生被动失稳时，支护压力因与运动同向故塑性功率为正，外力因与运动反向故塑性功率为负。

基于概念关系式（2.96），1）针对主动失稳情况，可以求得支护压力的下界函数，并进而优化计算得到最不利的主动失稳模式和支护压力的下确界（最大下界）①；2）针对被动失稳情况，可以求得支护压力的上界函数，并进而优化计算得到最不利的被动失稳模式和支护压力的上确界（最小上界）②。这就是浅埋隧道稳定性问题的上界极限分析法。

下面以浅埋盾构隧道开挖面的稳定性问题为例，分别阐述主动稳定性与被动稳定性的上界极限分析方式。

2.5.2 浅埋盾构隧道上界极限分析方式

如图 2.21 所示，浅埋盾构隧道开挖面的（渣土或泥水）支护压力集度 σ_t 必须控制在合理的范围之内，以防止地层因 σ_t 不足而发生主动失稳（沉降量过大），或因 σ_t 过大而发生被动失稳（隆起量过大）。

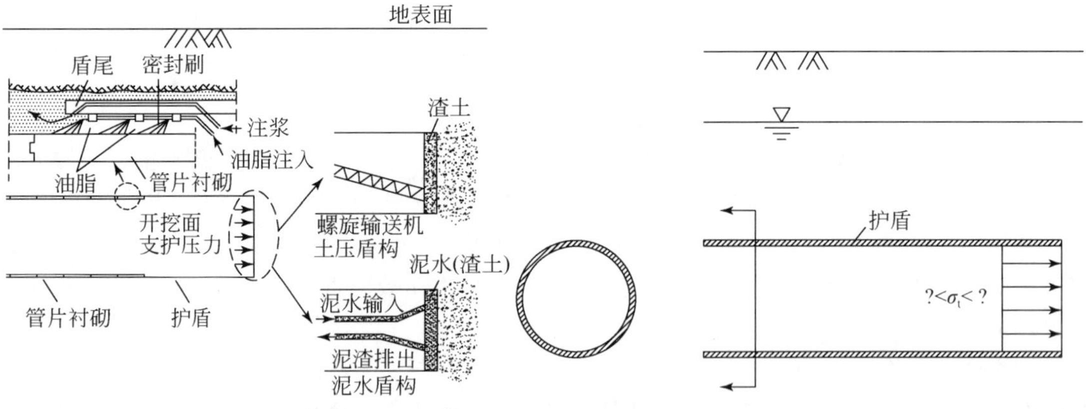

图 2.21 浅埋盾构隧道开挖面的稳定性控制问题

① 对主动失稳情况，由于支护压力为负荷载，即与失稳运动方向相反、起抵抗或制止失稳作用的荷载，故从上界定理求出的是支护压力的下界。

② 对被动失稳情况，由于支护压力为正荷载，即与失稳运动方向相同、起促进或引起失稳作用的荷载，故从上界定理求出的是支护压力的上界。

1. 主动稳定性的上界极限分析方式

基于上界定理概念关系式（2.96），可知保持地层主动稳定性的必要条件为

$$[\text{支护压力塑性功率绝对值}] \geq [\text{外力塑性功率}] - [\text{塑性能耗速率}] \quad (2.97)$$

因此，必要支护压力，即支护压力的最大下界，与地层塑性能耗速率的最小值相对应。

采用如图 2.22 所示的浅埋盾构隧道开挖面的主动稳定性上界极限分析模型，基于式（2.97）和盾构开挖主动失稳位移模式，可以求得支护压力 σ_t 的下界（函数）σ_{t-1}。

如图 2.23 所示，可以通过优化计算，得到最不利主动失稳模式和必要支护压力，即 σ_{t-1}的最大值 $\sigma_{t-1-max}$（σ_t 的下确界）。

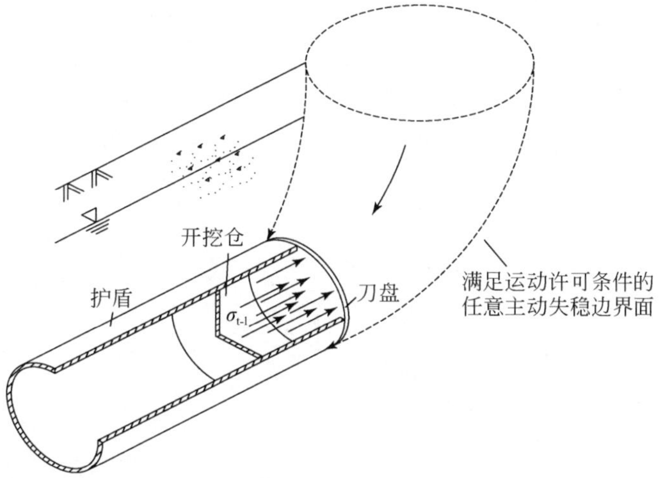

图 2.22　浅埋盾构隧道开挖面的主动失稳模式和支护压力下界函数

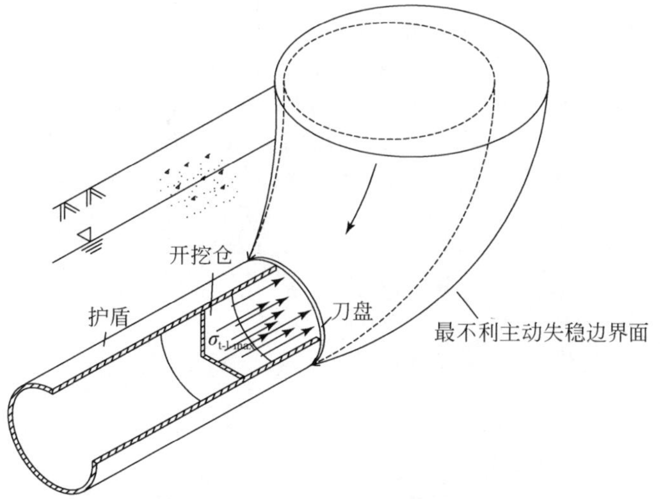

图 2.23　浅埋盾构隧道开挖面的最不利主动失稳模式和必要支护压力

2. 被动稳定性的上界极限分析方式

基于上界定理概念关系式（2.96），可知保持地层被动稳定性的必要条件为

[支护压力塑性功率]≤[外力塑性功率绝对值]+[塑性能耗速率]　(2.98)

因此，容许支护压力，即支护压力的最小上界，与地层塑性能耗速率的最小值相对应。

采用如图 2.24 所示的浅埋盾构隧道开挖面的被动稳定性上界极限分析模型，基于式（2.98）和盾构开挖被动失稳位移模式，可以求得支护压力 σ_t 的上界（函数）σ_{t-u}。

如图 2.25 所示，可以通过优化计算，得到最不利被动失稳模式和容许支护压力，即 σ_{t-u} 的最小值 $\sigma_{t-u-min}$（σ_t 的上确界）。

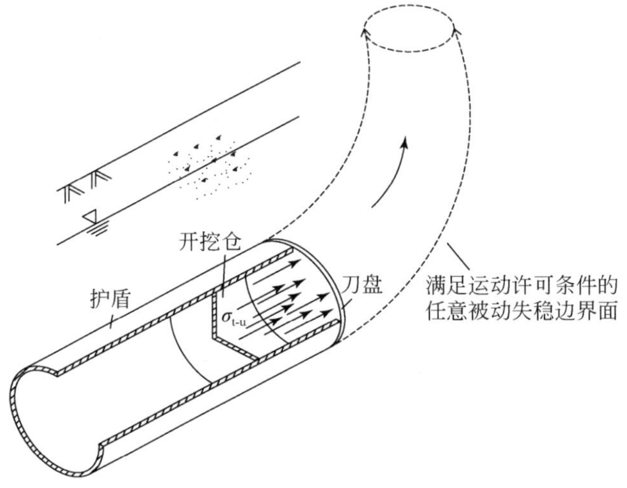

图 2.24　浅埋盾构隧道开挖面的被动失稳模式和支护压力上界函数

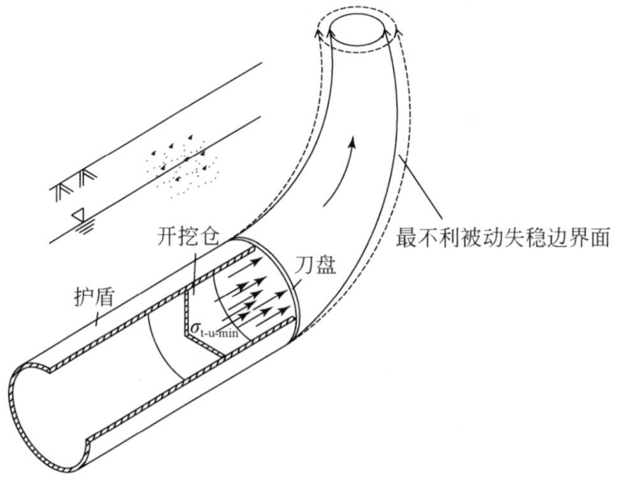

图 2.25　浅埋盾构隧道开挖面的最不利被动失稳模式和容许支护压力

第3章　浅埋盾构隧道的极限平衡分析

本章阐述无渗流均匀地层浅埋盾构隧道、有渗流均匀地层浅埋土压盾构隧道、无渗流复合地层浅埋盾构隧道和浅埋泥水盾构隧道开挖稳定性的（理想塑性）极限平衡分析理论。

3.1　无渗流均匀地层浅埋盾构隧道开挖稳定性的极限平衡分析

针对均匀无渗流均匀地层浅埋盾构隧道的开挖稳定问题，参考 Anagnostou（2012）的思路，考虑图3.1（a）所示的（水土合算）土体极限平衡模型（x 坐标轴以水平向前为正，y 坐标轴以水平向左为正，z 坐标轴以竖直向上为正，原点位于楔形破裂体底端），楔体–棱柱体模型的破坏模式由开挖面前方楔形（五面）破裂体及其上方棱柱形（六面）破裂体组成，楔形体的斜面和左、右立面均为理想塑性破裂面，棱柱体在前、后、左、右立面上受到外围土体的侧压力作用和剪切阻力作用，楔形体及棱柱体的宽度（开挖面等效跨度）B、楔形体的高度（开挖面等效高度）H、棱柱体的高度（开挖面等效覆土厚度）C 按开挖面面积相等原则或开挖面跨度相等原则确定［图3.1（d）为矿山法开挖面等效跨度 B 和等效高度 H 的选择方式］，楔形体及棱柱体的纵向尺寸由楔形体高度 H 和破裂角（楔形体斜面倾角）ω 确定，破裂角 ω 可按开挖面支护压力 T 最大原则优化确定。

在 $0\leqslant z\leqslant H+C$ 范围内，设 γ、λ、c、φ 分别为地层的天然重度、水平侧压力系数、黏聚力和内摩擦角，q 为地表（均布）压力集度，$\sigma_z(z)$ 为（水平面上均匀分布）仅随 z 变化的地层竖向压应力，理想塑性破裂面上的剪应力与正应力满足莫尔–库仑屈服准则式（2.7），采用微元法，分别对棱柱体和楔形体进行受力分析，从而得到棱柱体的竖向压应力，楔形体的竖向压力和竖向压应力，以及隧道开挖面的支护压力。

3.1.1　棱柱体的竖向压应力 $\sigma_z(z)$，$H\leqslant z\leqslant H+C$

采用简申（Janssen）筒仓模型，可以计算棱柱体四个侧表面上的摩擦应力，以及任意水平面上的竖向应力。

如图3.1（b）所示，在 $H\leqslant z\leqslant H+C$ 范围内，由棱柱体微元的竖向静力平衡条件，可得

$$\mathrm{d}V(z)+\mathrm{d}G(z)=2\mathrm{d}S_1(z)+2\mathrm{d}S_2(z) \tag{3.1}$$

式中，棱柱体微元竖向压力 $\mathrm{d}V(z)=(BH\tan\omega)\mathrm{d}\sigma_z(z)$；棱柱体微元重力 $\mathrm{d}G(z)=\gamma BH\tan\omega\mathrm{d}z$；棱柱体微元前、后侧面竖向阻力 $\mathrm{d}S_1(z)=[c+\lambda\sigma_z(z)\tan\varphi]B\mathrm{d}z$；棱柱体微元左、右侧面竖向阻力 $\mathrm{d}S_2(z)=[c+\lambda\sigma_z(z)\tan\varphi](H\tan\omega)\mathrm{d}z$。

把式（3.1）代入其各项的表达式并整理，可得关于棱柱体竖向压应力的微分方程

$$\frac{\mathrm{d}\sigma_z(z)}{\mathrm{d}z}-\frac{\lambda\tan\varphi}{R}\sigma_z(z)=-\gamma+\frac{c}{R} \tag{3.2}$$

积分并利用地表边界条件$\sigma_z(z)|_{z=H+C}=q$，可得棱柱体竖向压应力

$$\sigma_z(z)=\frac{\gamma R-c}{\lambda\tan\varphi}\left[1-\mathrm{e}^{-(\lambda\tan\varphi)(H+C-z)/R}\right]+q\mathrm{e}^{-(\lambda\tan\varphi)(H+C-z)/R} \tag{3.3}$$

这就是简申筒仓模型的竖向压应力公式（项彦勇，2014），可以简称为筒仓应力公式或Janssen公式。特别地，令$z=H$，可得棱柱体–楔形体交界面的竖向压应力

$$\sigma_p=\sigma_z(H)=\frac{\gamma R-c}{\lambda\tan\varphi}\left[1-\mathrm{e}^{-\lambda C\tan\varphi/R}\right]+q\mathrm{e}^{-\lambda C\tan\varphi/R} \tag{3.4}$$

式中，R为棱柱体横截面的水力半径（面积–周长比），$R=(BH\tan\omega)/(2B+2H\tan\omega)$。

显然，对地表没有压力（$q=0$）的情况而言，$\sigma_z(z)$为压应力并且随深度增大的充分必要条件是$\sigma_z(z)>0$和$\mathrm{d}\sigma_z(z)/\mathrm{d}z<0$，故$\mathrm{d}\sigma_z(z)/\mathrm{d}z-\lambda\sigma_z(z)\tan\varphi/R<0$即$c<\gamma R$表示，棱柱体可以沿前、后、左、右四个侧面发生向下剪切移动的必要条件是黏聚（应）力小于（特征）自重应力。

值得指出，棱柱体微元四个侧面的竖向阻力来自于地层材料的黏聚性能和摩擦性能及水平约束作用，分别由c和φ及$\lambda\sigma_z(z)$来体现，这些性能及作用是棱柱体地层拱效应的来源。

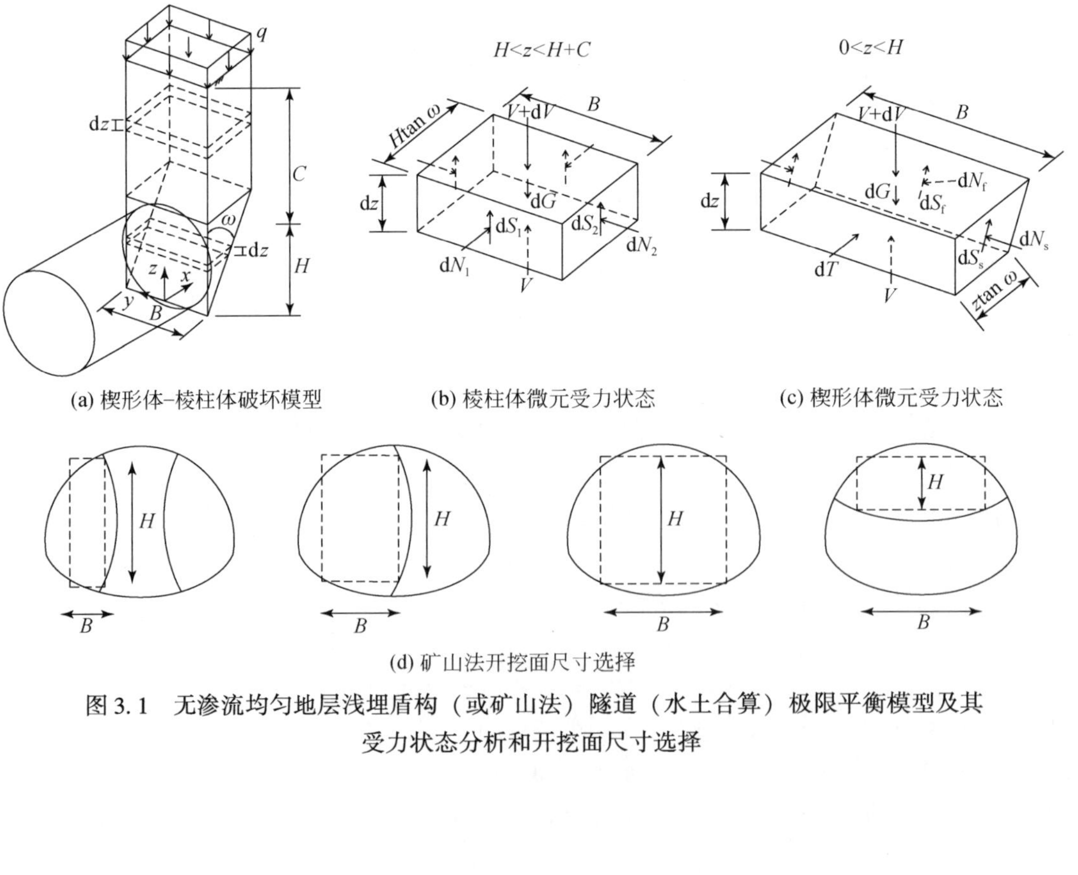

图3.1　无渗流均匀地层浅埋盾构（或矿山法）隧道（水土合算）极限平衡模型及其受力状态分析和开挖面尺寸选择

3.1.2 楔形体的竖向压力 $V(z)$ 和竖向压应力 $\sigma_z(z)$，$0\leqslant z\leqslant H$

如图3.1（c）所示，在 $0\leqslant z\leqslant H$ 范围内，由楔形体微元沿 x 向和 z 向的静力平衡条件，分别可得

$$\mathrm{d}T+\mathrm{d}S_{\mathrm{f}}(z)\sin\omega+2\mathrm{d}S_{\mathrm{s}}(z)\sin\omega=\mathrm{d}N_{\mathrm{f}}(z)\cos\omega \tag{3.5a}$$

$$\mathrm{d}V(z)+\mathrm{d}G(z)=\mathrm{d}S_{\mathrm{f}}(z)\cos\omega+2\mathrm{d}S_{\mathrm{s}}(z)\cos\omega+\mathrm{d}N_{\mathrm{f}}(z)\sin\omega \tag{3.5b}$$

式中，楔形体微元重力 $\mathrm{d}G(z)=\gamma Bz\tan\omega\mathrm{d}z$；楔形体微元（隧道开挖面）支护压力（$\sigma_{\mathrm{t}}$ 为均布支护压力集度）$\mathrm{d}T=\sigma_{\mathrm{t}}B\mathrm{d}z$；楔形体微元斜面滑移阻力 $\mathrm{d}S_{\mathrm{f}}(z)=c\dfrac{B\mathrm{d}z}{\cos\omega}+\mathrm{d}N_{\mathrm{f}}(z)\tan\varphi$；楔形体微元左、右侧面滑移阻力

$\mathrm{d}S_{\mathrm{s}}(z)=[c+\lambda\sigma_z(z)\tan\varphi](z\tan\omega)\mathrm{d}z=(cz\tan\omega)\mathrm{d}z+[V(z)/B](\lambda\tan\varphi)\mathrm{d}z$，注意，此式利用了竖向压力与竖向压应力之间的关系式

$$\sigma_z(z)=\frac{V(z)}{Bz\tan\omega} \tag{3.6}$$

把楔形体微元的各个受力表达式代入式（3.5a）和式（3.5b），联立消去楔形体微元斜面的法向压力 $\mathrm{d}N_{\mathrm{f}}(z)$，可得关于竖向压力的微分方程

$$B\frac{\mathrm{d}V(z)}{\mathrm{d}z}-\alpha V(z)=\beta\frac{z}{B}+\xi \tag{3.7}$$

式中，$\alpha=\dfrac{2\lambda\tan\varphi}{\cos\omega-\sin\omega\tan\varphi}$；$\beta=\dfrac{cB^2\alpha\tan\omega}{\lambda\tan\varphi}-\gamma B^3\tan\omega$；$\xi=\dfrac{cB^2\alpha}{2\lambda\tan\varphi\cos\omega}+\sigma_{\mathrm{t}}B^2\tan(\varphi+\omega)$。

对式（3.7）积分，并利用楔形体底端边界条件 $V(z)|_{z=0}=0$，可得楔形体竖向压力

$$V(z)=A_{\mathrm{t}}(z)B^2\sigma_{\mathrm{t}}+A_c(z)B^2c-A_\gamma(z)B^3\gamma \tag{3.8}$$

楔形体竖向压应力

$$\sigma_z(z)=\frac{V(z)}{Bz\tan\omega}=\frac{A(z)B\sigma_{\mathrm{t}}+A_c(z)Bc-A_\gamma(z)B^2\gamma}{z\tan\omega} \tag{3.9}$$

式中，$A(z)=\dfrac{(\mathrm{e}^{\alpha z/B}-1)\tan(\varphi+\omega)}{\alpha}$；$A_c(z)=\dfrac{\mathrm{e}^{\alpha z/B}-1}{2\lambda\tan\varphi\cos\omega}+\dfrac{\mathrm{e}^{\alpha z/B}-1-(\alpha z/B)}{\alpha\lambda\tan\varphi}\cdot\tan\omega$；$A_\gamma(z)=\dfrac{\mathrm{e}^{\alpha z/B}-1-(\alpha z/B)}{\alpha^2}\cdot\tan\omega$。

特别地，在式（3.8）中，令 $z=H$，可得楔形体的承载力

$$V(H)=A(H)B^2\sigma_{\mathrm{t}}+A_c(H)B^2c-A_\gamma(H)B^3\gamma \tag{3.10}$$

在式（3.9）中，令 $z\to0$，并采用罗必塔（L'Hôpital）法则求不定式的极限，可得楔形体（零面积）底端的竖向压应力

$$\begin{aligned}\sigma_z(0)&=\lim_{z\to0}\frac{1}{B\tan\omega}\cdot\frac{V(z)}{z}=\frac{1}{B\tan\omega}\cdot\lim_{z\to0}\frac{\mathrm{d}V(z)}{\mathrm{d}z}\\&=\frac{1}{\tan\omega}\cdot\left[\frac{\alpha c}{2\lambda\tan\varphi\cos\omega}+\sigma_{\mathrm{t}}\tan(\varphi+\omega)\right]\end{aligned} \tag{3.11}$$

值得指出，楔形体微元斜面的滑移阻力来自于地层材料的黏聚性能和摩擦性能及法向约束作用，分别由 c 和 φ 及 $N_{\mathrm{f}}(z)$ 来体现；楔形体微元左、右侧面的滑移阻力来自于地层

材料的黏聚性能和摩擦性能及水平约束作用，分别由 c 和 φ 及 $\lambda\sigma_z(z)$ 来体现；这些性能及作用是楔形体地层拱效应的来源。

3.1.3　隧道开挖面的支护压力 T

在棱柱体-楔形体交界面处，竖向压力与竖向压应力之间的关系为

$$V(H)=(BH\tan\omega)\sigma_p \tag{3.12}$$

把式（3.4）和式（3.10）代入，可得隧道开挖面支护压力：

$$T=BH[K_\gamma\gamma H+K_p\sigma_p-K_c c] \tag{3.13}$$

式中，$K_\gamma=\dfrac{B}{H}\cdot\dfrac{A_\gamma(H)}{A(H)}$；$K_p=\dfrac{H}{B}\cdot\dfrac{\tan\omega}{A(H)}$；$K_c=\dfrac{A_c(H)}{A(H)}$。

特别地，由式（3.4）可知，如果隧道覆土厚度足够大，棱柱体-楔形体交界面处的竖向压应力可以近似为一个常数

$$\sigma_p|_{C\to\infty}=\sigma_z(H)|_{C\to\infty}=\frac{\gamma R-c}{\lambda\tan\varphi} \tag{3.14}$$

对应的隧道开面支护压力式（3.13）简化为

$$T|_{C\to\infty}=BH[K_\gamma^*\gamma H-K_c^* c] \tag{3.15}$$

式中，$K_\gamma^*=K_\gamma+\dfrac{RK_p}{H\lambda\tan\varphi}$；$K_c^*=K_c+\dfrac{K_p}{\lambda\tan\varphi}$。

特别地，如果 $\lambda=1$，则有 $K_c^*c=c/\tan\varphi$，即地层自身的抗破裂能力等于其抗拉强度。

利用上述结果，可以通过优化计算，确定使隧道开挖面支护压力 T 取最大值 $\overline{T}$ 的楔形体破裂角 $\overline{\omega}$，$\overline{T}$ 就是无渗流均匀地层浅埋盾构隧道开挖面在最不利情况下的（最小）必要支护压力。

值得说明，如果不是以考虑楔形体地层拱效应的方式，由式（3.9）计算楔形体竖向压应力，而是在楔形体微元左、右侧面滑移阻力的表达式中，假设某种模式的楔形体竖向压应力分布，替换竖向压力与竖向压应力之间的关系式（3.6），则可以使上述有关方程得到简化。图 3.2 显示了几种可能的楔形体竖向压应力分布模式，其中，实线 0 可以称为楔

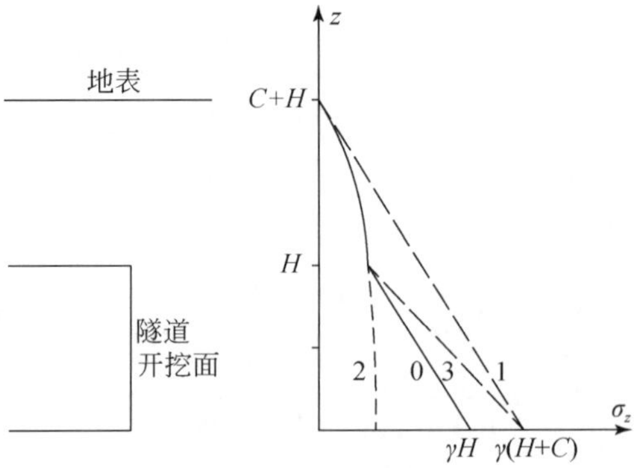

图 3.2　无渗流均匀地层浅埋盾构隧道开挖面前方地层竖向压应力分布的其他假设

形体重力模式，仅考虑楔形体自重应力，不考虑拱效应，竖向压应力为

$$\sigma_z(z)\big|_{0\leqslant z\leqslant H}=\sigma_p\frac{z}{H}+\gamma H\left(1-\frac{z}{H}\right) \tag{3.16}$$

虚线 1 可以称为棱柱体-楔形体重力模式，对棱柱体地层和楔形体地层均不考虑拱效应，只考虑自重应力；虚线 2 可以称为楔形体重力-近似拱效应模式，采用棱柱体的竖向压应力式（3.3）来近似计算楔形体的竖向压应力（尽管楔形体的水平截面是随深度变化的）；虚线 3 可以称为楔形体折中重力模式，代表楔形体重力模式（实线 0）和棱柱体-楔形体重力模式（虚线 1）之间的一个模式。

3.2 有渗流均匀地层浅埋土压盾构隧道开挖稳定性的极限平衡分析

Anagnostou 和 Kovári（1996）认为，对于土压盾构隧道而言，如果地层的渗透系数大于 $10^{-7}\sim10^{-6}$m/s，并且盾构的推进速率不大于 0.1 ~ 1m/h，则开挖区就可能发生孔隙水（排出）渗流；因此，对于以砂土为主的地层，应该考虑渗流力对开挖区稳定机制的影响，而对于以黏土为主的地层，则可以在盾构开挖推进时不考虑排水，只在盾构间歇时考虑排水及渗流力的影响。

针对均匀有渗流地层浅埋土压盾构隧道的开挖稳定问题，考虑图 3.3（a）所示的渗流土体极限平衡模型，理想塑性破裂面上的剪应力与有效正应力满足莫尔-库仑屈服准则，令 γ' 和 γ_d 分别代表地层的浮重度（有效重度）和干重度，c' 和 φ' 分别代表地层的有效黏聚力和有效内摩擦角，$\sigma_z'(z)$ 代表随 z 变化的地层竖向有效应力，γ_w 代表地下水的重度，h_0 代表地下水的水头（设为常数；即设水源补给无限充足和迅速，不受隧道开挖面排水的影响），h_t 代表土压盾构开挖仓内渣土孔隙水在开挖面处的水头（设为常数），其他符号定义与 3.1 节相同。下面，首先区分两种不同水位情况（3.2.1 节）和（3.2.2 节），阐述渗流棱柱体-楔形体交界面竖向有效应力 σ_p' 的计算公式；然后针对两种不同渗流楔形体极限平衡模型（3.2.3 节）和（3.2.4 节），阐述隧道开挖面上有效支护压力 T' 的计算公式。

3.2.1 渗流棱柱体-楔形体交界面的竖向有效应力 σ_p'——水位不低于地表的情况

当水位不低于地表时（$h_0\geqslant H+C$），在 $H\leqslant z\leqslant H+C$ 范围内，如图 3.3（b）所示，参考 Anagnostou 和 Kovári（1996）的思路，由渗流棱柱体微元的竖向静力平衡条件，可得

$$\mathrm{d}V'(z)+\mathrm{d}G'(z)+\mathrm{d}F_{-z}(z)=2\mathrm{d}S_1(z)+2\mathrm{d}S_2(z) \tag{3.17}$$

式中，渗流棱柱体微元竖向有效压力 $\mathrm{d}V'(z)=(BH\tan\omega)\,\mathrm{d}\sigma_z'(z)$；渗流棱柱体微元有效重力 $\mathrm{d}G'(z)=(BH\tan\omega)\gamma'\,\mathrm{d}z$；渗流棱柱体微元负 z 方向（向下）渗流合力 $\mathrm{d}F_{-z}(z)=(BH\tan\omega)f_{-z}^{**}\,\mathrm{d}z$；渗流棱柱体微元前、后侧面竖向阻力 $\mathrm{d}S_1(z)=[c'+\lambda\sigma_z'(z)\tan\varphi']B\mathrm{d}z$；渗流棱柱体微元左、右侧面竖向阻力 $\mathrm{d}S_2(z)=[c'+\lambda\sigma_z'(z)\tan\varphi'](H\tan\omega)\,\mathrm{d}z$；代入可得关于

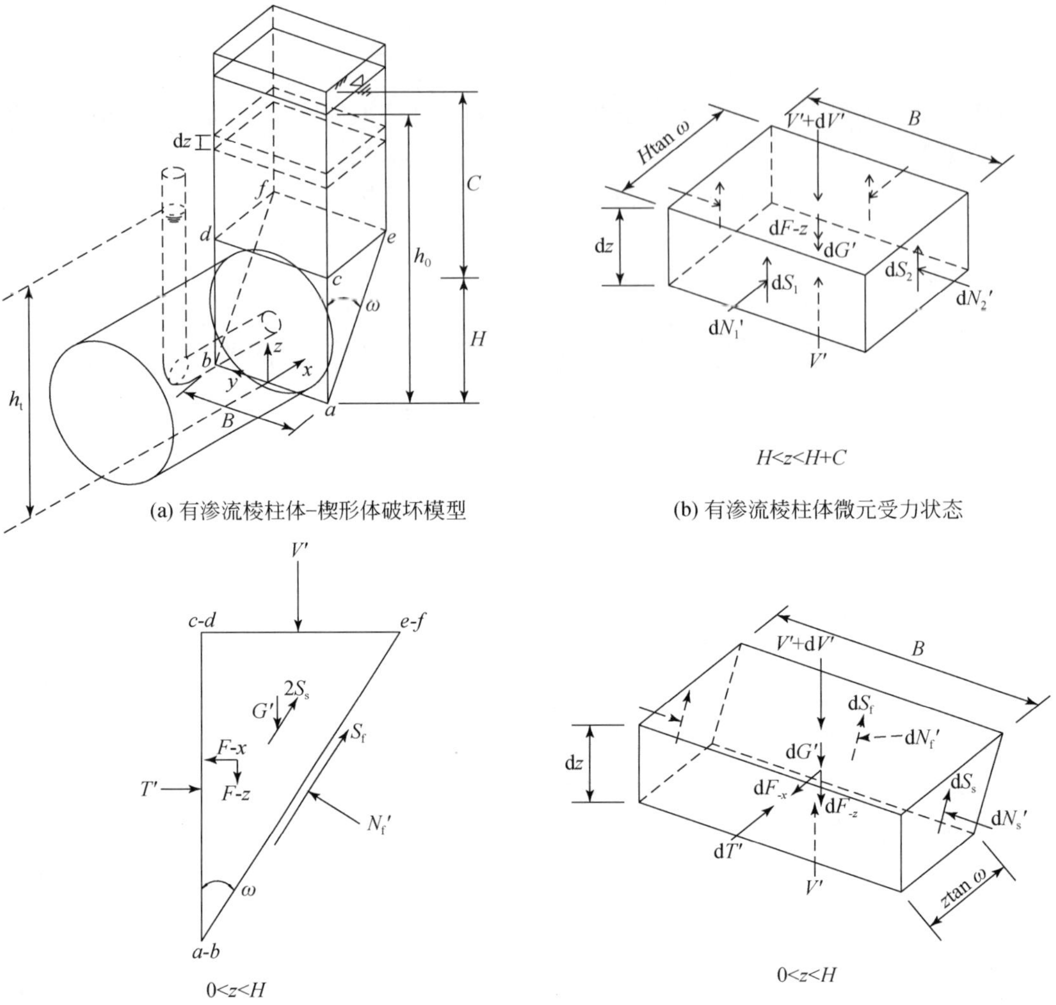

(a) 有渗流棱柱体-楔形体破坏模型　(b) 有渗流棱柱体微元受力状态

(c) 有渗流楔形体受力状态　(d) 有渗流楔形体微元受力状态

图 3.3　有渗流均匀地层浅埋土压盾构隧道（渗流水土分算）极限平衡模型

渗流棱柱体竖向有效应力的微分方程

$$\frac{\mathrm{d}\sigma_z'(z)}{\mathrm{d}z}-\frac{\lambda\tan\varphi'}{R}\sigma_z'(z)=-\gamma'-f_{-z}^{**}+\frac{c'}{R} \tag{3.18}$$

积分并利用地表的有效应力边界条件，$\sigma_z'(z)\big|_{z=H+C}=0$，可得渗流棱柱体的竖向有效应力；特别地，可得渗流棱柱体-楔形体交界面的竖向有效应力为

$$\sigma_p'=\sigma_z'(H)=\frac{\gamma'R-c'}{\lambda\tan\varphi'}\left[1-\mathrm{e}^{-\lambda C\tan\varphi'/R}\right]+\int_H^{H+C}f_{-z}^{**}\,\mathrm{e}^{-\lambda(z-H)\tan\varphi'/R}\mathrm{d}z \tag{3.19}$$

式中，渗流棱柱体横截面的水力半径为 $R=(BH\tan\omega)/(2B+2H\tan\omega)$；渗流棱柱体任意 z 位置处水平面上沿负 z 方向的平均渗流力为

$$f_{-z}^{**}=f_{-z}^{**}(z)=\frac{1}{BH\tan\omega}\int_0^{H\tan\omega}\left[\int_{-B/2}^{B/2}f_{-z}(x,y,z)\,\mathrm{d}y\right]\mathrm{d}x \tag{3.20}$$

其中，

$$f_{-z}(x,y,z)=-f_z(x,y,z)=\gamma_w\frac{\partial h(x,y,z)}{\partial z}\tag{3.21}$$

式中，$f_{-z}(x,y,z)$与$f_z(x,y,z)$分别为任意位置（x,y,z）处负 z 方向与正 z 方向的分布渗流力；$h(x,y,z)$为棱柱体任意位置（x，y，z）处的水头。

$\sigma'_z(z)$为压应力并且随深度增大的充分必要条件是 $\sigma'_z(z)>0$ 和 $\mathrm{d}\sigma'_z(z)/\mathrm{d}z<0$，即 $c'-(\gamma'+f_{-z}^{**})R<0$ 代表了渗流棱柱体沿四个侧面发生剪切移动的必要条件：地层的黏聚（应）力 c'不足以平衡地层的（特征）有效自重应力 $\gamma'R$ 和孔隙水的（特征）平均渗流压力 $f_{-z}^{**}R$。

这也就是说，如图 3.4 所示，对于渗流棱柱体微元的当量圆柱体微元，如果要求被动作用力的合力向上，即

$$-\pi\bar{R}^2\mathrm{d}\sigma'_z(z)+2\pi\bar{R}\lambda\sigma'_z(z)\tan\varphi'\mathrm{d}z>0\Rightarrow\mathrm{d}\sigma'_z(z)/\mathrm{d}z-\lambda\sigma'_z(z)\tan\varphi'/R<0$$

主动作用力的合力就必须向下，即

$$(\gamma'+f_{-z}^{**})\pi\bar{R}^2\mathrm{d}z-2\pi\bar{R}c'\mathrm{d}z>0\Rightarrow(\gamma'+f_{-z}^{**})R-c'>0$$

式中，$\bar{R}$ 横截面的面（积）周（长）等效半径，等于水力半径 R 的 2 倍，$\bar{R}=2R$。

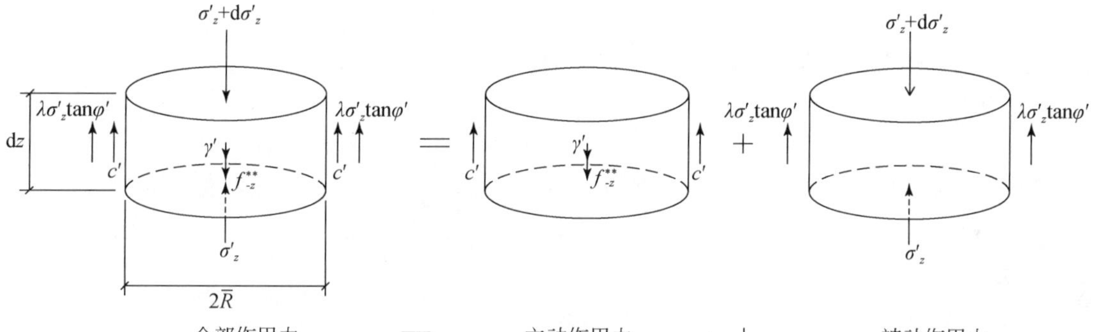

图 3.4　渗流棱柱体微元的当量圆柱体微元作用力分解

平均渗流力 f_{-z}^{**} 的分布特点是，在地表处最小，随深度而增大；因此，在地表以下某个浅层深度范围 $z^*\leqslant z\leqslant H+C$ 内，可能因为 f_{-z}^{**} 不够大而出现 $c'-(\gamma'+f_{-z}^{**})R\geqslant0$ 的情况，与其中的等号和不等号对应，分别有 $\sigma'_z(z)|_{z=z^*}=0$（竖向有效应力等于零）和 $[\mathrm{d}\sigma'_z(z)/\mathrm{d}z-\lambda\sigma'_z(z)\tan\varphi'/R]|_{z^*<z\leqslant H+C}>0$（竖向有效应力小于零），表示地层的黏聚力可以平衡地层的有效重力和孔隙水的渗流力，地层是稳定的，不会发生沿渗流棱柱体侧面的剪切移动，不会对下方地层产生压力；这里，z^* 代表该深度的位置坐标，可以通过求解方程 $c'-(\gamma'+f_{-z}^{**})R=0$ 得到。

把式（3.20）及式（3.21）代入式（3.19），然后分部积分，可得渗流棱柱体–楔形体交界面竖向有效应力（在水位不低于地表的条件下）的计算式

$$\sigma'_p=\sigma'_z(H)=\frac{\gamma'R-c'}{\lambda\tan\varphi'}[1-\mathrm{e}^{-\lambda C\tan\varphi'/R}]+\gamma_w h_{p1}\tag{3.22}$$

式中，

$$h_{p1} = h_0 e^{-\lambda C\tan\varphi'/R} - h^{**}(H) + \frac{\lambda\tan\varphi'}{R}\int_H^{H+C} h^{**}(z)e^{-\lambda(z-H)\tan\varphi'/R}dz \tag{3.23}$$

$$h^{**}(z) = \frac{1}{BH\tan\omega}\int_0^{H\tan\omega}\left[\int_{-B/2}^{B/2} h(x,y,z)dy\right]dx \tag{3.24}$$

式中，$h^{**}(z)$ 为渗流棱柱体任意 z 位置处水平面的平均水头。

在水位不低于地表的条件下，由式（3.19）或式（3.22）可知：

1）假如地层的有效内摩擦角为零，则负 z 向渗流力在渗流棱柱体-楔形体交界面引起的竖向有效应力等于水平面平均负 z 向渗流力在棱柱体高度范围内的积分；例如，如果渗流体力为常数，即 $f_{-z}(x,y,z)=\text{const.}$，则负 z 向渗流力在渗流棱柱体-楔形体交界面产生的竖向有效应力为 $C\cdot\text{const.}$。

2）对于地层有效内摩擦角不为零的一般情况，负 z 向渗流力在渗流棱柱体-楔形体交界面引起的竖向有效应力等于水平面平均负 z 向渗流力在棱柱体高度范围内的加权积分，权重 $e^{-\lambda(z-H)\tan\varphi'/R}$ 在渗流棱柱体-楔形体交界面处取最大值1，并以负指数函数形式随高度的增大而衰减至地表处的最小值 $e^{-\lambda C\tan\varphi'/R}$（衰减速率随着地层有效摩擦角的增大而增大），表明负 z 向渗流力对渗流棱柱体-楔形体交界面竖向有效应力的贡献在交界面上方附近最大，并随高度的增大而衰减。

3.2.2 渗流棱柱体-楔形体交界面的竖向有效应力 σ'_p——水位低于地表但不低于隧道拱顶的情况

当水位低于地表但不低于隧道拱顶时（$H\leqslant h_0<H+C$），在地表至水位范围内（$h_0\leqslant z<H+C$），参考 Anagnostou 和 Kovári（1996）的思路，利用 Janssen 式（3.3），可得水位处的竖向有效应力

$$\sigma'_z(h_0)=\frac{\gamma_d R-c'}{\lambda\tan\varphi'}\left[1-e^{-\lambda(H+C-h_0)\tan\varphi'/R}\right] \tag{3.25}$$

在水位至隧道拱顶范围内（$H\leqslant z\leqslant h_0$），利用式（3.25）作为边界条件，求解式（3.18），可得渗流棱柱体-楔形体交界面的竖向有效应力

$$\sigma'_p = \sigma'_z(H) = \sigma'_z(h_0)e^{-\lambda(H+C-h_0)\tan\varphi'/R} + \frac{\gamma' R - c'}{\lambda\tan\varphi'}\left[1 - e^{-\lambda(h_0-H)\tan\varphi'/R}\right] + \int_H^{h_0} f_{-z}^{**} e^{-\lambda(z-H)\tan\varphi'/R}dz \tag{3.26}$$

把式（3.20）及式（3.21）代入式（3.26）中的积分式并分部积分，可得渗流棱柱体-楔形体交界面竖向有效应力（在水位低于地表但不低于隧道拱顶的条件下）的计算式

$$\sigma'_p=\sigma'_z(H)=\sigma'_z(h_0)e^{-\lambda(H+C-h_0)\tan\varphi'/R}+\frac{\gamma'R-c'}{\lambda\tan\varphi'}\left[1-e^{-\lambda(h_0-H)\tan\varphi'/R}\right]+\gamma_w h_{p2} \tag{3.27}$$

式中，

$$h_{p2} = h_0 e^{-\lambda(h_0-H)\tan\varphi'/R} - h^{**}(H) + \frac{\lambda\tan\varphi'}{R}\int_H^{h_0} h^{**}(z)e^{-\lambda(z-H)\tan\varphi'/R}dz \tag{3.28}$$

式中，$h^{**}(z)$ 为任意 z 位置处水平面平均水头，按式（3.24）计算。

3.2.3　隧道开挖面的有效支护压力 T'——渗流楔形体极限平衡整体模型

如果采用图 3.3（c）所示的渗流楔形体极限平衡整体模型，参考 Anagnostou 和 Kovári（1996）的思路，利用高斯（Gauss）定理，可得负 x 方向和负 z 方向的渗流力分别为

$$F_{-x}=\gamma_w\int_V\frac{\partial h(x,y,z)}{\partial x}\mathrm{d}V=\gamma_w\left[-\left(\int_{abfe}h^*(x,z)\mathrm{d}S\right)\cos\omega+\int_{abdc}h^*(x,z)\mathrm{d}S\right] \tag{3.29a}$$

$$F_{-z}=\gamma_w\int_V\frac{\partial h(x,y,z)}{\partial z}\mathrm{d}V=\gamma_w\left[\left(\int_{abfe}h^*(x,z)\mathrm{d}S\right)\sin\omega+\int_{cdfe}h^*(x,z)\mathrm{d}S\right] \tag{3.29b}$$

式中，$h(x,y,z)$为楔形体任意位置（x，y，z）处的水头；$h^*(x,z)$为楔形体任意（x，z）位置处沿 y 方向平均的水头，即

$$h^*(x,z)=\frac{1}{B}\int_{-B/2}^{B/2}h(x,y,z)\mathrm{d}y \tag{3.30}$$

式中，V 和 S 分别为楔形体的体积和表面积；$abfe$、$abdc$、$cdfe$ 分别为楔形体的斜面、开挖面、顶面。注意，因为关于 xz 平面的对称性，y 向（横向）渗流力为零。

Anagnostou 和 Kovári（1996）采用有限元法计算水头的稳态分布，然后采用数值积分法，由式（3.29a）和式（3.29b）计算渗流力。

由楔形体斜面滑移方向和法线方向的静力平衡条件，分别可得

$$2S_s+S_f+(T'-F_{-x})\sin\omega=(V'+G'+F_{-z})\cos\omega \tag{3.31a}$$

$$N'_f=(V'+G'+F_{-z})\sin\omega+(T'-F_{-x})\cos\omega \tag{3.31b}$$

式中，$V'=(BH\tan\omega)\sigma'_p$，为渗流楔形体顶面竖向有效压力；$G'=(\gamma'BH^2\tan\omega)/2$，为渗流楔形体的有效重力；$N'_f$ 和 S_f 分别为渗流楔形体斜面的法向有效压力（$N'_f>0$）和滑移阻力，$S_f=(c'BH/\cos\omega)+N'_f\tan\varphi'$；$S_s$ 为渗流楔形体左、右侧面的滑移阻力，可以表示为

$$S_s=\frac{c'H^2\tan\omega}{2}+\int_0^H\lambda\sigma'_z(z)z\tan\varphi'\tan\omega\mathrm{d}z \tag{3.32}$$

如果采用图 3.2 中实线 0 所示的竖向压应力分布模式，则楔形体内的竖向有效应力为

$$\sigma'_z(z)\big|_{0\leqslant z\leqslant H}=\sigma'_p\frac{z}{H}+\gamma'H\left(1-\frac{z}{H}\right) \tag{3.33}$$

代入式（3.32），积分可得

$$S_s=\frac{H^2\tan\omega}{2}\left[c'+\lambda\left(\frac{\gamma'H}{6}+\frac{\sigma'_p}{3}\right)\tan\varphi'\right] \tag{3.34}$$

把式（3.31a）和式（3.31b）联立，消去 N'_f，可得

$$T'=F_{-x}+(V'+G'+F_{-z})\frac{1-\tan\omega\tan\varphi'}{\tan\omega+\tan\varphi'}-\frac{2S_s+(c'BH/\cos\varphi')}{\cos\omega\tan\varphi'+\sin\omega} \tag{3.35}$$

据此可以通过优化计算，确定使隧道开挖面有效支护压力 T' 取最大值$\overline{T'}$的楔形体破裂角 $\overline{\omega}$，$\overline{T'}$就是有渗流均匀地层浅埋土压盾构隧道开挖面在最不利情况下的（最小）必要有效支护压力。

3.2.4　隧道开挖面的有效支护压力 T'——渗流楔形体极限平衡微元模型

如果采用图 3.3（d）所示渗流楔形体极限平衡微元模型，参考 Perazzelli 等（2014）的思路，由楔形体微元斜面滑移方向和法线方向的静力平衡条件，分别可得

$$2\mathrm{d}S_s+\mathrm{d}S_f+(\mathrm{d}T'-\mathrm{d}F_{-x})\sin\omega=(\mathrm{d}V'+\mathrm{d}G'+\mathrm{d}F_{-z})\cos\omega \tag{3.36a}$$

$$\mathrm{d}N_f'=(\mathrm{d}V'+\mathrm{d}G'+\mathrm{d}F_{-z})\sin\omega+(\mathrm{d}T'-\mathrm{d}F_{-x})\cos\omega \tag{3.36b}$$

式中，楔形体微元（隧道开挖面）有效支护压力为

$$\mathrm{d}T'=\mathrm{d}T'(z)=\sigma_t'B\mathrm{d}z$$

楔形体微元斜面滑移阻力为，（设 $\mathrm{d}N_f'>0$）

$$\mathrm{d}S_f=\mathrm{d}S_f(z)=c'\frac{B\mathrm{d}z}{\cos\omega}+\mathrm{d}N_f'\tan\varphi'$$

楔形体微元有效重力为

$$\mathrm{d}G'=\mathrm{d}G'(z)=(\gamma'Bz\tan\omega)\mathrm{d}z$$

楔形体微元左、右侧面滑移阻力为

$$\mathrm{d}S_s=\mathrm{d}S_s(z)=(c'z\tan\omega)\mathrm{d}z+(V'/B)(\lambda\tan\varphi')\mathrm{d}z$$

特别地，楔形体微元负 x 方向和负 z 方向的渗流力分别为（因为关于 xz 平面的对称性，y 向（横向）渗流力为零）

$$\mathrm{d}F_{-x}=\mathrm{d}F_{-x}(z)=\left\{\int_0^{z\tan\omega}\left[\int_{-B/2}^{B/2}\gamma_w\frac{\partial h(x,y,z)}{\partial x}\mathrm{d}y\right]\mathrm{d}x\right\}\mathrm{d}z \tag{3.37a}$$

$$\mathrm{d}F_{-z}=\mathrm{d}F_{-z}(z)=\left\{\int_0^{z\tan\omega}\left[\int_{-B/2}^{B/2}\gamma_w\frac{\partial h(x,y,z)}{\partial z}\mathrm{d}y\right]\mathrm{d}x\right\}\mathrm{d}z \tag{3.37b}$$

注意，σ_t' 为有效均布支护压力集度，$V'=V'(z)=\sigma_z'Bz\tan\omega$ 和 $\sigma_z'=\sigma_z'(z)$ 分别为楔形体内 z 位置处水平面上的竖向有效压力和竖向有效应力。

把渗流楔形体微元的各个受力表达式代入式（3.36a）和式（3.36b），联立消去楔形体微元斜面的有效法向压力 $\mathrm{d}N_f'(z)$，可得

$$B\frac{\mathrm{d}V'}{\mathrm{d}z}-\alpha'V'=\beta'\frac{z}{B}+\xi'-B\frac{\mathrm{d}F_{-z}}{\mathrm{d}z}-B\tan(\omega+\varphi')\frac{\mathrm{d}F_{-x}}{\mathrm{d}z} \tag{3.38}$$

式中，$\alpha'=\dfrac{2\lambda\tan\varphi'}{\cos\omega-\sin\omega\tan\varphi'}$；

$\beta'=\dfrac{c'B^2\alpha'\tan\omega}{\lambda\tan\varphi'}-\gamma'B^3\tan\omega$；

$\xi'=\dfrac{c'B^2\alpha'}{2\lambda\tan\varphi'\cos\omega}+\sigma_t'B^2\tan(\varphi'+\omega)$。

在楔形体内，对于具体的水头分布函数 $h(x,y,z)$，式（3.38）是一个关于竖向有效压力 $V'(z)$ 的一阶常微分方程。

Perazzelli 等（2014）根据地下水渗流数值计算的结果，利用横向对称性，不考虑横向渗流力，在稳态渗流条件下，假设棱柱体内的水头只沿纵向（x 向）和竖向（z 向）变化，

楔形体内的水头只沿纵向即 x 向变化（沿竖向即 z 向和横向即 y 向没有变化），并通过试错法分析，提出棱柱体内水头的近似表达式

$$h(x,y,z)=h_t+\left\{1-\exp\left[a\left(1-\frac{z}{H}\right)-b\frac{x}{H}\right]\right\}(h_0-h_t) \tag{3.39a}$$

楔形体内水头的近似表达式

$$h(x,y,z)=h_t+\left[1-\exp\left(-b\frac{x}{H}\right)\right](h_0-h_t) \tag{3.39b}$$

式中，a、b 为待定系数，需要针对数值计算结果（或实测数据），通过拟合计算确定。例如，Perazzelli 等（2014）采用有限元法计算 $B=H=C=10\text{m}$、$h_t=0\text{m}$、$h_0=100\text{m}$ 情况下水头的稳态分布，拟合得出：$a=4.496$，$b=1.935$。

考虑水位不低于地表（$h_0\geqslant H+C$）的情况，把式（3.39a）代入式（3.20）及式（3.21），可得棱柱体内的平均渗流力

$$f_{-z}^{**}=f_{-z}^{**}(z)=\gamma_w\frac{h_0-h_t}{H}\frac{a(1-\mathrm{e}^{-b\tan\omega})}{b\tan\omega}\mathrm{e}^{a[1-(z/H)]} \tag{3.40}$$

可见，f_{-z}^{**} 在 $z=H+C$ 处最小，随深度的增大（z 的减小）而增大，在 $z=H$ 处最大。根据 c'、γ'、f_{-z}^{**} 之间相对大小的不同，可以区分下面两种不同情况：

1）如果 $c'\leqslant\gamma'R$，则 $c'-(\gamma'+f_{-z}^{**})R<0$，棱柱体在整个深度范围内发生沿前、后、左、右四个侧面的剪切移动，对应的顶面有效应力边界条件为

$$\sigma_z'(z)\big|_{z=H+C}=0 \tag{3.41a}$$

2）如果 $c'>\gamma'R$，则当 $z^*\leqslant z\leqslant H+C$ 时，可能因为 f_{-z}^{**} 不够大而出现 $c'-(\gamma'+f_{-z}^{**})R\geqslant0$ 的情况，对应有 $\sigma_z'(z)\big|_{z=z^*}=0$ 和 $[\mathrm{d}\sigma_z'(z)/\mathrm{d}z-\lambda\sigma_z'(z)\tan\varphi'/R]\big|_{z^*<z\leqslant H+C}>0$，表示棱柱体在 $z^*\leqslant z\leqslant H+C$ 范围内是稳定的，只在 $H<z<z^*$ 范围内发生沿前、后、左、右四个侧面的剪切移动，与其对应的顶面有效应力边界条件为

$$\sigma_z'(z)\big|_{z=z^*}=0 \tag{3.41b}$$

式中，z^* 为方程 $c'-(\gamma'+f_{-z}^{**})R=0$ 的解；利用式（3.40），可得

$$\frac{z^*}{H}=1+\frac{1}{a}\ln\left[\frac{a(1-\mathrm{e}^{-b\tan\omega})}{b\tan\omega}\cdot\frac{\gamma_w(h_0-h_t)}{c'-\gamma'R}\cdot\frac{R}{H}\right] \tag{3.42}$$

把式（3.40）代入微分方程式（3.18），积分并考虑上述两种不同的剪切移动体顶面位置及边界条件式（3.41a）和式（3.41b），可得渗流楔形体顶面处的竖向有效应力

$$\sigma_p'=\sigma_z'(H)=\frac{\gamma'R-c'}{\lambda\tan\varphi'}[1-\mathrm{e}^{-\lambda C^*\tan\varphi'/R}]+\gamma_w(h_0-h_t)\bar{\alpha} \tag{3.43}$$

式中

$$\bar{\alpha}=\frac{a(1-\mathrm{e}^{-b\tan\omega})}{b\tan\omega}\cdot\frac{R}{H\lambda\tan\varphi'+Ra}[1-\mathrm{e}^{-(H\lambda\tan\varphi'+Ra)C^*/(RH)}] \tag{3.44}$$

$$C^*=\begin{cases}C & c'\leqslant\gamma'R\\ z^*-H & c'>\gamma'R,H<z^*<H+C\end{cases} \tag{3.45}$$

显然，式（3.43）的末项代表棱柱体渗流力在楔形体顶面处引起的竖向有效应力增量。

利用式（3.39b）及式（3.37a）和式（3.37b），对微分方程式（3.38）积分，并利用楔形体底端的边界条件 $V'(z)\big|_{z=0}=0$，可得楔形体竖向有效压力：

$$V'(z)=A_t'(z)B^2\sigma_t'+A_c'(z)B^2c'-A_\gamma'(z)B^3\gamma'-A_h'(z)B^2\gamma_w(h_0-h_t) \tag{3.46}$$

式中，$A_t'(z)=\dfrac{e^{\alpha' z/B}-1}{\alpha'}\tan(\omega+\varphi')$；

$A_c'(z)=\dfrac{e^{\alpha' z/B}-1}{2\lambda\tan\varphi'\cos\omega}+\dfrac{e^{\alpha' z/B}-1-(\alpha' z/B)}{\alpha'\lambda\tan\varphi'}\cdot\tan\omega$；

$A_\gamma'(z)=\dfrac{e^{\alpha' z/B}-1-(\alpha' z/B)}{\alpha'\alpha'}\cdot\tan\omega$；

$A_h'(z)=\left[\begin{array}{c}\left(\dfrac{1}{\alpha'}-\dfrac{H}{\alpha' H+Bb\tan\omega}\right)e^{\alpha' z/B}+\\ \dfrac{H}{\alpha' H+Bb\tan\omega}e^{-(bz\tan\omega)/H}-\dfrac{1}{\alpha'}\end{array}\right]\tan(\omega+\varphi')$。

利用式（3.43）和式（3.46），由 $V'(H)=(BH\tan\omega)\sigma_p'$（楔形体具有足够的承载力），令 σ_{tb}'为对应的有效均布支护压力集度 σ_t'，可得

$$\sigma_{tb}'=F_h\gamma_w(h_0-h_t)+F_\gamma\gamma' H-F_c c' \tag{3.47}$$

式中，$F_h=\dfrac{1}{A_t'(H)}\left[A_h'(H)+\bar{\alpha}\dfrac{H\tan\omega}{B}\right]$；

$F_\gamma=\dfrac{1}{A_t'(H)}\left\{\dfrac{BA_\gamma'(H)}{H}+\dfrac{R\tan\omega}{B\lambda\tan\varphi'}\left[1-e^{-\lambda C^*\tan\varphi'/R}\right]\right\}$；

$F_c=\dfrac{1}{A_t'(H)}\left\{A_c'(H)+\dfrac{H\tan\omega}{B\lambda\tan\varphi'}\left[1-e^{-\lambda C^*\tan\varphi'/R}\right]\right\}$。

有效均布支护压力集度式（3.47）成立的一个前提条件是，楔形体任意微元斜面法向作用力为压力，即 $dN_f'>0$。但是，由式（3.36b）可知，如果渗流力 dF_{-x}足够大，就可能出现微元斜面法向作用力为拉力（$dN_f'<0$）的情况。利用式（3.39b），由式（3.37a）和（3.37b），可得

$$dF_{-x}=\gamma_w(h_0-h_t)\left[1-e^{-(zb\tan\omega)/H}\right]Bdz \tag{3.48a}$$

$$dF_{-z}=0 \tag{3.48b}$$

于是，由式（3.36b）可得微元斜面法向应力

$$\begin{aligned}\sigma_f'&=\frac{dN_f'}{Bdz}\cos\omega\\&=\left(\frac{dV'}{Bdz}+\gamma' z\tan\omega\right)\sin\omega\cos\omega+\left[\sigma_t'-\gamma_w(h_0-h_t)\left(1-e^{-(zb\tan\omega)/H}\right)\right]\cos^2\omega\end{aligned} \tag{3.49}$$

注意，dF_{-x}随 z 的增大而增大并且在楔形体顶面达到最大，地层的抗拉强度为 $c'/\tan\varphi'$，所以，只要楔形体顶面微元斜面法向应力大于地层抗拉强度，即$\sigma_f'|_{z=H}\geqslant -c'/\tan\varphi'$，就有$\sigma_f'|_{0<z<H}\geqslant -c'/\tan\varphi'$，即楔形体任意微元斜面法向应力不会出现大于地层抗拉强度的拉应力；由$\sigma_f'|_{z=H}=-c'/\tan\varphi'$，令 σ_{tp}'为对应的有效均布支护压力集度 σ_t'，可得

$$\sigma_{tp}'=M_h\gamma_w(h_0-h_t)+M_\gamma\gamma' H-M_c c' \tag{3.50}$$

式中，$M_h=\dfrac{(1-e^{-b\tan\omega})\left[\tan(\omega+\varphi')+\cot\omega\right]+\alpha' A_h'(H)}{\tan(\omega+\varphi')+\cot\omega+\alpha' A'(H)}$；

$M_\gamma=\dfrac{\alpha' BA_\gamma'(H)}{H\left[\tan(\omega+\varphi')+\cot\omega+\alpha' A'(H)\right]}$；

$$M_c=\frac{[\alpha' H\tan\omega/(\lambda B\tan\varphi')]+[\alpha'/(2\lambda\tan\varphi'\cos\omega)]+\alpha' A_c'(H)}{\tan(\omega+\varphi')+\cot\omega+\alpha' A'(H)}$$

$$+\frac{\tan(\omega+\varphi')+\cot\omega}{[\tan(\omega+\varphi')\sin\omega+\cos\omega][\tan(\omega+\varphi')+\cot\omega+\alpha' A'(H)]\tan\varphi'}。$$

显然，必要的有效均布支护压力集度 $\sigma_{\rm t}'$，既要满足式（3.47）（保证楔形体具有足够的承载力），又要满足式（3.50）（保证楔形体的所有微元斜面的法向应力均为压应力或不大于地层抗拉强度的拉应力），即 $\sigma_{\rm t}'=\max\{\sigma_{\rm tb}',\sigma_{\rm tp}'\}$。

通过优化计算，确定使 $\sigma_{\rm t}'$ 取最大值 $\overline{\sigma_{\rm t}'}$ 的楔形体破裂角 $\bar{\omega}$，于是可得有渗流均匀地层浅埋土压盾构隧道开挖面在最不利情况下的（最小）必要有效支护压力 $\overline{T'}=\overline{\sigma_{\rm t}'}BH$。

3.3 无渗流复合地层浅埋盾构隧道开挖稳定性的极限平衡分析

针对无渗流复合地层浅埋盾构隧道的开挖稳定问题，考虑图 3.5 所示的棱柱体–多面楔形体极限平衡模型（假设棱柱体地层水平截面相同），理想塑性破裂面上的剪应力与正（压）应力满足莫尔–库仑屈服准则，设 $\bar{\gamma}_K$、$\bar{\lambda}_K$、$\bar{c}_K$、$\bar{\varphi}_K$ 分别为棱柱体地层 K 的重度、水平侧压力系数、黏聚力和内摩擦角（$K=1,2,\cdots,M$），ω_k、γ_k、λ_k、c_k、φ_k 分别为多面楔形体地层 k 的破裂角、重度、水平侧压力系数、黏聚力和内摩擦角（$k=1,2,\cdots,m$），M 为棱柱体地层的总数，m 为多面楔形体地层的总数，其他符号定义同前。

对于棱柱体地层 $K(K=1,2,\cdots,M)$，参考式（3.3）可知，底面的竖向压应力为

$$\sigma_{z_K}=\frac{\bar{\gamma}_K R-\bar{c}_K}{\bar{\lambda}_K\tan\bar{\varphi}_K}\left[1-{\rm e}^{-(\bar{\lambda}_K\tan\bar{\varphi}_K)(z_{K-1}-z_K)/R}\right]+\sigma_{z_{K-1}}{\rm e}^{-(\bar{\lambda}_K\tan\bar{\varphi}_K)(z_{K-1}-z_K)/R} \tag{3.51}$$

式中，z_K 和 z_{K-1} 分别为底面和顶面的 z 坐标；R 为水平截面的水力半径

$$R=\frac{B\sum_{k=1}^{m}(z_{k-1}-z_k)\tan\omega_k}{2B+2\sum_{k=1}^{m}(z_{k-1}-z_k)\tan\omega_k} \tag{3.52}$$

特别地，棱柱体–多面楔形体交界面的竖向压应力为

$$\sigma_p=\sigma_{z_M}=\frac{\bar{\gamma}_M R-\bar{c}_M}{\bar{\lambda}_M\tan\bar{\varphi}_M}\left[1-{\rm e}^{-(\bar{\lambda}_K\tan\bar{\varphi}_K)(z_{K-1}-z_K)/R}\right]+\sigma_{z_{M-1}}{\rm e}^{-(\bar{\lambda}_M\tan\bar{\varphi}_M)(z_{M-1}-z_M)/R} \tag{3.53}$$

式中的 $\sigma_{z_{M-1}}$ 可以利用棱柱体顶面边界条件 $\sigma_{z_0}=0$，根据式（3.51）递推得到。

对于多面楔形体地层 $k(k=1,2,\cdots,m)$，根据纵向（x 向）和竖向（z 向）的静力平衡条件，分别可得

$$T_k+(2S_{{\rm s}k}+S_{{\rm f}k})\sin\omega_k-N_{{\rm f}k}\cos\omega_k=0 \tag{3.54a}$$

$$V_{{\rm b}k}+(2S_{{\rm s}k}+S_{{\rm f}k})\cos\omega_k+N_{{\rm f}k}\sin\omega_k-V_{{\rm a}k}-G_k=0 \tag{3.54b}$$

式中，T_k 为隧道开挖面支护压力；$V_{{\rm a}k}$ 为顶面压力；$V_{{\rm b}k}$ 为底面压力；$N_{{\rm f}k}$ 为斜面法向压力，其余符号定义如下：

左、右侧面滑移的剪切总阻力 $S_{{\rm s}k}=c_kA_{{\rm s}k}+\int_{z_k}^{z_{k-1}}\lambda_k\sigma_{zk}(z)(\tan\varphi_k)L_{zxk}{\rm d}z$；

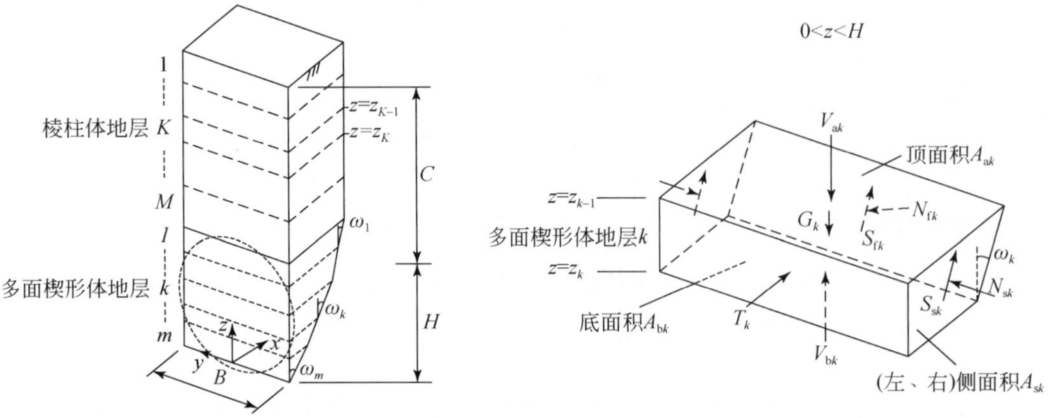

(a) 复合地层多面楔形体-棱柱体破坏模型　　(b) 多面楔形体地层k的受力状态

图 3.5　无渗流复合地层浅埋盾构隧道土体极限平衡模型

斜面滑移的剪切总阻力 $S_{fk}=S_{fk}^c+N_{fk}\tan\varphi_k$；

重力 $G_k=\gamma_k(A_{ak}+A_{bk})(z_{k-1}-z_k)/2$。

其中，坐标 z 位置的竖向压应力 $\sigma_{zk}(z)=\sigma_p+\gamma_k(z_{k-1}-z)+\sum_{i=1}^{k-1}\gamma_i(z_{i-1}-z_i)$；

坐标 z 位置沿 x 方向的尺寸 $L_{zxk}=(z-z_k)\tan\omega_k+\sum_{i=k+1}^{m}(z_{i-1}-z_i)\tan\omega_i$；

斜面滑移的黏聚阻力 $S_{fk}^c=[c_kB(z_{k-1}-z_k)/\cos\varphi_k]$；

左、右侧面积 $A_{sk}=\frac{1}{2}(z_{k-1}-z_k)\left[(z_{k-1}-z_k)\tan\omega_k+2\sum_{i=k+1}^{m}(z_{i-1}-z_i)\tan\omega_i\right]$；

顶面积 $A_{ak}=B\sum_{i=k}^{m}(z_{i-1}-z_i)\tan\omega_i$；

底面积 $A_{bk}=B\sum_{i=k+1}^{m}(z_{i-1}-z_i)\tan\omega_i$。

这里，竖向压应力 $\sigma_{zk}(z)$ 采用了图 3.2 实线 0 所示的楔形体重力模式，并考虑了楔形体地层的复合分布。

把式（3.54a）和式（3.54b）联立，消去 N_{fk}，可得

$$\frac{\xi_k}{\eta_k}T_k=V_{ak}-V_{bk}+G_k-\frac{2S_{sk}+S_{fk}^c}{\eta_k} \tag{3.55}$$

式中，$\xi_k=\sin\omega_k+\tan\varphi_k\cos\omega_k$；$\eta_k=\cos\omega_k-\tan\varphi_k\sin\omega_k$。对于砂、黏土之类的地层，一般有 $\varphi_k\leqslant 45°$ 和 $\omega_k\leqslant 45°$，因此有 $\xi_k>0$ 和 $\eta_k>0$。值得指出的是，式（3.55）中关于 ω_k 的函数关系与式（3.35）中关于 ω 的函数关系完全相同。

根据式（3.55），对多面楔形体的所有地层叠加，并利用多面楔形体地层分层介面接触力的连续条件 $V_{ak}=V_{b(k-1)}$，以及顶面边界条件 $V_{a1}=A_{a1}\sigma_p$ 和底端边界条件 $V_{bm}=0$，可得

$$\sum_{k=1}^{m}\frac{\xi_k}{\eta_k}T_k=\sigma_pB\sum_{k=1}^{m}(z_{k-1}-z_k)\tan\omega_k+\sum_{k=1}^{m}G_k-\sum_{k=1}^{m}\frac{2S_{sk}+S_{fk}^c}{\eta_k} \tag{3.56}$$

设隧道开挖面支护压力集度 σ_t 为常量，利用关系式 $T_k=\sigma_t B(z_{k-1}-z_k)$，由式（3.56）可得

$$\sigma_t=\frac{1}{B\sum_{k=1}^{m}\frac{\xi_k}{\eta_k}(z_{k-1}-z_k)}\left[\sigma_p B\sum_{k=1}^{m}(z_{k-1}-z_k)\tan\omega_k+\sum_{k=1}^{m}G_k-\sum_{k=1}^{m}\frac{2S_{sk}+S_{fk}^{c}}{\eta_k}\right] \quad (3.57)$$

据此可以通过优化计算，确定使 σ_t 取最大值 σ_t^* 的多面楔形体破裂角 ω_1^*、ω_2^*、…、ω_m^*，σ_t^* 和 T^* 分别为无渗流复合地层浅埋盾构隧道开挖面在最不利情况下的（最小）必要支护压力集度和（最小）必要支护压力；$T^*=\sum_{k=1}^{m}T_k^*=\sigma_t^* B\sum_{k=1}^{m}(z_{k-1}-z_k)=\sigma_t^* BH$。

3.4　浅埋泥水盾构隧道开挖稳定性的极限平衡分析

3.4.1　与泥水渗透最终距离对应的开挖面有效超静支护压力

如图1.3（b）所示，泥水盾构可能通过两种不同的传力机制，形成对隧道开挖面的支护压力：一种是在渗透性很低的地层中的泥膜（面力）模式，开挖面支护压力是以泥膜面力形式传递的；另一种是在渗透性较高的地层中的渗透（体力）模式，开挖面支护压力是以前方泥水渗透力形式传递的。

对于泥膜模式的支护压力，不考虑地下水渗流或泥水渗透，可以采用与3.1节相同的方法，求出最不利楔形体破裂角，并计算最小必要支护压力。

对于渗透模式的支护压力，则需要考虑泥（浆）水渗透及相应地下水渗流对最不利楔形体破裂角及最小必要支护压力的影响。参考 Anagnostou 和 Kovári（1994）、Broere 和 van Tol（2000）、李昀和张子新（2006）的思路，3.4.1节阐述与泥水渗透最终距离对应的开挖面有效超静支护压力，然后，3.4.2节阐述盾构停止推进时与泥水渗透瞬态距离对应的开挖面瞬态有效超静支护压力，3.4.3节阐述盾构连续推进时与泥水渗透瞬态距离对应的开挖面瞬态有效超静支护压力（不考虑由于泥水渗透而产生的超静孔压），3.4.4节阐述与泥水渗透瞬态距离对应的开挖面瞬态有效超静支护压力（考虑由于泥水渗透而产生的超静孔压）。

如图3.6所示，xz 直角坐标系与3.1节相同，t 为泥水渗透时间，$p_0=p_0(z)$ 为原位地下水压强，$\sigma_t=\sigma_t(z)$ 为开挖面支护压力集度（泥水压强），$\sigma_t'=\sigma_t'(z)=\sigma_t(z)-p_0(z)$ 为开挖面超静泥水压强，$f_s=f_s(z,t)$ 为与高度位置 z 对应的泥水渗透瞬态压力坡度，f_{s0} 为泥水渗透停滞压力坡度，$e=e(z,t)$ 为 $(x=0,z)$ 处泥水的瞬态渗透距离，$e_{max}=e_{max}(z)$ 为 $(x=0,z)$ 处泥水的最终渗透距离，e_{a-max} 和 e_{b-max} 分别为（$x=0,z=H$）处泥水和（$x=0,z=0$）处泥水的最终渗透距离，e_{m-max} 为与“泥水渗透最终距离面–楔形破裂体斜面”交线所对应的泥水最终渗透距离。

泥水渗透停滞压力坡度的经验公式为

$$f_{s0}=\frac{\sigma_t'(z)}{e_{max}(z)}=\frac{\alpha\tau_s}{d_{10}} \quad (3.58)$$

式中，τ_s 为泥水剪切强度；d_{10} 为地层有效颗粒直径；α 为经验系数（一般取值范围为 2～4）；$\sigma'_t=\sigma'_{ta}+\gamma'_s(H-z)$，$\sigma'_{ta}=\sigma'_t(z=H)$ 为（$x=0,z=H$）处的超静泥水压强，$\gamma_w=10\text{kN/m}^3$ 为地下水重度，$\gamma'_s=\gamma_s-\gamma_w$ 为有效泥水重度，γ_s 为泥水重度。例如，Anagnostou 和 Kovári（1994）采用的泥水重度为：包含渣土颗粒时 $\gamma_s=12.0\text{kN/m}^3$，不包含渣土颗粒时 $\gamma_s=10.3\text{kN/m}^3$；泥水剪切强度为：重量包含 4% 膨润土时 $\tau_s=15\text{Pa}$，重量包含 7% 膨润土时 $\tau_s=80\text{Pa}$。

值得注意，虽然开挖面超静泥水压强 σ'_t 和泥水渗透最终距离 e_{max} 都是高度位置 z 的函数，但对于给定的泥水剪切强度 τ_s 和地层有效颗粒直径 d_{10}，泥水渗透停滞压力坡度 f_{s0} 是常数，与 z 无关。

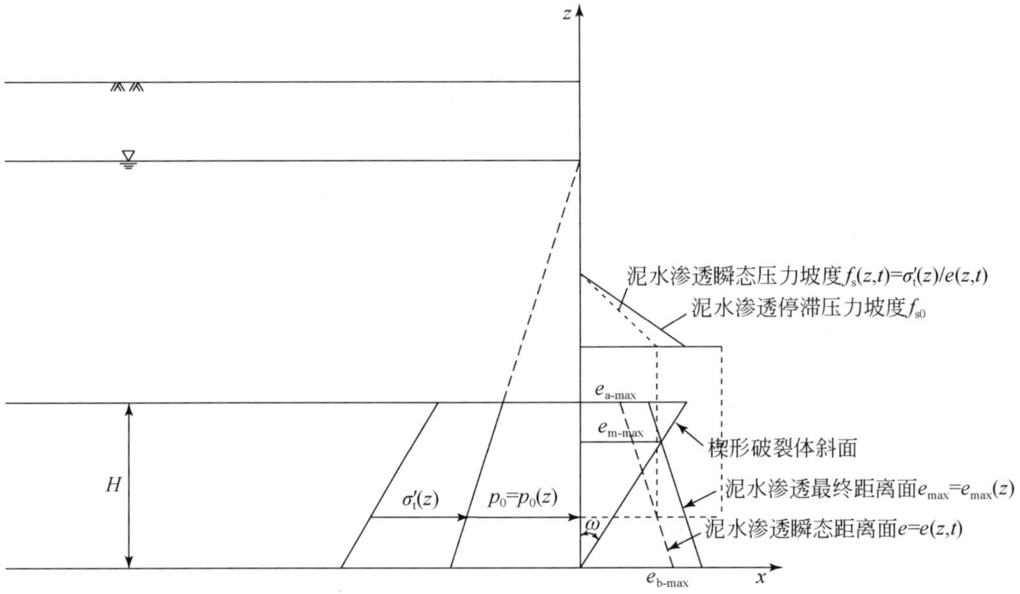

图 3.6　泥水盾构隧道开挖面渗透模式的支护压力

泥水渗透力只有作用在楔形破裂体以内，才可以起到对开挖面前方地层的支护作用；作用在楔形破裂体以外的泥水渗透力是没有支护作用的。由于泥水渗透最终距离 $e_{max}(z)$ 与超静泥水压强 $\sigma'_t(z)$ 成正比，$e_{max}(z)=\sigma'_t(z)/f_{s0}$，故泥水渗透体积与泥水渗透力成正比；于是，注意到楔形破裂体的宽度 B 为定值，根据楔形破裂体内泥水渗透体积与泥水渗透总体积之间的比例，可得

$$\Delta T'=\begin{cases}\dfrac{(H\tan\omega-e_{m-max})(e_{a-max}+e_{m-max})+e_{m-max}e_{m-max}}{(e_{a-max}+e_{b-max})H\tan\omega}T' & e_{a-max}<H\tan\omega \\ \dfrac{e_{b-max}H\tan\omega}{e_{a-max}+e_{b-max}}T' & e_{a-max}\geqslant H\tan\omega\end{cases} \tag{3.59}$$

其中，$\Delta T'$ 为有效超静支护压力；T' 为总超静支护压力，根据几何关系可知

$$e_{m-max}=\frac{e_{b-max}H\tan\omega}{e_{b-max}-e_{a-max}+H\tan\omega} \tag{3.60}$$

$$T' = BH\sigma'_{ta} + \frac{1}{2}(\gamma_s - \gamma_w)BH^2 \tag{3.61}$$

如果忽略泥水渗透最终距离 e_{max} 随高度 z 的变化（相当于忽略泥水重度 γ_s 与地下水重度 γ_w 之间的差别，也相当于忽略超静泥水压强 σ'_t 随高度 z 的变化），设 $e_{max} = a$ 为常量，则式（3.59）退化为

$$\Delta T' = \begin{cases} \left(1 - \dfrac{a}{2H\tan\omega}\right)T' & a < H\tan\omega \\ \dfrac{H\tan\omega}{2a}T' & a \geqslant H\tan\omega \end{cases} \tag{3.62}$$

即当泥水渗透最终距离处于楔形破裂体顶面以内时，开挖面的总超静支护压力 T' 随 a 的增大而按直线函数关系折减成有效超静支护压力 $\Delta T'$；当泥水渗透最终距离处于楔形破裂体顶面以外时，开挖面的总超静支护压力 T' 随水 a 的增大而按双曲线函数关系折减成有效超静支护压力 $\Delta T'$。

对于确定的地层有效颗粒直径 d_{10} 和泥水剪切强度 τ_s，由式（3.58）可得地层泥水渗透停滞压力坡度 f_{s0} 和泥水渗透最终距离 e_{max}，进而与楔形破裂体顶面处的超静泥水压强 σ'_{ta} 相对应，由式（3.59）可得有效超静支护压力 $\Delta T'$，采用与 3.1 节相同的方法，但用 $\Delta T'$ 代替其中的 T，可以求出最不利楔形体破裂角 $\overline{\omega}$，计算最小必要有效超静支护压力 $\overline{\Delta T'}$。

Anagnostou 和 Kovári（1994）通过特设的算例，分析了地层有效颗粒直径 d_{10}、楔形破裂体顶面超静泥水压强 σ'_{ta}、泥水膨润土含量（泥水重度 γ_s、剪切强度 τ_s）对开挖面稳定性的影响，发现：

（1）地层有效颗粒直径 d_{10} 对开挖面稳定性的影响

对于 d_{10} 较小的地层（如 d_{10} 小于中砂 $d_{10} = 0.6$mm 的地层），渗透模式与泥膜模式之间的差别可以忽略不计；对于 d_{10} 中等的地层（如 $d_{10} = 0.6 \sim 2$mm 的粗砂地层），渗透模式的有效超静支护压力小于泥膜模式，并随 d_{10} 的增大而减小；对于 d_{10} 较大的地层（如 $d_{10} = 2 \sim 20$mm 的细砾地层），渗透模式下的开挖面处于失稳的临界状态；对于 d_{10} 很大的地层（如 $d_{10} > 20$mm 的砾石地层），渗透模式的有效超静支护压力不能维持开挖面的稳定。

（2）楔形破裂体顶面超静泥水压强 σ'_{ta} 对开挖面稳定性的影响

只是在 d_{10} 较小（不需要很大 σ'_{ta}）的地层中，加大 σ'_{ta} 才会起到提高开挖面稳定性的作用。对于 $d_{10} > 2$mm 的地层（级配不良的砾石地层），单纯加大 σ'_{ta} 只会导致泥水进一步的渗透和损失，并不能提高开挖面的稳定性。

（3）泥水膨润土含量（泥水重度 γ_s、剪切强度 τ_s）对开挖面稳定性的影响

加大泥水的膨润土含量会提高泥水的重度 γ_s 和剪切强度 τ_s，从而加大适用地层的 d_{10} 范围。对于 d_{10} 较小的细粒地层，加大泥水膨润土含量并不会对开挖面稳定性起什么作用，而使用低膨润土含量的泥水，却会更有利于泥渣的分离处理。

3.4.2 盾构停止推进时与泥水渗透瞬态距离对应的开挖面瞬态有效超静支护压力

设泥水只沿开挖方向（x 方向）渗透，并且不会产生超静地下水压强，根据达西（Darcy）定律，可得泥水渗透的达西速度为

$$nv=\begin{cases}\dfrac{K_{\mathrm{w}}\mu_{\mathrm{w}}}{\gamma_{\mathrm{w}}\mu_{\mathrm{s}}}\left(\left|\dfrac{\partial p}{\partial x}\right|-f_{\mathrm{s0}}\right) & \left|\dfrac{\partial p}{\partial x}\right|>f_{\mathrm{s0}}\\ 0 & \left|\dfrac{\partial p}{\partial x}\right|\leqslant f_{\mathrm{s0}}\end{cases} \tag{3.63}$$

式中，$v=v(z,t)=\partial e(z,t)/\partial t$ 为泥水渗透的线速度；$p=p(x,z,t)$ 为地层位置(x,z)处在时刻 t 的泥水压强；n 和 K_{w} 分别为地层的孔隙度和水渗透系数；μ_{w} 和 γ_{w} 分别为地下水的动力黏度和重度；μ_{s} 为泥水的动力黏度。Anagnostou 和 Kovári（1994）采用的泥水动力黏度为：重量包含 4% 膨润土时 $\mu_{\mathrm{s}}=3\mathrm{cP}$，重量包含 7% 膨润土时 $\mu_{\mathrm{s}}=7\mathrm{cP}$。

值得指出，式（3.63）利用了泥水渗透的达西方程

$$nv=\frac{K_{\mathrm{s}}}{\gamma_{\mathrm{s}}}\left(\left|\frac{\partial p}{\partial x}\right|-f_{\mathrm{s0}}\right) \tag{3.64}$$

和渗透系数–渗透率关系式

$$K_{\mathrm{s}}=\frac{\gamma_{\mathrm{s}}}{\mu_{\mathrm{s}}}k=\frac{\gamma_{\mathrm{s}}\mu_{\mathrm{w}}}{\mu_{\mathrm{s}}}\frac{K_{\mathrm{w}}}{\gamma_{\mathrm{w}}} \tag{3.65}$$

式中，k 为地层的（绝对）渗透率；K_{s} 和 K_{w} 分别为地层的泥水渗透系数和水渗透系数。

根据质量守恒原理，$\partial(nv)/\partial x=0$，故泥水渗透线速度 v 不随 x 变化，瞬态压力梯度 $\partial p/\partial x$ 不随 x 变化，可以表示为

$$\frac{\partial p}{\partial x}=-f_{\mathrm{s}}=-\frac{\sigma_{\mathrm{t}}'(z)}{e(z,t)} \tag{3.66}$$

考虑 $f_{\mathrm{s}}=|\partial p/\partial x|>f_{\mathrm{s0}}$ 的情况，把式（3.66）代入式（3.63），可得

$$\frac{\partial e(z,t)}{\partial t}=\frac{K_{\mathrm{w}}\mu_{\mathrm{w}}}{n\gamma_{\mathrm{w}}\mu_{\mathrm{s}}}\left(\frac{\sigma_{\mathrm{t}}'(z)}{e(z,t)}-f_{\mathrm{s0}}\right) \tag{3.67}$$

或者，利用式（3.58），可得

$$\frac{\partial e(z,t)}{\partial t}=f_{\mathrm{s0}}\frac{K_{\mathrm{w}}\mu_{\mathrm{w}}}{n\gamma_{\mathrm{w}}\mu_{\mathrm{s}}}\left(\frac{e_{\max}(z)}{e(z,t)}-1\right) \tag{3.68}$$

可见，泥水渗透线速度 $\partial e(z,t)/\partial t$ 是这样变化的：在初始时刻 $t=0$，渗透距离 $e(z,t=0)=0$，泥水渗透线速度无限大，其后随渗透距离 $e(z,t)$ 的增大而减小，且当渗透距离 $e(z,t)$ 达到最大值 $e_{\max}(z)$ 时为零。

积分式（3.67），并利用初始条件 $e(z,t=0)=0$，可得地层位置$(x=0,z)$处泥水渗透到距离 $e(z,t)$ 所需要的时间

$$t=\frac{n\gamma_{\mathrm{w}}\mu_{\mathrm{s}}}{K_{\mathrm{w}}\mu_{\mathrm{w}}f_{\mathrm{s0}}}\left[-e(z,t)-\frac{\sigma_{\mathrm{t}}'(z)}{f_{\mathrm{s0}}}\ln\left(1-e(z,t)\frac{f_{\mathrm{s0}}}{\sigma_{\mathrm{t}}'(z)}\right)\right] \tag{3.69}$$

或者把式（3.58）代入，可得

$$t=\frac{n\gamma_{\mathrm{w}}\mu_{\mathrm{s}}\sigma_{\mathrm{t}}'(z)}{K_{\mathrm{w}}\mu_{\mathrm{w}}{f_{\mathrm{s}0}}^2}\left[-\frac{e(z,t)}{e_{\max}(z)}-\ln\left(1-\frac{e(z,t)}{e_{\max}(z)}\right)\right] \tag{3.70}$$

虽然由式（3.69）或式（3.70）是无法得到 $e(z,t)$ 的解析表达式的，但是，显然，$e(z,t)\big|_{t\to\infty}\to e_{\max}(z)$。

利用式（3.58）和式（3.66），又可以把式（3.70）表示为

$$t=\frac{n\gamma_{\mathrm{w}}\mu_{\mathrm{s}}\sigma_{\mathrm{t}}'(z)}{K_{\mathrm{w}}\mu_{\mathrm{w}}f_{\mathrm{s}0}^2}\left[-\frac{f_{\mathrm{s}0}}{f_{\mathrm{s}}(z,t)}-\ln\left(1-\frac{f_{\mathrm{s}0}}{f_{\mathrm{s}}(z,t)}\right)\right] \tag{3.71}$$

由此，对于任意给定的时间 t 和任意给定的高度位置 z，通过迭代计算，可得泥水渗透瞬态压力坡度 $f_{\mathrm{s}}(z,t)$；显然，$f_{\mathrm{s}}(z,t)\big|_{t\to\infty}\to f_{\mathrm{s}0}$。

开挖面的瞬态有效超静支护压力等于泥水瞬态渗透力在楔形破裂体内的泥水瞬态渗透区内的积分

$$\Delta T'(t)=B\int_0^H f_{\mathrm{s}}(z,t)e'(z,t)\,\mathrm{d}z=B\int_0^H \sigma_{\mathrm{t}}'(z)\,\frac{e'(z,t)}{e(z,t)}\mathrm{d}z \tag{3.72}$$

式中，$\Delta T'(t)$ 为开挖面的瞬态有效超静支护压力；$e'(z,t)$ 为位置 $(x=0,z)$ 处泥水在时刻 t 的位于楔形破裂体内的渗透距离［有效渗透距离，$e'(z,t)<z\tan\omega$］。

3.4.3　盾构连续推进时与泥水渗透瞬态距离对应的开挖面瞬态有效超静支护压力（不考虑由于泥水渗透而产生的超静孔压）

设 u 为盾构隧道开挖的推进速度，如果 $v(z,t)<u$（泥水渗透线速度小于盾构推进速度，如图 3.7 点 A 所示），则泥水渗透距离 $e(z,t)$ 随时间而减小，泥水渗透速度 $v(z,t)$ 随时间而增大，直到 $v(z,t)=u$（泥水渗透线速度等于盾构推进速度，如图 3.7 点 C 所示），达到准稳态，泥水渗透距离 $e(z,t)$ 成为常数；反之，如果 $v(z,t)>u$（如图 3.7 点 B 所示），则泥水渗透距离 $e(z,t)$ 随时间而增大，泥水渗透速度 $v(z,t)$ 随时间而减小，直到 $v(z,t)=u$，达到准稳态，泥水渗透距离 $e(z,t)$ 成为常数。

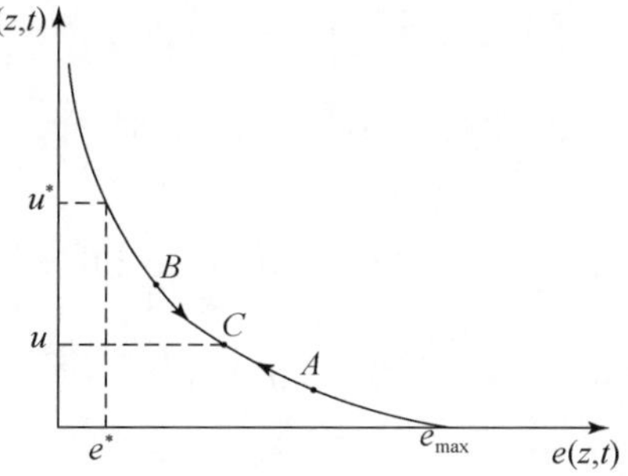

图 3.7　泥水盾构隧道开挖推进速度和泥水渗透速度及渗透距离之间的关系

当 $v(z,t)=u$，泥水渗透达到准稳态，由式（3.68）可得

$$\bar{e}(z)=e(z,t)\mid_{v(z,t)=u}=\xi e_{\max}(z)=\frac{1}{1+\dfrac{n\gamma_w\mu_s}{\mu_w f_{s0}}\dfrac{u}{K_w}}e_{\max}(z) \tag{3.73}$$

可见，$\xi\leqslant 1$ 代表了盾构推进速度 $u\geqslant 0$ 对泥水渗透最终距离 $e_{\max}(z)$ 的折减，盾构推进速度与地层水渗透系数之比 u/K_w 越大，泥水渗透稳态距离 $\bar{e}(z)$ 越小，开挖面瞬态有效超静支护压力越大，稳定性比盾构停止推进时越高。

利用式（3.58）和式（3.66），改写式（3.73），可得

$$f_s(z,t)=f_{s0}+\frac{n\gamma_w\mu_s}{\mu_w}\frac{u}{K_w} \tag{3.74}$$

可见，在盾构连续等速推进时，泥水渗透瞬态压力坡度 $f_s(z,t)$ 大于泥水渗透停滞压力坡度 f_{s0}，其增量与泥水动力黏度 μ_s 和盾构推进速度与地层水渗透系数之比 u/K_w 都成正比。这表明，在级配不良的粗粒土层中，如果泥水的渗透停滞压力坡度 f_{s0} 低于开挖面失稳的渗透临界压力坡度 f_{s0}^*，则可以通过提高盾构的推进速度 u 来进行补偿；在式（3.74）中，令 $f_s(z,t)=f_{s0}^*$，可得开挖面失稳的盾构推进临界速度

$$u^*=(f_{s0}^*-f_{s0})\frac{K_w\mu_w}{n\gamma_w\mu_s} \tag{3.75}$$

只要 $u>u^*$（盾构推进速度大于临界速度），开挖面就不会失稳。

3.4.4 与泥水渗透瞬态距离对应的开挖面瞬态有效超静支护压力（考虑由于泥水渗透而产生的超静孔压）

如图 3.8 所示，设盾构推进速度因明显小于泥水渗透速度而可以忽略不计，$\Delta p_{fc}(x,z,t)$ 为泥水瞬态渗透距离内$[0\leqslant x\leqslant e(z,t)]$的超静泥水压强，$\Delta p_p(x,z,t)=\sigma_t'(z)-\Delta p_{fc}(x,z,t)$ 为泥水瞬态渗透距离外［$x\geqslant e(z,t)$］的超静泥水压强，泥水渗透瞬态距离 $e=e(z,t)$ 按双曲线函数形式随时间 t 变化

$$e(z,t)=\frac{t}{t_{1/2}+t}e_{\max}(z) \tag{3.76}$$

式中，$t_{1/2}$ 为泥水渗透到一半最大渗透距离所需要的时间，可以通过泥水渗透试验确定；显然，$t_{1/2}$ 一定与 d_{10} 和 τ_s 有关，也可能与 σ_t' 有关。

设 $\Delta p_{fc}(x,z,t)$ 在泥水瞬态渗透距离内随 x 的增大而线性下降，则有

$$\Delta p_{fc}(x,z,t)=\sigma_t'(z)-\frac{\alpha\tau_s}{d_{10}}x\quad 0\leqslant x\leqslant e(z,t) \tag{3.77}$$

式中，$\Delta p_{fc}(x,z,t)\mid_{x=0}=\sigma_t'(z)$。

设泥水瞬态渗透距离 $e(z,t)$ 与瞬态渗透距离处超静泥水压强 $\Delta p_{fc}(e,z,t)$ 之间的关系可以近似为与式（3.58）相似的比例关系

$$\Delta p_{fc}(e,z,t)=\frac{\alpha\tau_s}{d_{10}}e(z,t)=\frac{\alpha\tau_s}{d_{10}}\cdot\frac{t}{t_{1/2}+t}e_{\max}(z) \tag{3.78}$$

则有

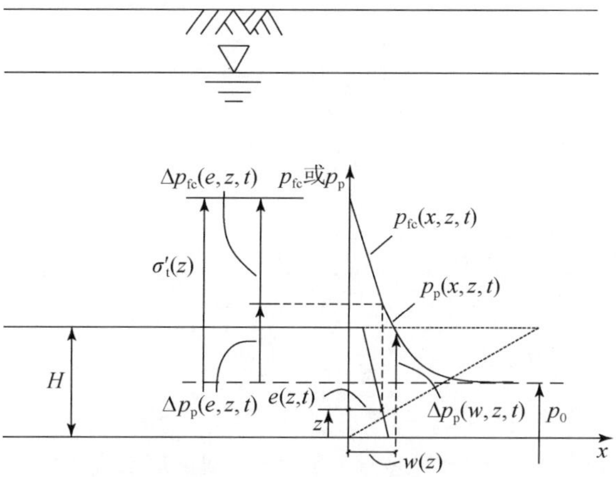

图 3.8　泥水盾构隧道开挖面渗透模式下瞬态有效泥水压强在开挖面前方地层中的分布

$$
\begin{aligned}
\Delta p_p(e,z,t) &= \sigma'_t(z) - \Delta p_{fc}(e,z,t) = \sigma'_t(z) - \frac{\alpha\tau_s}{d_{10}}e(z,t) \\
&= \sigma'_t(z) - \frac{\alpha\tau_s t}{d_{10}(t_{1/2}+t)}e_{max}(z) = \sigma'_t(z) - \sigma'_t(z)\frac{t}{t_{1/2}+t}
\end{aligned} \tag{3.79}
$$

针对泥水瞬态渗透距离外的地下水流动形态，以式（3.79）为泥水瞬态渗透距离处的超静地下水压强，可以根据地下水流动方程求解泥水瞬态渗透距离外的超静地下水压强。例如，考虑半承压含水层（含水层上覆弱透水层）内沿平行于含水层方向（x 方向）的一维地下水流动（图 3.9），控制方程及边界条件如下

$$\frac{d^2}{dx^2}\Delta p_p(x,z,t) - \frac{1}{\psi^2}\Delta p_p(x,z,t) = 0 \quad x \geqslant e(z,t) \tag{3.80a}$$

$$\Delta p_p(x,z,t)\big|_{x=e(z,t)} = \Delta p_p(e,z,t) \tag{3.80b}$$

$$\Delta p_p(x,z,t)\big|_{x\to\infty} = 0 \tag{3.80c}$$

求解并利用式（3.79），可得泥水瞬态渗透距离外的超静地下水压强为

$$\Delta p_p(x,z,t) = \sigma'_t(z)\frac{t_{1/2}}{t_{1/2}+t}\exp\left[-\frac{x-e(z,t)}{\psi}\right] \quad x \geqslant e(z,t) \tag{3.81}$$

式中，$\psi = \sqrt{K_w H H_c / K_c}$ 为半承压含水层的越流因数；K_c 和 H_c 分别为弱透水层的渗透系数和厚度。

联合式（3.77）和式（3.81），可得开挖面前方地层中的超静泥水–地下水压强

$$
\Delta p(x,z,t) = \begin{cases}
\sigma'_t(z) - \dfrac{\alpha\tau_s}{d_{10}}x & 0 \leqslant x \leqslant e(z,t) \\
\sigma'_t(z)\dfrac{t_{1/2}}{t_{1/2}+t}\exp\left[-\dfrac{x-e(z,t)}{\psi}\right] & x \geqslant e(z,t)
\end{cases} \tag{3.82}
$$

注意：

$$\Delta p_{fc}(x,z,t)\big|_{x=e(z,t)} = \Delta p_p(x,z,t)\big|_{x=e(z,t)}$$

$$\frac{d}{dx}\Delta p_{fc}(x,z,t)\bigg|_{x=e(z,t)} \neq \frac{d}{dx}\Delta p_p(x,z,t)\bigg|_{x=e(z,t)}$$

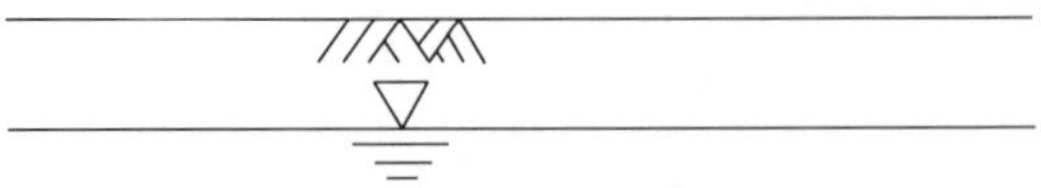

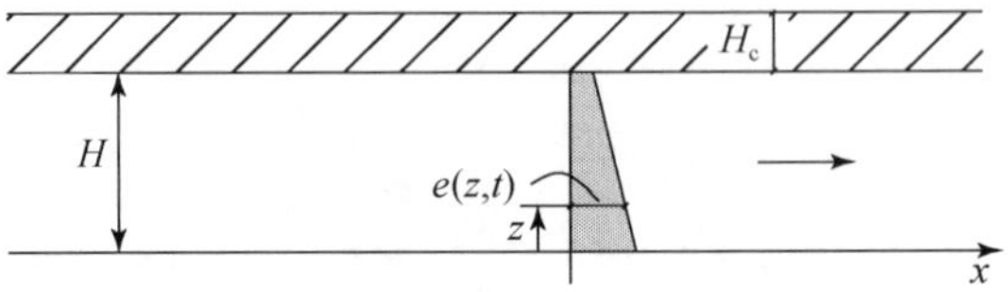

图 3.9　半承压含水层内的一维地下水流动

即 $x \sim \Delta p(x,z,t)$ 关系曲线在 $x=e(z,t)$ 处是不光滑连续的。

开挖面前方地层内的超静泥水-地下水压强 $\Delta p(x,z,t)$ 会减小有效应力，从而对楔形破裂体的极限平衡产生不利的影响，包括三个方面，一是楔形破裂体顶面处的浮力

$$F_1 = B\int_0^{H\tan\omega} \Delta p(x, z = H, t)\,\mathrm{d}x \tag{3.83}$$

二是楔形破裂体左、右侧面滑移阻力因有效应力减小而发生的降低

$$F_2 = \int_0^H \int_0^{H\tan\omega} \Delta p(x, z, t)\lambda\tan\varphi'\,\mathrm{d}x\mathrm{d}z \tag{3.84}$$

三是楔形破裂体斜面的孔隙压力

$$F_3 = B\int_0^H \Delta p(x = z\tan\omega, z, t)\,\mathrm{d}z \tag{3.85}$$

式中，λ 和 φ'分别为地层的水平侧压力系数和有效内摩擦角。

利用式（3.57），但考虑均质地层以及泥水-地下水的影响，可以把总支护压力表示为

$$T = T' + F_3 = \frac{\eta'}{\xi'}\left[\sigma'_p BH\tan\omega - F_1 + G' - \frac{2S_s - 2F_2 + S_f^c}{\eta'}\right] + F_3 \tag{3.86}$$

利用式（3.61），$T' = BH\sigma'_{ta} + \frac{1}{2}(\gamma_s - \gamma_w)BH^2$，可得楔形破裂体顶面处的有效超静支护压强为

$$\sigma'_{ta} = \frac{\eta'}{BH\xi'}\left[\sigma'_p BH\tan\omega - F_1 + G' - \frac{2S_s - 2F_2 + S_f^c}{\eta'}\right] - \frac{1}{2}(\gamma_s - \gamma_w)H \tag{3.87}$$

式中，$\xi' = \sin\omega + \tan\varphi'\cos\omega$；$\eta' = \cos\omega - \tan\varphi'\sin\omega$。

第 4 章　浅埋盾构隧道的刚体上界极限分析

本章分别采用六种不同的刚体破坏模型，阐述浅埋盾构隧道的刚体上界极限分析理论。

4.1　黏性地层浅埋盾构隧道横向二维刚体平动垮塌上界极限分析

如图 4.1 所示，针对黏性地层采用屈瑞斯卡屈服准则，考虑浅埋盾构隧道的横向二维（单位厚度）刚体平动垮塌破坏机制，设 γ 和 c 分别为土体的重度和黏聚力，r 和 h 分别隧道的半径和拱顶埋深，σ_s 代表地表荷载集度，σ_t 代表隧道边界支护抗力集度，cge 为隧道左侧的破裂体，dgf 为隧道右侧的破裂体，$cdab$ 为隧道上方的破裂体，$\overline{ac}$为左侧竖向破裂面，$\overline{bd}$为右侧竖向破裂面，$\overline{ce}$为左侧斜向破裂面，e 为左侧斜向破裂面与隧道边界的切点，$\overline{df}$为右侧斜向破裂面，f 为右侧斜向破裂面与隧道边界的切点，θ 为破坏机制的角度参数，$\dot{\delta}_1$ 为隧道两侧破裂体的斜向塑性位移速率间断，$\dot{\delta}_2$ 为隧道上方破裂体的竖向塑性位移速率间断。注意，塑性位移速率间断与间断面切面之间的夹角为零。

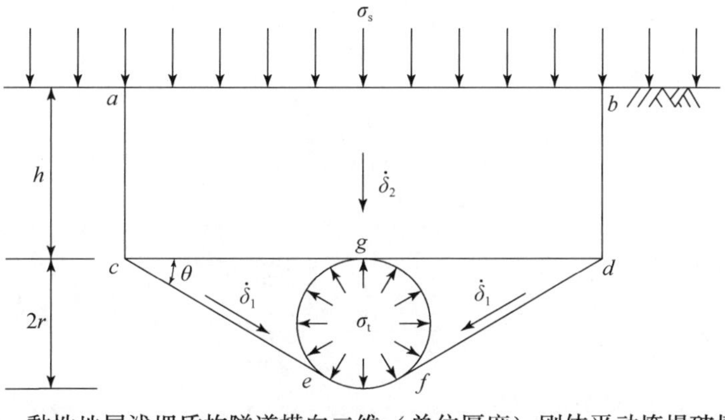

图 4.1　黏性地层浅埋盾构隧道横向二维（单位厚度）刚体平动垮塌破坏机制（据 Davis *et al.*，1980）

按照 Broms 和 Bennermark（1967）及 Davis 等（1980）的定义，隧道超载系数（又称隧道稳定系数）可以表示为

$$N=\frac{\sigma_s+\gamma(r+h)-\sigma_t}{c} \tag{4.1}$$

经验判据是，当 $N\leqslant 3$ 时，隧道周边地层是稳定的，并且变位不大；当 $3<N\leqslant 6$ 时，地层

可能出现明显的变位，特别是当 $5\leqslant N\leqslant 6$ 时，地层可能出现较大的变位；当 $N>6$ 时，地层可能发生垮塌。

根据极限分析的上界定理，对于图 4.1 所示的虚拟破坏机制，令破裂体重力的功率和地表荷载上界的功率与隧道边界支护抗力下界的功率的代数和等于破裂体塑性位移间断的能耗速率，并利用屈瑞斯卡材料的体积不可压缩条件，可以写出

$$V_1\gamma\dot{\delta}_1\sin\theta+V_2\gamma\dot{\delta}_2+(\sigma_{s-u}-\sigma_{t-l})\overline{ab}\,\dot{\delta}_2=2c\,\overline{ce}\,\dot{\delta}_1+2ch\dot{\delta}_2 \tag{4.2}$$

式中，σ_{s-u}为地表荷载集度的上界；σ_{t-l}为隧道边界支护抗力集度的下界；V_1 为隧道两侧破裂体的体积；V_2 为隧道上方破裂体的体积。

根据几何关系，可有

$$\overline{cg}=\overline{dg}=\overline{ce}=\overline{df}=\overline{ab}/2=r\cot\frac{\theta}{2}$$

$$V_1=4\left[\frac{1}{2}r\,\overline{cg}-\frac{1}{2}r^2\left(\frac{\pi}{2}-\frac{\theta}{2}\right)\right]=r^2\left(2\cot\frac{\theta}{2}+\theta-\pi\right)$$

$$V_2=h\,\overline{ab}=2hr\cot\frac{\theta}{2}$$

$$\dot{\delta}_2=\dot{\delta}_1\sin\theta$$

代入式（4.2），并约去 $\dot{\delta}_1$，整理可得隧道超载系数的上界（函数）

$$N_u=\frac{\sigma_{s-u}+\gamma(r+h)-\sigma_{t-l}}{c}=N_u(\theta)=\left[\frac{h}{r}+\frac{\gamma r}{c}\left(\frac{\pi}{2}-\frac{\theta}{2}\right)\right]\tan\frac{\theta}{2}+\frac{1}{\sin\theta} \tag{4.3}$$

利用三角恒等式

$$\tan\frac{\theta}{2}=\frac{\sin\theta}{1+\cos\theta}$$

$$\sin^2\theta=(1+\cos\theta)(1-\cos\theta)$$

$$\cos^2\frac{\theta}{2}=\frac{1+\cos\theta}{2}$$

可得

$$\left.\frac{\mathrm{d}N_u}{\mathrm{d}\theta}\right|_{\theta=\bar{\theta}}=\frac{-\frac{\gamma r}{2c}\sin\bar{\theta}(1-\cos\bar{\theta})+\left[\frac{h}{r}+\frac{\gamma r}{c}\left(\frac{\pi}{2}-\frac{\bar{\theta}}{2}\right)\right](1-\cos\bar{\theta})-\cos\bar{\theta}}{(1+\cos\bar{\theta})(1-\cos\bar{\theta})} \tag{4.4}$$

式中，$\bar{\theta}$ 为使 N_u 取极小值（上确界）N_{u-min}的 θ，$N_{u-min}=N_{u-min}(\bar{\theta})$。求解方程$\mathrm{d}N_u/\mathrm{d}\theta|_{\theta=\bar{\theta}}=0$，可得 $\bar{\theta}$。

4.2 黏性地层浅埋盾构隧道纵向二维刚体平动垮塌上界极限分析

如图 4.2 所示，采用屈瑞斯卡屈服准则，考虑黏性地层浅埋盾构隧道的纵向二维（单位厚度）刚体平动垮塌破坏机制，设 γ 和 c 分别为土体的重度和黏聚力，C 和 D 分别隧道

的拱顶埋深和直径，σ_s 代表地表荷载集度，σ_t 代表隧道开挖面支护抗力集度，cde 为隧道开挖面前方的（三角形）破裂体，$cdab$ 为隧道开挖面前上方的（四边形）破裂体，$\overline{ac}$和$\overline{bd}$为隧道开挖面前上方相互平行的两个破裂面，$\overline{ce}$为隧道开挖面前方的破裂面，$\overline{cd}$为隧道开挖面前方破裂体与前上方破裂体之间的交界面，α 和 β 为隧道开挖面前方破裂体的角度参数，ω 为隧道开挖面前上方破裂体的角度参数，$\dot{\delta}_1$ 为隧道开挖面前方破裂体的斜向塑性位移速率间断，$\dot{\delta}_2$ 为隧道开挖面前上方破裂体的斜向塑性位移速率间断。

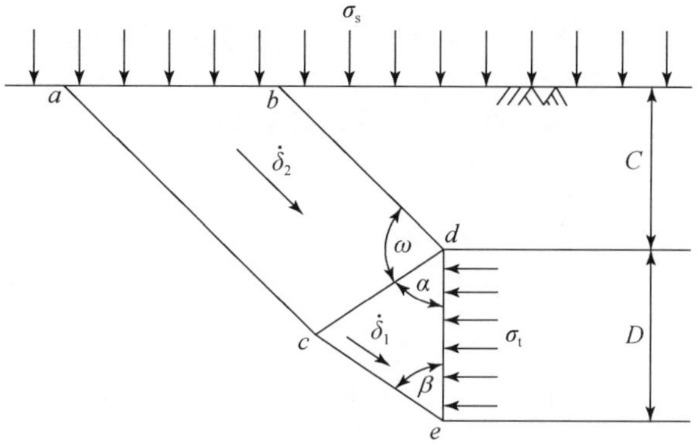

图 4.2　黏性地层浅埋盾构隧道纵向二维（单位厚度）刚体平动垮塌破坏机制
（据 Davis *et al.*，1980）

根据极限分析的上界定理，对于图 4.2 所示的虚拟破坏机制，令破裂体重力的功率和地表荷载上界的功率与隧道开挖面支护抗力下界的功率的代数和等于破裂体塑性位移间断的能耗速率，可以写出

$$V_1\gamma\dot{\delta}_1\cos\beta+V_2\gamma\dot{\delta}_2\cos[\pi-(\omega+\alpha)]+$$
$$\sigma_{s-u}\overline{ab}\dot{\delta}_2\cos[\pi-(\omega+\alpha)]-\sigma_{t-l}D\dot{\delta}_1\sin\beta=c\,\overline{ce}\dot{\delta}_1+c\,\overline{ac}\dot{\delta}_2+c\,\overline{bd}\dot{\delta}_2 \tag{4.5}$$

式中，σ_{s-u}为地表荷载集度的上界；σ_{t-l}为隧道开挖面支护抗力集度的下界；V_1 为隧道前方破裂体的体积；V_2 为隧道前上方破裂体的体积。

根据几何关系，可有表达式

$$\overline{cd}=\frac{D\sin\beta}{\sin[\pi-(\alpha+\beta)]}=\frac{D\sin\beta}{\sin(\alpha+\beta)}$$

$$\overline{ce}=\overline{cd}\frac{\sin\alpha}{\sin\beta}=\frac{D\sin\alpha}{\sin(\alpha+\beta)}$$

$$\overline{bd}=\frac{C}{\cos[\pi-(\omega+\alpha)]}=\frac{-C}{\cos(\omega+\alpha)}$$

$$\overline{ac}=\frac{-C}{\cos(\omega+\alpha)}-\frac{D\cos\alpha\sin\beta}{\sin(\alpha+\beta)\cos(\omega+\alpha)}$$

$$\overline{ab}=\frac{\overline{cd}\sin(\pi-\omega)}{\sin[(\omega+\alpha)-\pi/2]}=\frac{-D\sin\beta\sin\omega}{\sin(\alpha+\beta)\cos(\omega+\alpha)}$$

$$V_1=\frac{1}{2}D\,\overline{cd}\sin\alpha=\frac{D^2\sin\alpha\sin\beta}{2\sin(\alpha+\beta)}$$

$$V_2=\overline{bd}\cdot\overline{cd}\cdot\sin\omega+\frac{1}{2}\overline{cd}\cdot(\overline{ac}-\overline{bd})\cdot\sin\omega$$

$$=\frac{-CD\sin\beta\sin\omega}{\cos(\omega+\alpha)\sin(\alpha+\beta)}+\frac{D^2\cos\alpha\,\sin^2\beta\sin\omega}{2\,\sin^2(\alpha+\beta)}$$

利用屈瑞斯卡材料的体积不可压缩条件，可有关系式

$$\overline{ab}\,\dot{\delta}_2\cos[\pi-(\omega+\alpha)]=D\dot{\delta}_1\sin\beta$$

把上面各式代入式（4.5），并约去 $\dot{\delta}_1$，整理可得隧道超载系数的上界（函数）

$$N_{\mathrm{u}}=\frac{\sigma_{\mathrm{s-u}}+\gamma D-\sigma_{\mathrm{t-l}}}{c}=N_{\mathrm{u}}(\alpha,\beta,\omega) \tag{4.6}$$

联立求解方程组

$$\begin{cases}\left.\dfrac{\mathrm{d}N_{\mathrm{u}}}{\mathrm{d}\alpha}\right|_{\alpha=\bar{\alpha}}=0\\ \left.\dfrac{\mathrm{d}N_{\mathrm{u}}}{\mathrm{d}\beta}\right|_{\beta=\bar{\beta}}=0\\ \left.\dfrac{\mathrm{d}N_{\mathrm{u}}}{\mathrm{d}\omega}\right|_{\omega=\bar{\omega}}=0\end{cases} \tag{4.7}$$

可得 $\bar{\alpha}$、$\bar{\beta}$、$\bar{\omega}$，即为与 N_{u} 极小值（上确界）$N_{\mathrm{u-min}}$对应的 α、β、ω，$N_{\mathrm{u-min}}=N_{\mathrm{u-min}}(\bar{\alpha},\bar{\beta},\bar{\omega})$。

4.3　砂-黏性地层浅埋盾构隧道圆锥刚体平动垮塌上界极限分析

如图 4.3 所示，针对砂-黏性地层采用莫尔-库仑屈服准则，考虑浅埋盾构隧道的圆锥刚体平动垮塌破坏机制，设 γ、c'、φ'分别为土体的重度、有效黏聚力、有效内摩擦角，C 和 D 分别浅埋盾构隧道的拱顶埋深和直径，σ_{s} 代表均匀分布地表荷载的集度，σ_{t}' 代表隧道开挖面处均匀分布的有效支护抗力集度，隧道开挖面前上方的刚性主动破裂体或为圆锥体的一部分，或为完整的圆锥体（当 C/D 足够大时），$2\varphi'$为破裂体及其延伸体（可能延伸在地表以上的部分，即图 4.3 中虚线所示部分）的锥角，V 和 S 分别破裂体的体积和表面积，θ 为破裂体轴线与隧道开挖方向（z 方向）的夹角，a_{t} 和 b_{t} 分别为破裂体在隧道开挖面处椭圆截面的长轴和短轴，a_{s} 和 b_{s} 分别为破裂体在地表面处椭圆截面的长轴和短轴，$\dot{\delta}$ 为破裂体的轴向塑性位移速率间断（注意，塑性位移速率间断与间断面之间的夹角为 φ'），V_{s} 和 S_{s} 分别为破裂体的延伸体的体积和表面积，$\bar{V}=V+V_{\mathrm{s}}$ 和 $\bar{S}=S+S_{\mathrm{s}}$ 分别为破裂体及其延伸体的总体积和总表面积；显然，当 C/D 足够大时，隧道开挖面前上方的破裂体为完整的圆锥体，$V_{\mathrm{s}}=0$，$S_{\mathrm{s}}=0$。

设 xyz 为原点位于隧道开挖面中心的直角坐标系，x、y、z 分别为沿隧道横向、竖（上）向、纵（前）向的坐标轴；XYZ 为原点位于破裂体及其延伸体顶点的直角坐标系，

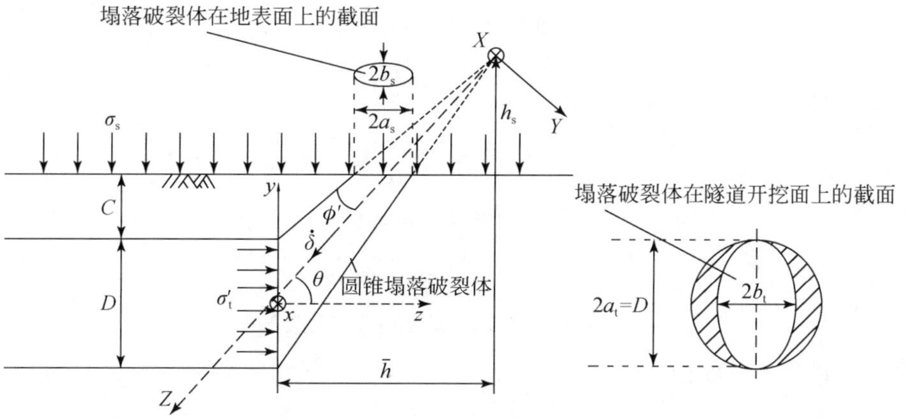

图 4.3　砂-黏性地层的浅埋盾构隧道圆锥刚体平动垮塌破坏机制（据 Leca and Dormieux，1990）

X、Y、Z 分别为沿破裂体横向、垂轴向、轴向的坐标轴，则有坐标变换关系：

$$X=x \tag{4.8a}$$

$$Y=\frac{D}{2}\sin\theta\tan\varphi'-y\cos\theta+z\sin\theta \tag{4.8b}$$

$$Z=\frac{D}{2}\frac{\cos\theta}{\tan\varphi'}-y\sin\theta-z\cos\theta \tag{4.8c}$$

破裂体及其延伸体在 XYZ 坐标系下的方程为

$$X^2+Y^2=Z^2\tan^2\varphi' \tag{4.9}$$

总高度为

$$\bar{h}=D\frac{\cos(\theta-\varphi')\cos(\theta+\varphi')}{\sin2\varphi'} \tag{4.10}$$

总体积为

$$\bar{V}=\frac{\pi D^3}{12}\frac{[\cos(\theta-\varphi')\cos(\theta+\varphi')]^{3/2}}{\cos\varphi'\sin2\varphi'} \tag{4.11}$$

总表面积为

$$\bar{S}=\frac{\pi D^2}{4}\frac{\cos\theta\sqrt{\cos(\theta-\varphi')\cos(\theta+\varphi')}}{\sin\varphi'\cos\varphi'} \tag{4.12}$$

破裂体在隧道开挖面处椭圆截面的长轴和短轴分别为

$$a_t=\frac{D}{2} \tag{4.13a}$$

$$b_t=\frac{D}{2}\frac{\sqrt{\cos(\theta-\varphi')\cos(\theta+\varphi')}}{\cos\varphi'} \tag{4.13b}$$

在隧道开挖面处椭圆截面的面积为

$$A_t=\frac{\pi D^2}{4}\frac{\sqrt{\cos(\theta-\varphi')\cos(\theta+\varphi')}}{\cos\varphi'} \tag{4.14}$$

破裂体的延伸体的高度为

$$h_s = \frac{D}{2} \frac{\sin 2\theta - \dfrac{2C+D}{D}\sin 2\varphi'}{\sin 2\varphi'} \tag{4.15}$$

在地表面处椭圆截面的长轴和短轴分别为

$$a_s = \frac{D}{2} \frac{\dfrac{1}{2}\sin 2\theta - \dfrac{C+D}{D}\sin 2\varphi'}{\sin(\theta-\varphi')\sin(\theta+\varphi')} \tag{4.16a}$$

$$b_s = \frac{D}{2} \frac{\dfrac{1}{2}\sin 2\theta - \dfrac{C+D}{D}\sin 2\varphi'}{\cos\varphi' \sqrt{\sin(\theta-\varphi')\sin(\theta+\varphi')}} \tag{4.16b}$$

在地表面处椭圆截面的面积为

$$A_s = \frac{\pi D^2}{4} \frac{\left(\dfrac{1}{2}\sin 2\theta - \dfrac{C+D}{D}\sin 2\varphi'\right)^2}{\cos\varphi' [\sin(\theta-\varphi')\sin(\theta+\varphi')]^{3/2}} \tag{4.17}$$

体积为

$$V_s = \frac{\pi D^3}{12} \frac{\left(\dfrac{1}{2}\sin 2\theta - \dfrac{C+D/2}{D}\sin 2\varphi'\right)^3}{\cos\varphi' \sin 2\varphi' [\sin(\theta-\varphi')\sin(\theta+\varphi')]^{3/2}} \tag{4.18}$$

表面积为

$$S_s = \frac{\pi D^2}{4} \frac{\sin\theta \left(\dfrac{1}{2}\sin 2\theta - \dfrac{C+D/2}{D}\sin 2\varphi'\right)^2}{\sin\varphi' \cos\varphi' [\sin(\theta-\varphi')\sin(\theta+\varphi')]^{3/2}} \tag{4.19}$$

于是，引入符号定义

$$R_a = \frac{\sqrt{\cos(\theta-\varphi')\cos(\theta+\varphi')}}{\cos\varphi'} \tag{4.20a}$$

$$R_b = \frac{\cos(\theta-\varphi')\cos(\theta+\varphi')}{\sin 2\varphi'} \tag{4.20b}$$

$$R_c = \frac{\cos\theta}{\tan\varphi'} \tag{4.20c}$$

$$R_d = \sin 2\theta - \frac{2C+D}{D}\sin 2\varphi' \tag{4.20d}$$

$$R_e = \sqrt{\sin 2(\theta-\varphi')\sin 2(\theta+\varphi')} \tag{4.20e}$$

可以把破裂体的体积表示为

$$V = \bar{V} - V_s = \frac{\pi D^3}{12} R_a R_b \left[1 - \left(\frac{R_d}{R_e}\right)^3\right] \tag{4.21}$$

表面积表示为

$$S = \bar{S} - S_s = \frac{\pi D^2}{4} \frac{R_a R_c}{\cos\varphi'} \left[1 - 2\frac{R_a^2 R_d^2}{R_e^3}\cos^2\varphi' \tan\theta\right] \tag{4.22}$$

根据极限分析的上界定理，对于图 4.3 所示的虚拟破坏机制，令破裂体重力的功率和地表荷载上界的功率与隧道开挖面有效支护抗力下界的功率的代数和等于破裂体塑性位移间断的能耗速率，可以写出维持隧道开挖面稳定的必要条件为

$$\gamma V\dot{\delta}\sin\theta+\sigma_{s-u}A_s\dot{\delta}\sin\theta-\sigma'_{t-l}A_t\dot{\delta}\cos\theta\leqslant c'S\dot{\delta}\cos\varphi' \tag{4.23}$$

式中，σ_{s-u}为地表荷载集度的上界；σ'_{t-l}为有效支护抗力集度的下界。

把式（4.14）表示的A_t、式（4.17）表示的A_s、式（4.21）表示的V、式（4.22）表示的S代入式（4.23），约去$\dot{\delta}$，整理可得

$$2\tan\theta\sin2\varphi'\frac{R_bR_d^2}{R_e^3}\frac{\sigma_{s-u}}{c'\cot\varphi'}-\frac{\sigma'_{t-l}}{c'\cot\varphi'}+\frac{1}{3}R_b\left(1-\frac{R_d^3}{R_e^3}\right)\frac{\gamma D\tan\theta}{c'\cot\varphi'}\leqslant1-\frac{2R_a^2R_d^2}{R_e^3}\tan\theta\cos^2\varphi' \tag{4.24}$$

引入式（2.10）表示的单轴抗压强度q_{uc}和式（2.11）表示的朗肯被动侧压力系数ξ，可以把式（4.24）表示为

$$\frac{\sigma'_{t-l}}{q_{uc}}\geqslant N_s\left[\frac{1}{\xi-1}+\frac{\sigma_{s-u}}{q_{uc}}\right]+N_\gamma\frac{\gamma D}{q_{uc}}-1 \tag{4.25}$$

式中，

$$N_s=\frac{\bar{R}_d^2\tan\theta}{(\cos2\varphi'-\cos2\theta)R_e} \tag{4.26}$$

$$N_\gamma=\frac{1}{3}R_b\left(1-\frac{\bar{R}_d^3}{R_e^3}\right)\tan\theta \tag{4.27}$$

其中，当$C/D\leqslant[(\sin2\theta/\sin2\varphi')-1]/2$时，$\bar{R}_d=R_d$；当$C/D>[(\sin2\theta/\sin2\varphi')-1]/2$时，$\bar{R}_d=0$。

由式（4.25）可知，σ'_{t-l}的下确界$\sigma'_{t-l-max}=\sigma'_{t-l-max}(\bar{\theta})$与$N_s$的极大值$N_{s-max}=N_{s-max}(\bar{\theta})$和$N_\gamma$的极大值$N_{\gamma-max}=N_{\gamma-max}(\bar{\theta})$相对应，即

$$\frac{\sigma'_{t-l-max}(\bar{\theta})}{q_{uc}}=N_{s-max}(\bar{\theta})\left[\frac{1}{\xi-1}+\frac{\sigma_{s-u}}{q_{uc}}\right]+N_{\gamma-max}(\bar{\theta})\frac{\gamma D}{q_{uc}}-\frac{1}{\xi} \tag{4.28}$$

式中，$\bar{\theta}$为使N_s取极大值N_{s-max}和N_γ取极大值$N_{\gamma-max}$的θ；计算可得，$\bar{\theta}\simeq49°-\varphi'/2$，即在通过隧道中心的纵竖向平面内，破裂体的下部破裂面与大主应力方向（竖向）的夹角约为$41°-\varphi'/2$，小于（挡土墙极限平衡理论中）朗肯主动极限破裂面与大主应力方向的夹角$45°-\varphi'/2$，原因是隧道开挖面前方地层的三维约束强于无限长挡土墙背后地层的二维约束。

4.4　砂-黏性地层浅埋盾构隧道圆锥刚体平动挤出上界极限分析

如图4.4所示，采用莫尔-库仑屈服准则，考虑浅埋盾构隧道的圆锥刚体平动挤出破坏机制，设γ、c'、φ'分别为土体的重度、有效黏聚力、有效内摩擦角，C和D分别浅埋盾构隧道的拱顶埋深和直径，σ_s代表均匀分布地表荷载的集度，σ'_t代表隧道开挖面处均匀分布的有效支护抗力集度，隧道开挖面前上方的刚性被动破裂体为圆锥体，$2\varphi'$为破裂体及其延伸体（延伸在隧道开挖面后方的部分，即图4.4中虚线所示的圆锥体）的锥角，V和S分别破裂体的体积和表面积，θ为破裂体轴线与隧道开挖方向（z方向）的夹角，a_t

和 b_t 分别为破裂体在隧道开挖面处椭圆截面的长轴和短轴，a_s 和 b_s 分别为破裂体在地表面处椭圆截面的长轴和短轴，$\dot{\delta}$ 为破裂体的轴向间断塑性位移速率（注意，塑性位移速率间断与间断面之间的夹角为 φ'），V_t 和 S_t 分别为破裂体的延伸体的体积和表面积，$\bar{V}=V+V_t$ 和 $\bar{S}=S+S_t$ 分别为破裂体及其延伸体的总体积和总表面积。

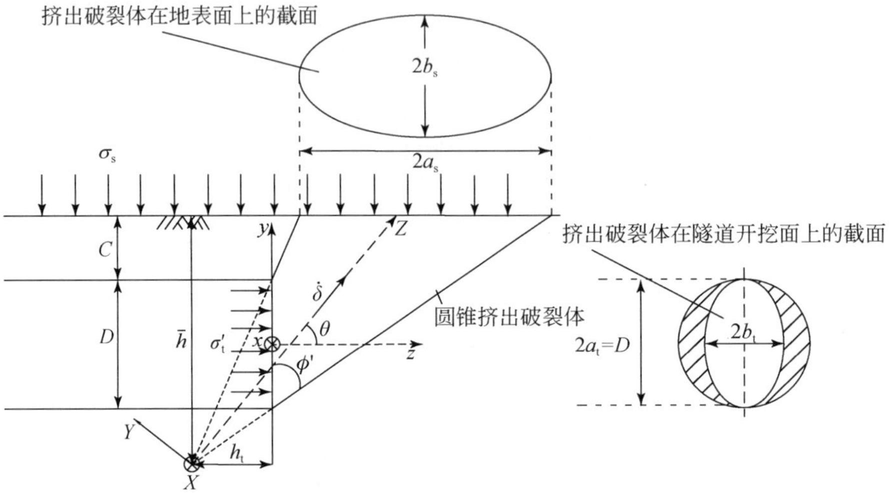

图 4.4　砂-黏性地层浅埋盾构隧道圆锥刚体平动挤出破坏机制（据 Leca and Dormieux，1990）

设 xyz 为原点位于隧道开挖面中心的直角坐标系，x、y、z 分别为沿隧道横向、竖（上）向、纵（前）向的坐标轴；XYZ 为原点位于破裂体及其延伸体顶点的直角坐标系，X、Y、Z 分别为沿破裂体横向、垂轴向、轴向的坐标轴，则有坐标变换关系

$$X=x \tag{4.29a}$$

$$Y=\frac{D}{2}\sin\theta\tan\varphi'+y\cos\theta-z\sin\theta \tag{4.29b}$$

$$Z=\frac{D\cos\theta}{2\tan\varphi'}+y\sin\theta+z\cos\theta \tag{4.29c}$$

破裂体及其延伸体在 XYZ 坐标系下的方程与式（4.9）形式相同：

$$X^2+Y^2=Z^2\tan^2\varphi' \tag{4.30}$$

总高度为

$$\bar{h}=\frac{D\left(\sin2\theta+\dfrac{2C+D}{D}\sin2\varphi'\right)}{2\sin2\varphi'} \tag{4.31}$$

总体积为

$$\bar{V}=\frac{\pi D^3\left(\sin2\theta+\dfrac{2C+D}{D}\sin2\varphi'\right)^3}{96\left[\sin(\theta-\varphi')\sin(\theta+\varphi')\right]^{3/2}\cos\varphi'\sin2\varphi'} \tag{4.32}$$

总表面积为

$$\bar{S}=\frac{\pi D^2\sin\theta\sqrt{\sin(\theta-\varphi')\sin(\theta+\varphi')}\left(\sin2\theta+\dfrac{2C+D}{D}\sin2\varphi'\right)}{4\sin\varphi'\cos\varphi'(\cos2\varphi'-\sin2\theta)} \tag{4.33}$$

破裂体在地表面处椭圆截面的长轴和短轴分别为

$$a_s=\frac{D\left(\sin2\theta+\dfrac{2C+D}{D}\sin2\varphi'\right)}{4\sin(\theta-\varphi')\sin(\theta+\varphi')} \tag{4.34a}$$

$$b_s=\frac{D\left(\sin2\theta+\dfrac{2C+D}{D}\sin2\varphi'\right)}{4\cos\varphi'\sqrt{\sin(\theta-\varphi')\sin(\theta+\varphi')}} \tag{4.34b}$$

在地表面处椭圆截面的面积为

$$A_s=\frac{\pi D^2\left(\sin2\theta+\dfrac{2C+D}{D}\sin2\varphi'\right)^2}{16\cos\varphi'[\sin(\theta-\varphi')\sin(\theta+\varphi')]^{3/2}} \tag{4.35}$$

破裂体的延伸体的高度为

$$h_t=D\frac{\cos(\theta-\varphi')\cos(\theta+\varphi')}{\sin2\varphi'} \tag{4.36}$$

在隧道开挖面处椭圆截面的长轴和短轴分别为

$$a_t=\frac{D}{2} \tag{4.37a}$$

$$b_t=\frac{D\sqrt{\cos(\theta-\varphi')\cos(\theta+\varphi')}}{2\cos\varphi'} \tag{4.37b}$$

在隧道开挖面处椭圆截面的面积与式（4.14）形式相同

$$A_t=\frac{\pi D^2\sqrt{\cos(\theta-\varphi')\cos(\theta+\varphi')}}{4\cos\varphi'} \tag{4.38}$$

体积为

$$V_t=\frac{\pi D^3[\cos(\theta-\varphi')\cos(\theta+\varphi')]^{3/2}}{12\cos\varphi'\sin2\varphi'} \tag{4.39}$$

表面积为

$$S_t=\frac{\pi D^2\cos\theta\sqrt{\cos(\theta-\varphi')\cos(\theta+\varphi')}}{4\sin\varphi'\cos\varphi'} \tag{4.40}$$

于是，引入符号定义

$$R_a=\cos\theta\sqrt{\cos(\theta-\varphi')\cos(\theta+\varphi')} \tag{4.41a}$$

$$R_b=\sin\theta\sqrt{\sin(\theta-\varphi')\sin(\theta+\varphi')} \tag{4.41b}$$

$$R_c=\frac{\sin2\theta+\dfrac{2C+D}{D}\sin2\varphi'}{\cos2\varphi'-\cos2\theta} \tag{4.41c}$$

可以把破裂体的体积表示为

$$V=\bar{V}-V_t=\frac{\pi D^3}{12\sin2\varphi'\cos\varphi'}\left\{\left[\frac{R_c\sin\theta(\cos^2\varphi'-\cos^2\theta)}{R_b}\right]^3-\left(\frac{R_a}{\cos\theta}\right)^3\right\} \tag{4.42}$$

表面积表示为

$$S=\bar{S}-S_{\mathrm{t}}=\frac{\pi D^2(R_bR_c-R_a)}{4\sin\varphi'\cos\varphi'} \tag{4.43}$$

根据极限分析的上界定理，对于图4.4所示的虚拟破坏机制，令破裂体重力的功率和地表荷载上界的功率与隧道开挖面有效支护抗力下界的功率的代数和等于破裂体塑性位移间断的能耗速率，可以写出维持隧道开挖面稳定的必要条件为

$$-\gamma V\dot{\delta}\sin\theta-\sigma_{\mathrm{s\text{-}l}}A_{\mathrm{s}}\dot{\delta}\sin\theta+\sigma'_{\mathrm{t\text{-}u}}A_{\mathrm{t}}\dot{\delta}\cos\theta\leqslant c'S\dot{\delta}\cos\varphi' \tag{4.44}$$

式中，$\sigma_{\mathrm{s\text{-}l}}$为地表荷载集度的下界；$\sigma'_{\mathrm{t\text{-}u}}$为有效支护抗力集度的上界。

把式（4.35）表示的A_{s}、式（4.38）表示的A_{t}、式（4.42）表示的V、式（4.43）表示的S代入式（4.44），约去$\dot{\delta}$，整理可得

$$-\frac{R_bR_c^2\sigma_{\mathrm{s\text{-}l}}}{\cos\varphi'}+\frac{R_a\sigma'_{\mathrm{t\text{-}u}}}{\cos\varphi'}-\frac{1}{3}\left[\left(\frac{R_bR_c}{\sin\theta}\right)^3-\left(\frac{R_a}{\cos\theta}\right)^3\right]\frac{\gamma D\sin\theta}{\cos\varphi'\sin2\varphi'}\leqslant(R_bR_c^2-R_a)\frac{c'}{\sin\varphi'} \tag{4.45}$$

引入式（2.10）表示的单轴抗压强度q_{uc}和式（2.11）表示的朗肯被动侧压力系数ξ，可以把式（4.45）表示为

$$\frac{\sigma'_{\mathrm{t\text{-}u}}}{q_{\mathrm{uc}}}\geqslant N_s\left[\frac{1}{\xi-1}+\frac{\sigma_{\mathrm{s\text{-}l}}}{q_{\mathrm{uc}}}\right]+N_\gamma\frac{\gamma D}{q_{\mathrm{uc}}}-\frac{1}{\xi} \tag{4.46}$$

式中，

$$N_{\mathrm{s}}=\frac{R_bR_c^2}{R_a} \tag{4.47}$$

$$N_\gamma=\left[\left(\frac{R_bR_c}{\sin\theta}\right)^3-\left(\frac{R_a}{\cos\theta}\right)^3\right]\frac{\sin\theta}{3R_a\sin2\varphi'} \tag{4.48}$$

由式（4.46）可知，$\sigma'_{\mathrm{t\text{-}u}}$的上确界$\sigma'_{\mathrm{t\text{-}u\text{-}min}}=\sigma'_{\mathrm{t\text{-}u\text{-}min}}(\bar{\theta})$与$N_{\mathrm{s}}$的极小值$N_{\mathrm{s\text{-}min}}=N_{\mathrm{s\text{-}min}}(\bar{\theta})$和$N_\gamma$的极小值$N_{\gamma\text{-}\mathrm{min}}=N_{\gamma\text{-}\mathrm{min}}(\bar{\theta})$相对应，即

$$\frac{\sigma'_{\mathrm{t\text{-}u\text{-}min}}}{q_{\mathrm{uc}}}\geqslant N_{\mathrm{s\text{-}min}}\left[\frac{1}{\xi-1}+\frac{\sigma_{\mathrm{s\text{-}l}}}{q_{\mathrm{uc}}}\right]+N_{\mathrm{min}}\frac{\gamma D}{q_{\mathrm{uc}}}-\frac{1}{\xi} \tag{4.49}$$

式中，$\bar{\theta}$为使N_{s}取极小值$N_{\mathrm{s\text{-}min}}$和$N_\gamma$取极小值$N_{\gamma\text{-}\mathrm{min}}$的$\theta$；计算可得，$\bar{\theta}\simeq49°$，即在通过隧道中心的纵竖向平面内，破裂体的下部破裂面与小主应力方向（竖向）的夹角约为$41°+\varphi'$，对于一般土体的有效内摩擦角$\varphi'=20°\sim45°$而言，大于（挡土墙极限平衡理论中）朗肯被动极限破裂面与小主应力方向的夹角$45°+\varphi'/2$，原因是隧道开挖面前方地层的三维破坏强于无限长挡土墙背后地层的二维破坏。

4.5　砂-黏性地层浅埋盾构隧道对数螺旋刚体转动垮塌上界极限分析

如图4.5所示，采用莫尔-库仑屈服准则，考虑浅埋盾构隧道的对数螺旋刚体转动垮塌破坏机制，转动破裂体位于隧道开挖面的前上方，转动中心O位于通过隧道中心线的竖纵断面内，（通过转动中心）与转动方向正交的截面为圆，F为顶点，$2\varphi'$为转动破裂体及

其延伸体（可能延伸在地表以上的部分，即图 4.5 中虚线所示部分）的顶角，γ、c'、φ' 分别为土体的重度、有效黏聚力、有效内摩擦角，C 和 D 分别为浅埋盾构隧道的拱顶埋深和直径，σ_s 代表均匀分布地表荷载的集度，σ_t' 代表隧道开挖面处均匀分布的有效支护抗力集度，XYZ 为以 O 为坐标原点的直角坐标系，X、Y、Z 分别为沿隧道横向、竖向、纵向的坐标轴，r 和 β 分别为 YZ 平面内极坐标系 $r\beta$ 的径向和环向坐标轴，$\dot{\omega}$ 为转动角速率，$\dot{\delta}=\dot{\omega}r$ 为转动破裂体在径向位置 r 处的切向塑性位移速率间断（注意，塑性位移速率间断与间断面切面之间的夹角为 φ'）。

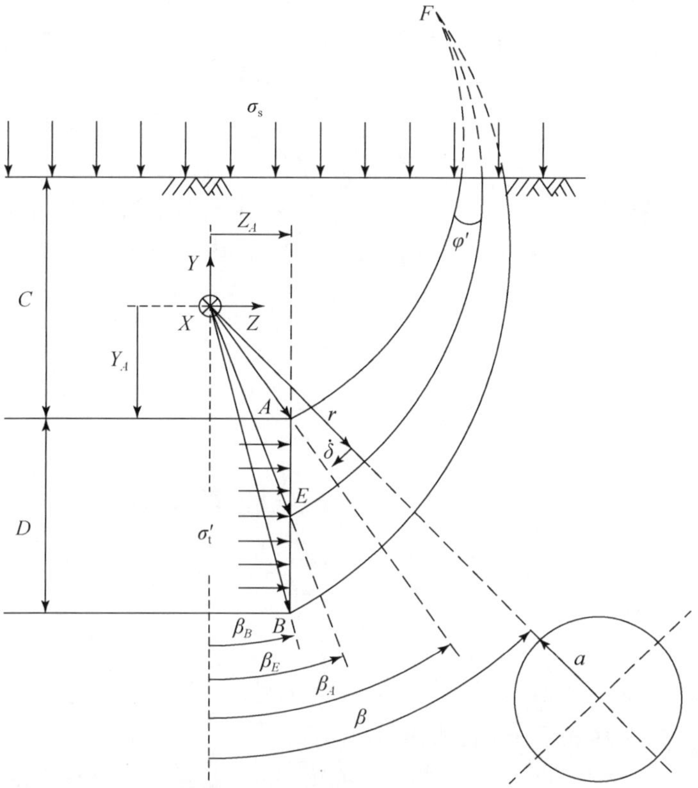

图 4.5　砂-黏性地层浅埋盾构隧道对数螺旋刚体转动垮塌破坏机制（据 Mollon *et al.*，2011）

转动破裂体可以用 YZ 平面内一条通过隧道开挖面顶点 A 的对数螺旋线 $\widehat{AF}$ 和一条通过隧道开挖面底点 B 的对数螺旋线 $\widehat{BF}$ 所确定，对应的方程分别为

$$\widehat{AF}: r=r_A\exp[-(\beta_A-\beta)\tan\varphi'] \tag{4.50a}$$

$$\widehat{BF}: r=r_B\exp[-(\beta-\beta_B)\tan\varphi'] \tag{4.50b}$$

式中，(r_A, β_A) 为隧道开挖面顶点 A 的 (r, β) 坐标；(r_B, β_B) 为隧道开挖面底点 B 的 (r, β) 坐标。

令 (Y_A, Z_A) 为隧道开挖面顶点 A 的 (Y, Z) 坐标，则有

$$\begin{cases} r_A = \sqrt{Y_O^2 + Z_O^2} \\ \beta_A = \tan^{-1}\left(-\dfrac{Z_O}{Y_O}\right) \end{cases} \tag{4.51a}$$

$$\begin{cases} r_B = \sqrt{(Y_O - D)^2 + Z_O^2} \\ \beta_B = \tan^{-1}\left(-\dfrac{Z_O}{Y_O - D}\right) \end{cases} \tag{4.51b}$$

可见，对数螺旋刚体转动垮塌破坏机制可以由转动中心点的位置坐标所确定，参数是 Y_O 和 Z_O。

利用式（4.50a）和式（4.51a）或式（4.50b）和式（4.51b），可得

$$\begin{cases} Y_A = -r_E\cos\beta_E + \dfrac{1}{2}D \\ Z_A = r_E\sin\beta_E \end{cases} \tag{4.52}$$

式中，（r_E，β_E）为隧道开挖面中点 E 的（r，β）坐标，即对数螺旋刚体转动垮塌破坏机制也可以由隧道开挖面中点的位置坐标所确定，（无量纲）参数是 r_E/D 和 β_E。

利用式（4.50a）和式（4.50b），可得

$$\begin{cases} r_E = r_A\exp[-(\beta_A - \beta_E)\tan\varphi'] = r_B\exp[-(\beta_E - \beta_B)\tan\varphi'] \\ \beta_E = \dfrac{\beta_A + \beta_B + \dfrac{\ln(r_B/r_A)}{\tan\varphi'}}{2} \end{cases} \tag{4.53}$$

对于图 4.5 所示的虚拟垮塌破坏机制，垮塌破裂体重力的功率为

$$\dot{W}_\gamma = \int_\Omega \gamma\dot{\delta}\sin\beta\mathrm{d}\Omega = \gamma\dot{\omega}\sum_k \Omega_k r_k\sin\beta_k \tag{4.54}$$

地表荷载上界 $\sigma_{\mathrm{s-u}}$ 的功率为

$$\dot{W}_{\sigma_{\mathrm{s-u}}} = \int_S \sigma_{\mathrm{s-u}}\dot{\delta}\sin\beta\mathrm{d}S = \sigma_{\mathrm{s-u}}\dot{\omega}\sum_k S_k r_k\sin\beta_k \tag{4.55}$$

隧道开挖面有效支护抗力下界 $\sigma'_{\mathrm{t-l}}$ 的功率为

$$\dot{W}_{\sigma'_{\mathrm{t-l}}} = -\int_T \sigma'_{\mathrm{t-l}}\dot{\delta}\cos\beta\mathrm{d}T = -\sigma'_{\mathrm{t-l}}\dot{\omega}\sum_k T_k r_k\cos\beta_k \tag{4.56}$$

破裂体塑性位移间断的能耗率为

$$\dot{D} = \int_\Gamma c\dot{\delta}\cos\varphi'\mathrm{d}\Gamma = c\dot{\omega}\cos\varphi'\sum_k r_k\Gamma_k \tag{4.57}$$

式中，S 为破裂体在地表的截面积；T 为隧道开挖面积；Ω 和 Γ 分别为破裂体的体积和表面积；$S_k = S_k(r_E/D, \beta_E)$ 为破裂体地表截面积的单元面积；$T_k = T_k(r_E/D, \beta_E)$ 为隧道开挖面积的单元面积；$\Omega_k = \Omega_k(r_E/D, \beta_E)$ 和 $\Gamma_k = \Gamma_k(r_E/D, \beta_E)$ 分别为破裂体的体单元面积和表面单元面积；$r_k = r_k(r_E/D, \beta_E)$ 和 $\beta_k = \beta_k(r_E/D, \beta_E)$ 分别为体单元形心点或面单元形心点的 r 和 β，都是对数螺旋刚体转动垮塌破坏机制参数 r_E/D 和 β_E 的函数。

根据极限分析的上界定理，令垮塌破裂体重力的功率和地表荷载上界的功率与隧道开挖面有效支护抗力下界的功率的代数和等于破裂体塑性位移间断的能耗速率，即

$$\dot{W}_\gamma+\dot{W}_{\sigma_{s-u}}+\dot{W}_{\sigma'_{t-1}}=\dot{D} \tag{4.58}$$

把式（4.54）~式（4.57）代入，约去 $\dot{\omega}$，整理可得维持隧道开挖面稳定的必要支护压力集度为

$$\sigma'_{t-1}=\sigma'_{t-1}(r_E/D,\beta_E)=\gamma DN_\gamma+\sigma_{s-u}N_s-cN_c \tag{4.59}$$

式中，

$$N_\gamma=N_\gamma(r_E/D,\beta_E)=\frac{\sum_k \Omega_k r_k\sin\beta_k}{D\sum_k T_k r_k\cos\beta_k} \tag{4.60a}$$

$$N_s=N_s(r_E/D,\beta_E)=\frac{\sum_k S_k r_k\sin\beta_k}{\sum_k T_k r_k\cos\beta_k} \tag{4.60b}$$

$$N_c=N_c(r_E/D,\beta_E)=\frac{\cos\varphi'\sum_k r_k\Gamma_k}{\sum_k T_k r_k\cos\beta_k} \tag{4.60c}$$

式中，N_γ 为地层重力影响系数；N_s 为地表荷载影响系数；N_c 为地层黏聚力影响系数。

因为 σ'_{t-1}以及 N_γ、N_s、N_c 均为对数螺旋刚体转动垮塌破坏机制参数 r_E/D 和 β_E 的函数，所以，通过优化计算，可得 σ'_{t-1}的极大值 $\sigma'_{t-1-\max}=\sigma'_{t-1}(\overline{r_E}/D,\overline{\beta_E})$，其中，$\overline{r_E}/D$ 和$\overline{\beta_E}$分别是使 σ'_{t-1}取极大值 $\sigma'_{t-1-\max}$的 r_E/D 值和 β_E 值。

4.6　砂–黏性地层浅埋盾构隧道对数螺旋刚体转动挤出上界极限分析

如图 4.6 所示，采用莫尔–库仑屈服准则，考虑浅埋盾构隧道的对数螺旋刚体转动挤出破坏机制，符号定义与 4.5 节相同。

转动破裂体可以用 YZ 平面内一条通过隧道开挖面顶点 A 的对数螺旋线$\overset{\frown}{AA'}$和一条通过隧道开挖面底点 B 的对数螺旋线$\overset{\frown}{BB'}$所确定，对应的方程分别为

$$\overset{\frown}{AA'}:r=r_A\exp[(\beta_A-\beta)\tan\varphi'] \tag{4.61a}$$

$$\overset{\frown}{BB'}:r=r_B\exp[(\beta-\beta_B)\tan\varphi'] \tag{4.61b}$$

式中，（r_A，β_A）为隧道开挖面顶点 A 的（r，β）坐标；（r_B，β_B）为隧道开挖面底点 B 的（r，β）坐标。

令（Y_A，Z_A）为隧道开挖面顶点 A 的（Y，Z）坐标，式（4.51a）、式（4.51b）、式（4.52）成立。

利用式（4.61a）和式（4.61b），可得

$$\begin{cases} r_E=r_A\exp[(\beta_A-\beta_E)\tan\varphi']=r_B\exp[(\beta_E-\beta_B)\tan\varphi'] \\ \beta_E=\dfrac{\beta_A+\beta_B-\dfrac{\ln(r_B/r_A)}{\tan\varphi'}}{2} \end{cases} \tag{4.62}$$

对于图 4.6 所示的虚拟挤出破坏机制，垮塌破裂体重力的功率为

$$\dot{W}_{\gamma} = -\int_{\Omega} \gamma \dot{\delta} \sin\beta \mathrm{d}\Omega = -\gamma \dot{\omega} \sum_{k} \Omega_k r_k \sin\beta_k \tag{4.63}$$

地表荷载下界 σ_{s-1} 的功率为

$$\dot{W}_{\sigma_{s-1}} = -\int_{S} \sigma_{s-1} \dot{\delta} \sin\beta \mathrm{d}S = -\sigma_{s-1} \dot{\omega} \sum_{k} S_k r_k \sin\beta_k \tag{4.64}$$

隧道开挖面有效支护抗力上界 σ'_{t-u} 的功率为

$$\dot{W}_{\sigma'_{t-u}} = \int_{T} \sigma'_{t-u} \dot{\delta} \cos\beta \mathrm{d}T = \sigma'_{t-u} \dot{\omega} \sum_{k} T_k r_k \cos\beta_k \tag{4.65}$$

破裂体间断塑性位移的能耗率为

$$\dot{D} = \int_{\Gamma} c \dot{\delta} \cos\varphi' \mathrm{d}\Gamma = c \dot{\omega} \cos\varphi' \sum_{k} r_k \Gamma_k \tag{4.66}$$

根据极限分析的上界定理，利用式（4.58），约去 $\dot{\omega}$，整理可得维持隧道开挖面稳定的容许支护压力集度为

$$\sigma'_{t-u} = \sigma'_{t-u}(r_E/D, \beta_E) = \gamma D N_{\gamma} + \sigma_{s-1} N_s + c N_c \tag{4.67}$$

通过优化计算，可得 σ'_{t-u} 的极小值 $\sigma'_{t-u-min} = \sigma'_{t-u}(\overline{r_E}/D, \overline{\beta_E})$，其中，$\overline{r_E}/D$ 和 $\overline{\beta_E}$ 分别是使 σ'_{t-u} 取极小值 $\sigma'_{t-u-min}$ 的 r_E/D 值和 β_E 值。

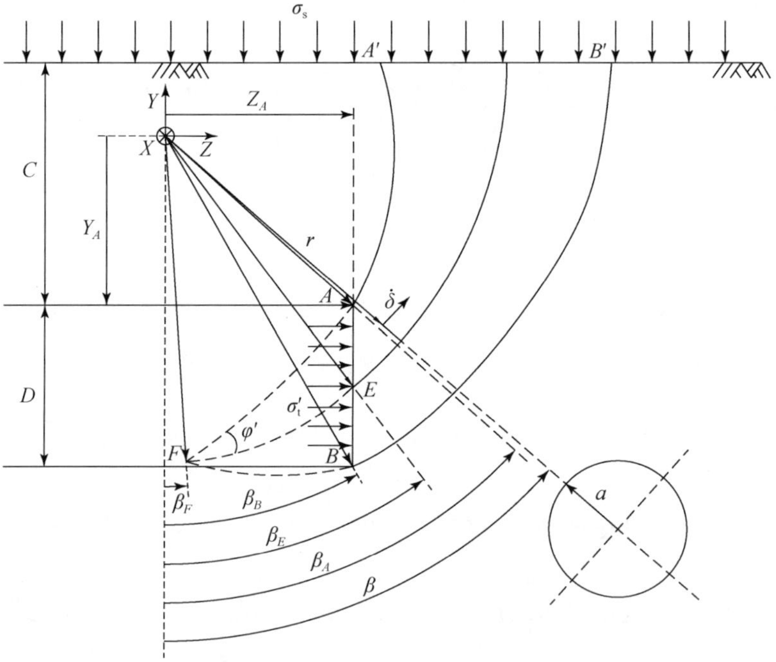

图 4.6　砂-黏性地层浅埋盾构隧道对数螺旋刚体转动挤出破坏机制（据 Mollon *et al.*，2011）

第5章　黏性地层浅埋盾构隧道的解析连续上界极限分析

本章分别针对四种不同的连续位移模式，阐述（纯）黏性地层浅埋盾构隧道的（解析）连续（变形体）上界极限分析。

5.1　黏性地层浅埋盾构隧道派克位移模式的解析连续上界极限分析

5.1.1　派克位移模式

对于黏性地层，Osman 等（2006a）采用屈瑞斯卡材料模型，基于派克（Peck）经验公式，提出了如图5.1所示的连续位移模式，考虑不排水剪切强度随深度的线性变化，对浅埋盾构隧道进行横向二维（平面应变）连续上界极限分析。Osman 等（2006b）采用与 Osman 等（2006a）相同的连续位移模式，在上界极限分析中考虑屈瑞斯卡材料的塑性应变硬化（渐变塑性破坏），并根据在常规平面应变物理模型试验中观察到的隧道围岩应力分布特征，利用水洗高岭土试样的不排水单轴平面应变压缩和拉伸试验结果，提出与极限剪切强度成正比的幂函数形式的调动剪切强度函数。

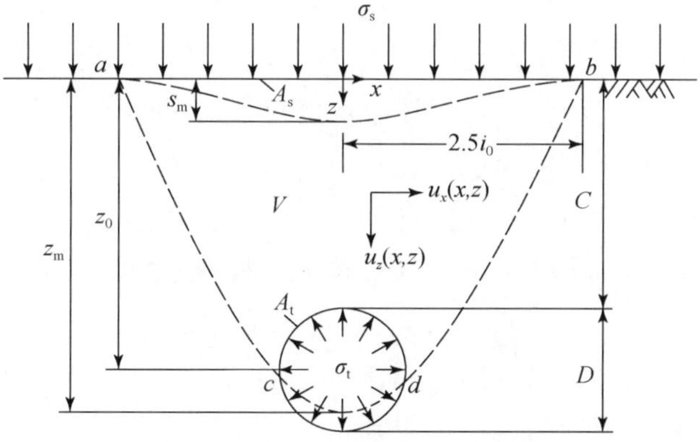

图5.1　黏性地层浅埋盾构隧道的（横向平面应变）派克连续位移模式（据 Osman *et al.*，2006a，2006b）

在不排水的黏性地层中，对于隧道横截面（xz 平面），设 C 和 z_0 分别为隧道的拱顶埋深和中心埋深，D 为隧道的直径，V 为地层位移的（有限、待定）区域，$\overset{\frown}{ac}$和$\overset{\frown}{bd}$分别为地层位移区域的左侧零位移边界和右侧零位移边界，A_s 和 A_t 分别为地层位移区域的地表边界和隧道边界。基于派克经验公式，把竖向向下（z 方向）的地层位移分量表示为

$$u_z=u_z(x,z)=\frac{C_1 s_m}{2K_z}\left\{\exp\left[-\frac{1}{2}\left(\frac{x}{i_z}\right)^2\right]-\exp\left[-\frac{C_2^2}{2}\right]\right\} \tag{5.1}$$

式中，i_z 为埋深 z 处地层的沉降宽度参数；K_z 为埋深 z 处地层的沉降宽度系数，分别可以表示为

$$i_z=K_z z_0 \tag{5.2}$$

$$K_z=\frac{1}{2}\left(1-\frac{z}{z_m}\right)^{\alpha} \tag{5.3}$$

z_m 和 α 为位移模式参数，如图 5.2 所示，z_m 表征零位移边界线$\widehat{ac}$延长线和零位移边界线$\widehat{bd}$延长线与隧道中线的交点的埋深（$z_0\leqslant z_m\leqslant C+D$），$\alpha$ 表征零位移边界线$\widehat{ac}$和$\widehat{bd}$的曲率（$0<\alpha\leqslant 1$）；s_m 为地表的最大沉降；C_1 和 C_2 为待定常数。

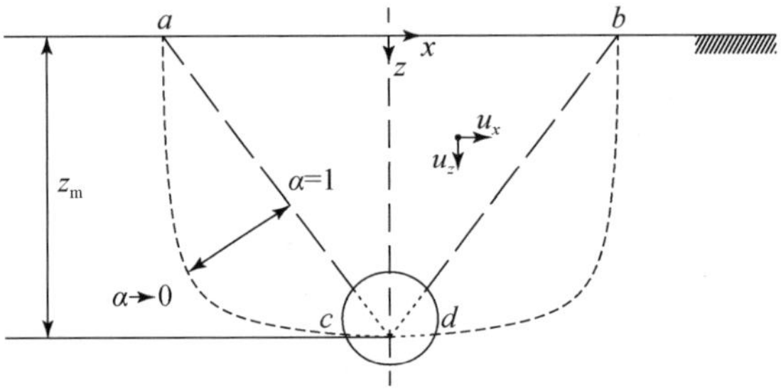

图 5.2　（横向平面应变）派克连续位移模式参数 z_m 和 α 的几何意义

设地表沉降的范围为$2\times2.5i_z|_{z=0}=2.5z_0$，利用点 a 处或点 b 处地层沉降为零的条件和（$x=0$，$z=0$）处地层沉降为 s_m 的条件，可得 $C_1=1.046$ 和 $C_2=2.5$。

屈瑞斯卡材料的体积应变为零，据此可以求出侧向向右（x 方向）的地层位移分量为

$$u_x=u_x(x,z)=-\frac{\alpha C_1 s_m x}{2K_z(z_m-z)}\left\{\exp\left[-\frac{1}{2}\left(\frac{x}{i_z}\right)^2\right]-\exp\left[-\frac{C_2^2}{2}\right]\right\} \tag{5.4}$$

可见，由式（5.1）和式（5.4）表达的地层位移的竖向分量和水平分量在地层位移区域边界线$\widehat{ac}$处和边界线$\widehat{bd}$处均为零。

利用式（5.1）和式（5.4），微分可得地层的 x 向正应变 $\varepsilon_{xx}=\partial u_x/\partial x$、$z$ 向正应变 $\varepsilon_{zz}=\partial u_z/\partial z$、剪应变 $\gamma_{xz}=\partial u_x/\partial z+\partial u_z/\partial x$，进而可得最大工程剪应变绝对值为

$$\gamma_{xz\text{-max}}=\varepsilon_1-\varepsilon_3=\sqrt{(\varepsilon_{xx}-\varepsilon_{zz})^2+\gamma_{xz}^2} \tag{5.5}$$

式中，ε_1 和 ε_3 分别为最大主应变和最小主应变。注意，在平面应变情况下，由体积应变为零的条件可知，$\varepsilon_3=-\varepsilon_1$。

5.1.2　上界极限分析理论及算法

对于地层的主动（垮塌）破坏模式而言，隧道支护压力属于反向荷载（即支护压力的方向与垮塌的方向相反），利用上界定理，可以求出与极限荷载上界对应的必要支护压力下界。根据上界定理式（2.58），并利用屈瑞斯卡材料在平面应变状态下的单位体积塑

性能耗速率函数式（2.66），可以把维持隧道稳定的必要条件表示为

$$\int_{A_s}\sigma_s\dot{u}_z\mathrm{d}A_s-\int_{A_t}\sigma_t\dot{u}_t\mathrm{d}A_t+\int_V\gamma\dot{u}_z\mathrm{d}V\leqslant\int_V c\dot{\gamma}_{xz-\max}\mathrm{d}V \tag{5.6}$$

式中，等号在临界状态时成立，左端三项从左向右依次代表地表荷载、隧道支护压力和地层重力的塑性功率，右端代表地层（屈瑞斯卡材料）在平面应变条件下的塑性能耗速率，γ 和 c 分别为黏性地层的重度和不排水抗剪强度（一般可设 $c=c_s+\rho z$，即排水抗剪强度可以随深度变化，其中，c_s 为地表的不排水抗剪强度，ρ 为不排水抗剪强度沿深度方向的梯度）；σ_s 为地表均布荷载集度；σ_t 为隧道径向支护压力集度；$\dot{u}_z$ 为地层的竖向（向下）塑性位移速度；$\dot{u}_t$ 为隧道边界的径向（向内）塑性位移速度。

Osman 等（2006a）和 Klar 等（2007）都指出过，Mair（1979）的离心模型试验结果表明，黏性地层破坏时的位移模式与破坏前的位移模式是相似的，因此可以假设，黏性地层的塑性位移速度与弹性位移成正比，$\dot{u}_i=\alpha u_i^{\mathrm{e}}$，塑性应变速率与弹性应变成正比，$\dot{\varepsilon}_{ij}=\alpha\varepsilon_{ij}^{\mathrm{e}}$，其中，$\alpha=\alpha(x,z)$为比例因子（函数），$\dot{u}_i$ 为塑性位移速度的 i 方向分量，u_i^{e} 为弹性位移的 i 方向分量，$\dot{\varepsilon}_{ij}$为塑性应变速率的 ij 分量，$\varepsilon_{ij}^{\mathrm{e}}$为弹性应变的 ij 分量。这样，利用塑性位移速率与弹性位移的比例关系和塑性应变速率与弹性应变的比例关系，并注意到比例因子对于给定的位置而言是常数，同时为简化表达起见而省略上标 e，可得式（5.6）的弹性功能形式

$$\int_{A_s}\sigma_s u_z\mathrm{d}A_s-\int_{A_t}\sigma_t u_t\mathrm{d}A_t+\int_V\gamma u_z\mathrm{d}V\leqslant\int_V c\gamma_{xz-\max}\mathrm{d}V \tag{5.7}$$

式中，u_z 为地层的竖向（向下）位移；u_t 为隧道边界的径向（向内）位移，由式（5.1）和式（5.4）确定。

注意到，σ_s 在 A_s 上是常数，σ_t 在 A_t 上是常数，所以，利用体积不可压缩条件，由式（5.7）可得维持隧道稳定的必要支护压力集度为

$$\sigma_t\geqslant\sigma_{t\text{-}1}=\sigma_s-\frac{\int_V c\gamma_{xz-\max}\mathrm{d}V-\int_V\gamma u_z\mathrm{d}V}{\int_{A_s}u_z\mathrm{d}A_s} \tag{5.8}$$

式中，$\sigma_{t\text{-}1}=\sigma_{t\text{-}1}(z_m,\alpha)$，代表隧道必要支护压力集度 σ_t 的下界，是地层位移模式参数 z_m 和 α 的函数。

按照 Broms 和 Bennermark（1967）及 Davis 等（1980）的定义，可以把隧道超载系数（又称隧道稳定系数）表示为

$$N=\frac{\sigma_s+\gamma z_0-\sigma_t}{c_0}=N_0+\frac{\sigma_s}{c_0} \tag{5.9}$$

把关系式 $c_0=c_s+\rho z_0$ 代入，可得

$$N=\left(N_s+\frac{\gamma D}{c_s}\frac{z_0}{D}\right)\times\left[\frac{1}{1+(\rho D/c_s)z_0/D}\right]=\left(N_s+\frac{\gamma z_0}{c_s}\right)\times\left(\frac{1}{1+\gamma z_0/c_s}\right) \tag{5.10}$$

式中，$N_0=(\gamma z_0-\sigma_t)/c_0$，称为（隧道的）简单超载系数；$N_s=(\sigma_s-\sigma_t)/c_s$，称为（隧道的）地表超载系数；$c_0$ 为隧道中心深度位置处地层的不排水抗剪强度。经验判据是，当

$N \leqslant 3$ 时，隧道稳定；当 $3<N \leqslant 6$ 时，地层可能出现沉降，特别当 $5 \leqslant N \leqslant 6$ 时，地层可能出现较大沉降；当 $N>6$ 时，地层可能垮塌。

利用式（5.8），可以把容许超载系数表示为

$$\overline{N} \leqslant N_{\mathrm{u}} = \frac{\int_V c\gamma_{xz-\max} \mathrm{d}V - \int_V \gamma u_z \mathrm{d}V}{c_0 \int_{A_s} u_z dA_s} + \frac{\gamma z_0}{c_0} \tag{5.11}$$

式中，$N_{\mathrm{u}} = N_{\mathrm{u}}(z_{\mathrm{m}}, \alpha)$，代表容许超载系数 $\overline{N}$ 的上界（与隧道必要支护压力集度的下界相互对应），是地层位移模式参数 z_{m} 和 α 的函数。

隧道支护压力集度下界 $\sigma_{\mathrm{t-l}}$ 和隧道超载系数上界 N_{u} 都是地层位移模式参数 z_{m} 和 α 的函数。可以根据 z_{m} 的值域和 α 的值域，分别选取适当的初始值和增量值，进行二重循环数值计算，求出使 $\sigma_{\mathrm{t-l}}$ 取得极大值或 N_{u} 取得极小值的 z_{m} 值和 α 值，从而得到 σ_{t} 的下确界（最大下界）$\sigma_{\mathrm{t-l-max}}$ 或 N 的上确界（最小上界）$N_{\mathrm{u-min}}$，即，$\sigma_{\mathrm{t-l-max}} = \max\sigma_{\mathrm{t-l}}(z_{\mathrm{m}}, \alpha) = \inf\sigma_{\mathrm{t}}$，$N_{\mathrm{u-min}} = \min N_{\mathrm{u}}(z_{\mathrm{m}}, \alpha) = \sup N$。

项彦勇和唐志明（2017）采用上述理论和算法，计算分析了地层的不排水抗剪强度梯度和重度对隧道的超载系数上确界的影响，结果显示：

（1）对于给定的地层重度 γ，地表超载系数 N_{s} 的上确界 $N_{\mathrm{s-u-min}}$ 与不排水抗剪强度梯度 ρ 之间呈正线性关系，并且，正线性关系的斜率随隧道深-径比 C/D 的增大而增大，意味着 ρ 对 $N_{\mathrm{s-u-min}}$ 的影响随 C/D 的增大而增大。另外，可能存在随 γ 增大而增大的临界值 ρ_{cr}，当 $\rho<\rho_{\mathrm{cr}}$ 时，γ 对 $N_{\mathrm{s-u-min}}$ 的影响占主导地位，C/D 越大，$N_{\mathrm{s-u-min}}$ 越小，即隧道的必要支护压力集度越大；当 $\rho>\rho_{\mathrm{cr}}$ 时，隧道中心不排水抗剪强度 c_0 对 $N_{\mathrm{s-u-min}}$ 的影响占主导地位，C/D 越大，$N_{\mathrm{s-u-min}}$ 越大，即隧道的必要支护压力集度越小。

（2）对于给定的地层不排水抗剪强度梯度 ρ，$N_{\mathrm{s-u-min}}$ 与地层重度 γ 之间呈负线性关系，并且，负线性关系的斜率绝对值随深-径比 C/D 增大而增大，意味着 γ 对 $N_{\mathrm{s-u-min}}$ 的影响随着 C/D 的增大而增大。另外，可能存在随 ρ 值增大而增大的临界值 γ_{cr}，当 $\gamma<\gamma_{\mathrm{cr}}$ 时，C/D 越大，$N_{\mathrm{s-u-min}}$ 越大；当 $\gamma>\gamma_{\mathrm{cr}}$ 时，C/D 越大，$N_{\mathrm{s-u-min}}$ 越小。

5.2 黏性地层浅埋盾构隧道点汇镜像法位移模式的解析连续上界极限分析

5.2.1 点汇镜像法解析位移模式

对于黏性地层，Klar 等（2007）采用 Sagaseta（1987）和 Verruijt 和 Booker（1996）的点汇镜像法解析解来表达地层的横向平面应变位移模式或三维位移模式，以隧道边界的横向卵化-收敛（近似椭圆化-收敛）应变比或三维体积损失为运动许可体系的参数，计算隧道开挖面全部失稳或局部失稳时的超载系数上确界。

如图 5.3 所示，在不排水的黏性地层中，对于隧道横截面（xz 平面），考虑地层的横

向平面应变位移模式，设 C 隧道的拱顶埋深，D 为隧道的直径，V 为地层位移的（有限、待定）区域，S 为地层位移区域的塑性位移间断线（左间断线的左侧地层没有塑性位移，右间断线的右侧地层没有塑性位移），A_s 和 A_t 分别为地层位移区域的地表边界和隧道边界。设地层是不可压缩的（泊松比 $\nu=0.5$），萨格塞塔（Sagaseta）与沃卢杰－布克（Verruijt-Booker）的点汇镜像法解析解为

$$
\begin{aligned}
u_x = & -\varepsilon a^2 x\left(\frac{1}{r_1^2}+\frac{1}{r_2^2}\right)+4\varepsilon a^2\frac{xz(z+h)}{r_2^4} \\
& +\delta a^2\left\{\frac{x[x^2-(z-h)^2]}{r_1^4}+\frac{x[x^2-(z+h)^2]}{r_2^4}\right\} \\
& -4\delta a^2 h\frac{xz[x^2-3(z+h)^2]}{r_2^6}
\end{aligned} \tag{5.12a}
$$

$$
\begin{aligned}
u_z = & -\varepsilon a^2\left(\frac{z-h}{r_1^2}+\frac{z+h}{r_2^2}\right)+2\varepsilon a^2\left\{\frac{(z+h)}{r_2^2}-\frac{z[x^2-(z+h)^2]}{r_2^4}\right\} \\
& +\delta a^2\left\{\frac{(z-h)[x^2-(z-h)^2]}{r_1^4}+\frac{(z+h)[x^2-(z+h)^2]}{r_2^4}\right\} \\
& -2\delta a^2 h\left\{\frac{x^2-(z+h)^2}{r_2^4}+\frac{2z(z+h)[3x^2-(z+h)^2]}{r_2^6}\right\}
\end{aligned} \tag{5.12b}
$$

式中，$u_x=u_x(x,z)$，$u_z=u_z(x,z)$，分别代表地层位移的 x 向分量的和 z 向分量；a 为隧道横截面的半径；h 为隧道中心的埋深；$r_1=\sqrt{x^2+(z-h)^2}$；$r_2=\sqrt{x^2+(z+h)^2}$；ε 为地层损失参数（又称隧道应变；εa 为隧道开挖边界的均匀收敛位移）；δ 为卵化参数（δa 为隧道开挖边界均匀收敛以后拱顶向隧道内部的位移，也等于隧道起拱点向隧道外部的水平位移）。

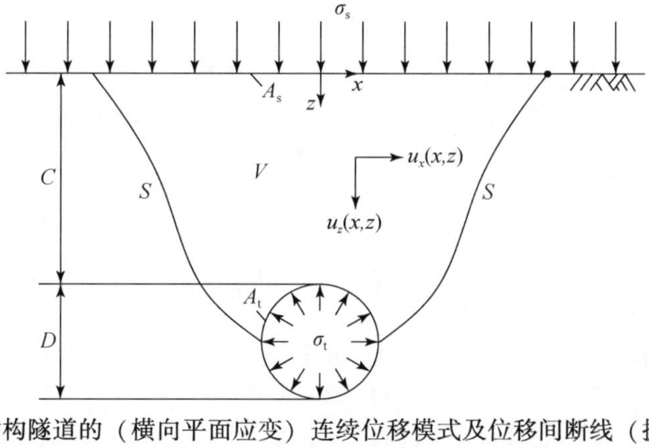

图 5.3　黏性浅埋盾构隧道的（横向平面应变）连续位移模式及位移间断线（据 Klar *et al.*，2007）

利用式（5.12a）和式（5.12b），微分可得地层的 x 向正应变 $\varepsilon_{xx}=\partial u_x/\partial x$、$z$ 向正应变 $\varepsilon_{zz}=\partial u_z/\partial z$、剪应变 $\gamma_{xz}=\partial u_x/\partial z+\partial u_z/\partial x$，进而由式（5.5）可得最大工程剪应变 $\gamma_{xz-\max}$。

注意，塑性位移间断线的位置与位移场有关。设（x_i，z_i）为塑性位移间断线任意节点的位置坐标，则有，$x_i=x_{i-1}+u_{sx}$，$z_i=z_{i-1}+u_{sz}$；其中，u_{sx} 和 u_{sz} 分别为塑性位移间断线两侧地层之间（沿塑性位移间断线切线方向）相对位移 u_s 的 x 方向分量和 z 方向分

量，$u_{\mathrm{s}}=\sqrt{u_{\mathrm{sx}}^{2}+u_{\mathrm{sz}}^{2}}$。

5.2.2　上界极限分析理论及算法

根据上界定理式（2.58），并利用屈瑞斯卡材料的平面应变单位体积塑性能耗速率函数式（2.66），单位间断面积塑性能耗速率式（2.72）可以把维持隧道稳定的必要条件表示为

$$\int_{A_{\mathrm{s}}}\sigma_{\mathrm{s}}\dot{u}_{z}\mathrm{d}A_{\mathrm{s}}-\int_{A_{\mathrm{t}}}\sigma_{\mathrm{t}}\dot{u}_{\mathrm{t}}\mathrm{d}A_{\mathrm{t}}+\int_{V}\gamma\dot{u}_{z}\mathrm{d}V\leqslant\int_{V}c\dot{\gamma}_{xz-\max}\mathrm{d}V+\int_{S}c\dot{u}_{s}\mathrm{d}S \tag{5.13}$$

式中，等号在临界状态时成立，左端三项从左向右依次为地表荷载、隧道支护压力、地层重力的塑性功率；右端二项从左向右依次为在地层平面应变条件下的塑性能耗速率和间断线塑性能耗速率；γ 和 c 分别为黏性地层的重度和不排水抗剪强度（一般可设排水抗剪强度可以随深度变化，$c=c_{\mathrm{s}}+\rho z$，其中，c_{s} 为地表的不排水抗剪强度，ρ 为不排水抗剪强度沿深度方向的梯度）；σ_{s} 为地表均布荷载集度；σ_{t} 为隧道径向支护压力集度；$\dot{u}_{z}$ 为地层的竖向（向下）塑性位移速率；$\dot{u}_{\mathrm{t}}$ 为隧道边界的径向（向内）塑性位移速率；$\dot{u}_{s}$ 为间断线切向的间断线内侧地层下滑塑性位移速率。

与5.1.2节相似，根据Mair（1979）的离心模型试验结果，假设黏性地层的塑性位移速率与位移成正比，从而可以利用塑性位移速率与位移的比例关系和塑性应变速率与应变的比例关系，把式（5.13）以功（能）的形式表示为

$$\int_{A_{\mathrm{s}}}\sigma_{\mathrm{s}}u_{z}\mathrm{d}A_{\mathrm{s}}-\int_{A_{\mathrm{t}}}\sigma_{\mathrm{t}}u_{\mathrm{t}}\mathrm{d}A_{\mathrm{t}}+\int_{V}\gamma u_{z}\mathrm{d}V\leqslant\int_{V}c\gamma_{xz-\max}\mathrm{d}V+\int_{S}cu_{s}\mathrm{d}S \tag{5.14}$$

式中，u_{z} 为地层的竖向向下位移；u_{t} 为隧道边界的径向向内位移；u_{s} 为间断线切向的间断线内侧地层下滑位移，由式（5.12a）和式（5.12b）确定。

在不排水条件下，设黏性地层体积不变，并且注意到，σ_{s} 在 A_{s} 上是常数，σ_{t} 在 A_{t} 上是常数，合并式（5.14）左端的第一项和第二项，可得维持隧道稳定的必要支护压力集度为

$$\sigma_{\mathrm{t}}\geqslant\sigma_{\mathrm{t-l}}=\sigma_{\mathrm{s}}-\frac{\int_{V}c\gamma_{xz-\max}\mathrm{d}V+\int_{S}cu_{s}\mathrm{d}S-\int_{V}\gamma u_{z}\mathrm{d}V}{\int_{A_{\mathrm{s}}}u_{z}\mathrm{d}A_{\mathrm{s}}} \tag{5.15}$$

式中，$\sigma_{\mathrm{t-l}}=\sigma_{\mathrm{t-l}}(\kappa,l_{x})$，代表隧道必要支护压力集度 σ_{t} 的下界，是层位移模式参数 $\delta/\varepsilon=\kappa$ 和塑性位移间断线 S 地表点（$x=l_{x}$，$z=0$）或（$x=-l_{x}$，$z=0$）横坐标 l_{x} 的函数。

利用式（5.15），可以把容许超载系数表示为

$$\overline{N}\leqslant N_{\mathrm{u}}=\frac{\int_{V}c\gamma_{xz-\max}\mathrm{d}V+\int_{S}cu_{s}\mathrm{d}S-\int_{V}\gamma u_{z}\mathrm{d}V}{c_{0}\int_{A_{\mathrm{s}}}u_{z}dA_{\mathrm{s}}}+\frac{\gamma h}{c_{0}} \tag{5.16}$$

式中，$N_{\mathrm{u}}=N_{\mathrm{u}}(\kappa,l_{x})$，代表容许超载系数 $\overline{N}$ 的上界（与隧道必要支护压力集度的下界相互对应），是地层塑性位移模式参数 $\delta/\varepsilon=\kappa$ 和塑性位移间断线 S 地表点横坐标 $x=\pm l_{x}$ 的函

数；c_0 为隧道中心深度（$z=h$）位置处地层的不排水抗剪强度。

隧道支护压力集度下界 σ_{t-l} 和隧道超载系数上界 N_u 都是地层塑性位移模式参数 $\delta/\varepsilon=\kappa$ 和塑性位移间断线 S 地表点横坐标 $x=\pm l_x$ 的函数。可以分别选取 κ 和 l_x 的初始值和增量值，进行二重循环数值计算，求出使 σ_{t-l} 取极大值或 N_u 取极小值的 $\kappa=\kappa^*$ 值和 $l_x l_x^*$ 值，从而得到 σ_t 的下确界 $\sigma_{t-l-max}$ 或 N 的上确界 N_{u-min}，即，$\sigma_{t-l-max}=\max\sigma_{t-l}(\kappa, l_x)=\inf\sigma_t$，$N_{u-min}=\min N_u(\kappa, l_x)=\sup N$。

5.3　黏性地层浅埋盾构隧道复合体积损失位移模式的解析连续上界极限分析

5.3.1　横向复合体积损失模式-复变函数解与连续上界极限分析理论

对于黏性地层隧道的横向稳定问题，Xiang 和 Song（2017）采用如图 5.4 所示的概念模型，考虑 Park（2004）提出的四个体积损失模式，利用复变函数法计算地层位移场，通过上界极限分析求解隧道超载系数的最小上界（上确界），发现隧道均匀收敛体积损失模式是对隧道稳定性最为不利的体积损失模式。Song 和 Xiang（2019）在 Xiang 和 Song（2017）的基础上，考虑“收敛-椭变-竖移（下沉/上浮）”复合体积损失模式，计算隧道椭变和竖移对地层位移场和隧道超载系数及其上确界的影响，并从而明确指出，对于隧道稳定性问题而言，隧道的均匀收敛模式是足够有效的，无需考虑其他复合形式的体积损失模式。

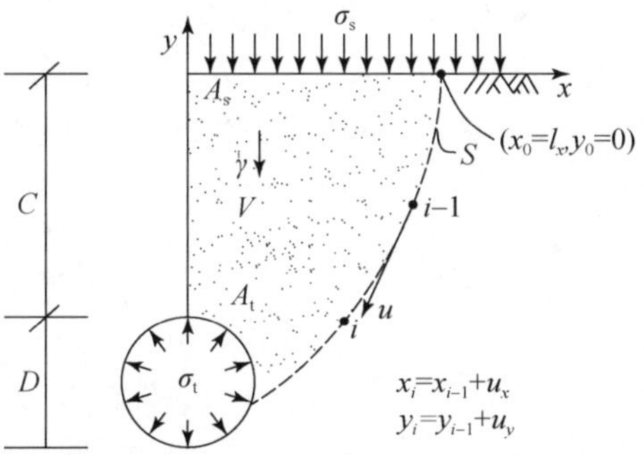

图 5.4　黏性地层浅埋盾构隧道的（横向平面应变）连续位移模式及位移间断线（据 Xiang and Song，2017）

与基于派克经验公式或点汇镜像法弹性位移解的连续位移模式不同，复变函数位移解比较灵活，可以考虑一般形式的体积损失模式，如 Sagaseta（1998）的收敛-椭变-下沉复合体积损失模式和 Strack（2002）的上浮模式。王立忠和吕学金（2007）针对 Park（2004）提出的四个体积损失模式给出复变函数解。根据 Sagaseta（1998）提出的隧道收敛-椭变-下沉复合体积损失模式，童磊等（2009）给出对应的盾构隧道开挖边界位移表达式，童磊等（2010）采用与 Verruijt（1997）相同的方法给出复变函数解。

如图 5.5 所示，兼顾衬砌上浮的可能性，设 C 为隧道拱顶埋深，D 为隧道开挖直径，u_ε 为隧道边界的收敛位移，$u_\delta=\alpha_\delta u_\varepsilon$ 为椭变位移（α_δ 为椭变系数，$0<\alpha_\delta<1$），$u_v=\alpha_v u_\varepsilon$ 为刚体竖移（α_v 为竖移系数，当 $0<\alpha_v<1$ 时代表下沉系数，当 $-1<\alpha_v<0$ 时代表上浮系数），隧道边界只发生径向位移，可以表示为（向隧道外部为正）

$$u_r(\theta)=-u_\varepsilon(1+\alpha_v\sin\theta-\alpha_\delta\cos2\theta) \tag{5.17}$$

式中，θ 为相对于隧道右侧起拱线（x 方向）的转角，逆时针为正。

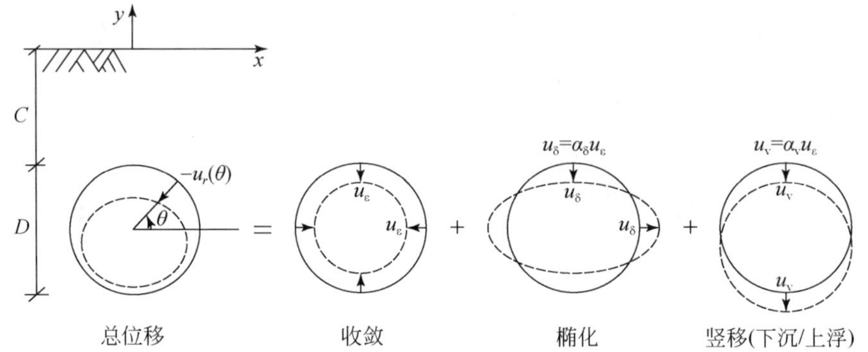

图 5.5　浅埋盾构隧道的（横向平面应变）复合体积损失模式

与式（5.17）对应，隧道在单位开挖长度内的体积损失为

$$V_L=\frac{\pi D^2}{4}-\frac{1}{2}\int_0^{2\pi}\left[\frac{D}{2}-|u_r(\theta)|\right]^2\mathrm{d}\theta=\pi Du_\varepsilon-\pi u_\varepsilon^2\left[1+\frac{1}{2}(\alpha_\delta^2+\alpha_v^2)\right] \tag{5.18}$$

可见，如果 $u_\varepsilon<<D$，则忽略高阶小量 u_ε^2 的影响，可得 $V_L=\pi Du_\varepsilon$，即只有边界收敛产生体积损失，而椭变和下沉或上浮都不产生体积损失。

图 5.6 所示为 Park（2004）提出的四种体积损失模式，其中，如果需要保持体积损失量恒定，则不同体积损失模式的参数 u_1、u_2、u_3、u_4 就需要满足所示的关系条件。如果采用式（5.17），则这四种体积损失模式的椭变系数和下沉系数依次是 $(\alpha_\delta,\alpha_v)=(0,0)$、$(0,1)$、$(1/3,4/3)$、$(3/7,6/7)$。

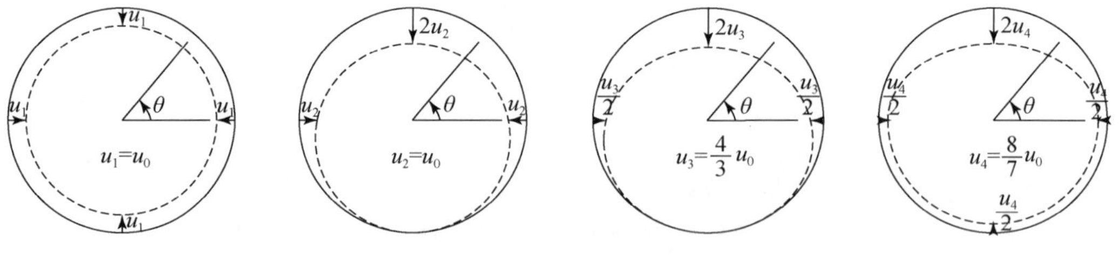

图 5.6　Park（2004）的四种（横向平面应变）体积损失模式

根据卡洛索夫-木斯海里斯维利（Kolosov-Muskhelishavili）方程（项彦勇，2014），把隧道体积损失所产生的地层位移表示为

$$u_x(z)+\mathrm{i}u_y(z)=\frac{1+\nu}{E}\left[(3-4\nu)\Phi(\zeta)-\frac{\omega(\zeta)}{\overline{\omega'(\zeta)}}\overline{\Phi'(\zeta)}-\overline{\Psi(\zeta)}\right] \tag{5.19}$$

式中，$\Phi(\zeta)$ 和 $\Psi(\zeta)$ 为两个待定的复势函数；E 和 ν 分别为地层的弹性模量和泊松比；$\mathrm{i}=\sqrt{-1}$为单位虚数；$z=x+\mathrm{i}y$ 为物理复平面；$\zeta=\xi+\mathrm{i}\eta=\rho\mathrm{e}^{\mathrm{i}\beta}$为（保角）变换复平面；（$\xi$，$\eta$）和（$\rho$，$\beta$）分别为变换复平面 ζ 的直角坐标和极坐标；$z=\omega(\zeta)$是把物理复平面 z 映射为变换复平面 ζ 的映射函数（图 5.7）

$$z=\omega(\zeta)=-\mathrm{i}\left(C+\frac{D}{2}\right)\frac{1-\kappa^2}{1+\kappa^2}\frac{1+\zeta}{1-\zeta} \tag{5.20}$$

式中，$\kappa=(h-\sqrt{h^2-a^2})/a$，$h=C+D/2$，$a=D/2$。

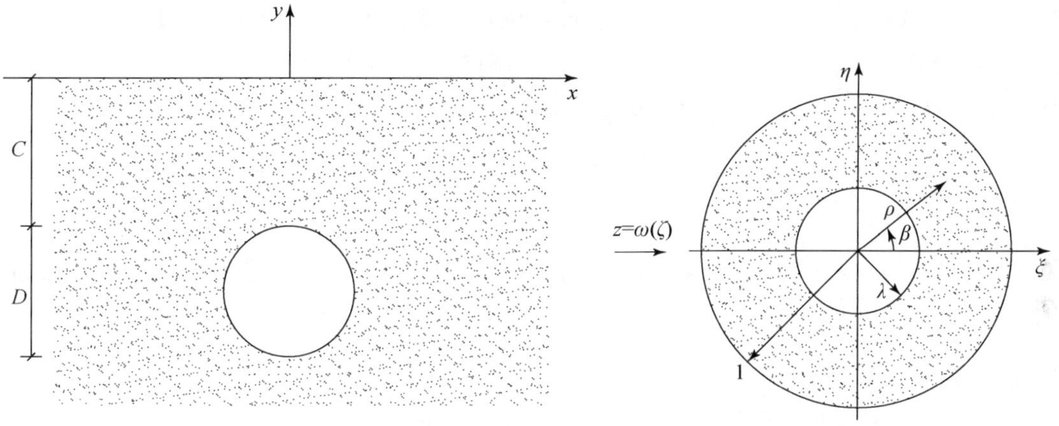

(a) 物理复平面z：浅埋隧道　　(b) 变换复平面ζ：圆环域

图 5.7　浅埋圆截面隧道半平面与圆环域平面之间的保角变换

把 $\Phi(\zeta)$和 $\Psi(\zeta)$表示为 Larent 级数，利用变换复平面 ζ 内圆环域的两个边界条件来确定 $\Phi(\zeta)$级数和 $\Psi(\zeta)$级数中的待定系数，一个是圆环域外边界 $|\zeta|=1$ 处的边界条件，与地表的零应力条件相对应，可以表示为

$$\left[\Phi(\zeta)+\frac{\omega(\zeta)}{\omega'(\zeta)}\overline{\Phi'(\zeta)}+\overline{\Psi(\zeta)}\right]_{\zeta=\mathrm{e}^{\mathrm{i}\beta}}=0 \tag{5.21}$$

另一个是圆环域内边界 $\rho=|\zeta|=\lambda$ 处的边界条件，与隧道边界的位移条件相对应，可以表示为

$$\frac{1+\nu}{E}\left[(3-4\nu)\Phi(\zeta)-\frac{\omega(\zeta)}{\omega'(\zeta)}\overline{\Phi'(\zeta)}-\overline{\Psi(\zeta)}\right]_{\zeta=\lambda\mathrm{e}^{\mathrm{i}\beta}}=u_\rho(\beta) \tag{5.22}$$

式中，$u_\rho(\beta)=[u_x(\omega(\zeta))+\mathrm{i}u_y(\omega(\zeta))]|_{\zeta=\lambda\mathrm{e}^{\mathrm{i}\beta}}$为已知函数。

利用式（5.17），并注意到关系式

$$\cos\theta=\frac{\mathrm{Re}(z)}{a}\bigg|_{|z+\mathrm{i}h|=a} \tag{5.23}$$

$$\sin\theta=\frac{h+\mathrm{Im}(z)}{a}\bigg|_{|z+\mathrm{i}h|=a} \tag{5.24}$$

即由 $u_r(\theta)$经过 $z=\omega(\zeta)$映射，可得

$$u_\rho(\beta)=-u_\varepsilon\frac{\mathrm{i}(\lambda-\mathrm{e}^{\mathrm{i}\beta})}{1-\lambda\mathrm{e}^{\mathrm{i}\beta}}\left\{1-\alpha_\delta\left[1+\frac{(1-\lambda^2)^2\,(\mathrm{e}^{\mathrm{i}\beta}-\mathrm{e}^{-\mathrm{i}\beta})^2}{2\,(1-\lambda\mathrm{e}^{\mathrm{i}\beta})^2\,(1-\lambda\mathrm{e}^{-\mathrm{i}\beta})^2}\right]+\alpha_\mathrm{v}\left[\frac{1+\lambda^2}{2\lambda}-\frac{(1-\lambda^2)^2}{2\lambda(1-\lambda\mathrm{e}^{\mathrm{i}\beta})(1-\lambda\mathrm{e}^{-\mathrm{i}\beta})}\right]\right\}\tag{5.25}$$

隧道支护压力集度 σ_t 的下界 $\sigma_{\mathrm{t\text{-}l}}$ 的定义与式（5.15）的形式相同，隧道超载系数 N 的上界 N_u 的定义与式（5.16）的形式相同，只需注意竖向坐标方向定义的不同，这里的竖向坐标 y 以向上为正。但是，此处不同的是，$\sigma_{\mathrm{t\text{-}l}}$ 和 N_u 都是隧道椭变系数 α_δ、隧道竖移系数 α_v、地层塑性位移间断线 S 地表点横坐标 $x=\pm l_x$ 的函数（注意，隧道边界收敛位移 u_ε 只影响位移的量值大小，不影响位移的分布形态），$\sigma_{\mathrm{t\text{-}l}}=\sigma_{\mathrm{t\text{-}l}}(\alpha_\delta,\ \alpha_\mathrm{v},\ l_x)$ $N_\mathrm{u}=N_\mathrm{u}(\alpha_\delta,\ \alpha_\mathrm{v},l_x)$。可以选取 α_δ、α_v、l_x 的初始值和增量值进行循环数值计算，求出使 $\sigma_{\mathrm{t\text{-}l}}$ 极大或 N_u 极小的 $\alpha_\delta=\alpha_\delta^*$、$\alpha_\mathrm{v}=\alpha_\mathrm{v}^*$、$l_x=l_x^*$，可得 σ_t 的下确界 $\sigma_{\mathrm{t\text{-}l\text{-}max}}$ 或 N 的上确界 $N_{\mathrm{u\text{-}min}}$，$\sigma_{\mathrm{t\text{-}l\text{-}max}}=\max\sigma_{\mathrm{t\text{-}l}}(\alpha_\delta,\alpha_\mathrm{v},l_x)=\inf\sigma_\mathrm{t}$，$N_{\mathrm{u\text{-}min}}=\min N_\mathrm{u}(\alpha_\delta,\alpha_\mathrm{v},l_x)=\sup N$。

5.3.2　验证

Song 和 Xiang（2019）采用有限元数值模拟的方式，以及与其他理论解和模型试验结果对比的方式，对上述解析连续上界极限分析方法的合理性进行了验证，如下所示。

1. 数值模拟验证

采用有限元软件 MIDAS GTS/NX，对隧道周边地层遵守屈瑞斯卡屈服准则在不同支护压力情况下的行为进行模拟。有限元网格如图 5.8 所示，其中，左右两侧为无侧移边界，底部为固定边界，地表为自由边界（无荷载）。

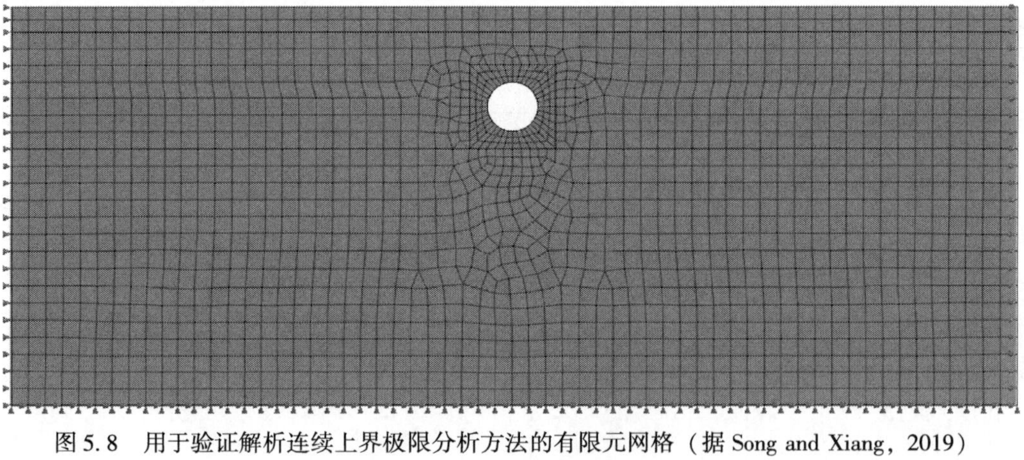

图 5.8　用于验证解析连续上界极限分析方法的有限元网格（据 Song and Xiang，2019）

解析连续上界极限分析得到的必要支护压力下确界为 $\sigma_{\mathrm{t\text{-}l\text{-}max}}=65.8\mathrm{kPa}$。在不同支护压力情况下，有限元数值模拟得到的地层最大剪应力分布（云图）如图 5.9 所示（地层的不排水抗剪强度为 34.8kPa）。其中，当隧道开挖边界无支护压力时，图 5.9（a）显示，周边地层出现塑性区（最大剪应力大于或等于不排水抗剪强度的地层区域）；当支护压力集度小于 $\sigma_{\mathrm{t\text{-}l\text{-}max}}=65.8\mathrm{kPa}$ 时，图 5.9（b）显示，地层仍出现部分塑性区；当支护压力集度等于 $\sigma_{t\text{-}l\text{-}max}=65.8\text{kPa}$ 时，图 5.9（c）显示，周边地层不出现塑性区。这样，有限元数值模拟的结果验证了上述解析连续上界极限分析法所得必要支护压力的合理性。

2. 与模型试验结果和其他理论解的对比

针对 Wu 和 Lee（2003）的离心模型试验的四种不同参数工况，分别采用解析连续上界极限分析法、Davis 等（1980）的 4 变量刚体上界极限分析法，计算隧道开挖的最不利超载系数，表 5.1 显示了这三种不同方法所得结果之间的对比。解析连续上界极限分析解与有限元上界极限分析解和 7 变量刚体上界极限分析（Sloan and Assadi，1993）之间的对比如表 5.2 所示。

(a) $\sigma_t=0$

(b) $\sigma_t<\sigma_{t\text{-}l\text{-}max}(\sigma_t=60\text{kPa})$

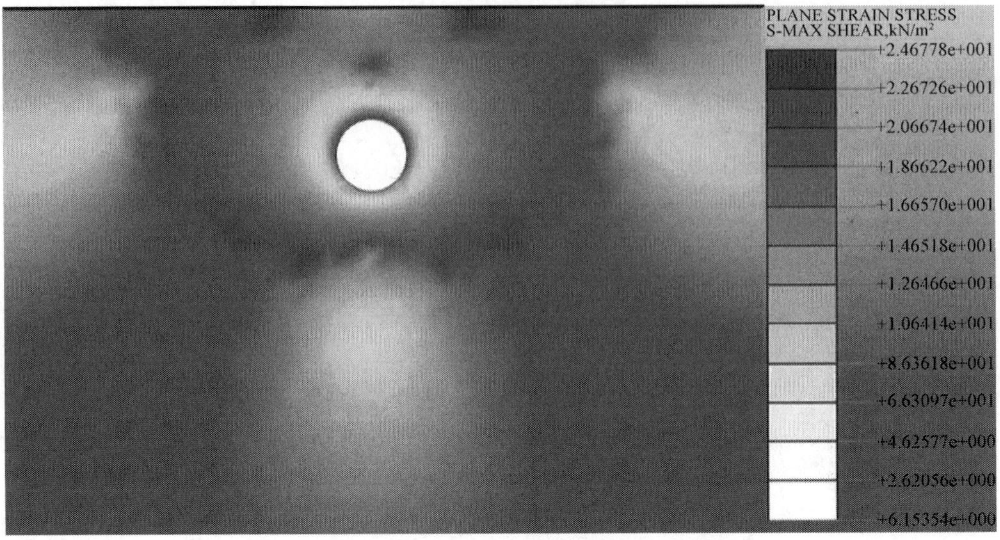

(c) $\sigma_t=\sigma_{t\text{-}1\text{-}max}(\sigma_t=65.8\text{kPa})$

图 5.9　地层在三种不同隧道支护压力情况下的塑性区（据 Song and Xiang，2019）

可见，解析连续上界极限分析法的结果与离心模型试验数据、有限元上界极限分析解、刚体上界极限分析解是一致的，并且它们之间相对差别也都在合理范围之内。

表 5.1　与离心模型试验结果和 4 变量刚体上界极限分析解的对比（据 Song and Xiang，2019）

$\frac{C}{D}$	s_u	$\frac{\gamma D}{s_u}$	临界稳定系数 $N_{u\text{-}min}$					
			(a)	(b)	(c)	(d)	(e)	(f)
1	36.90	2.93	3.51	3.40	3.48	3.2%	0.9%	2.4%
2	30.25	3.57	4.13	3.66	4.22	12.8%	2.1%	15.3%
3	33.30	3.24	4.98	4.37	5.37	14.0%	7.3%	22.9%
4	32.17	3.36	5.34	5.03	6.08	6.2%	12.2%	20.9%

注：(a) 解析连续上界极限分析解；(b) 离心模型试验数据（据 Wu and Lee，2003）；(c) 4 变量刚体上界极限分析解；(d) 解析连续上界极限分析解与离心模型试验数据的相对差别；(e) 连续上界极限分析解与 4 变量刚体上界极限分析解的相对差别；(f) 4 变量刚体上界极限分析解与离心模型试验数据的相对差别。

表 5.2　与有限元上界极限分析解和 7 变量刚体上界极限分析解的对比（据 Song and Xiang，2019）

$\frac{C}{D}$	$\frac{\gamma D}{s_u}$	临界稳定系数，$N_{u\text{-}min}$					
		(a)	(b)	(c)	(d)	(e)	(f)
1	0	2.31	2.27	2.55	1.8%	9.4%	12.3%
2	1	3.67	3.47	3.91	5.8%	6.1%	12.7%
3	2	4.39	4.05	4.80	8.4%	8.5%	18.5%
4	3	4.84	4.39	5.42	10.3%	10.7%	23.5%

注：(a) 解析连续上界极限分析解（取土体的不排水抗剪强度为 34.8kPa）；(b) 有限元上界极限分析解（据 Sloan and Assadi，1993）；(c) 7 变量刚体上界极限分析解（据 Sloan and Assadi，1993）；(d) 解析连续上界极限分析解与有限元上界极限分析解的相对差别；(e) 解析连续上界极限分析解与 7 变量刚体上界极限分析解的相对差别；(f) 7 变量刚体上界极限分析解与有限元上界极限分析解的相对差别。

5.3.3　关于横向最不利体积损失模式的计算分析

1. Xiang 和 Song（2017）的计算与结论

Xiang 和 Song（2017）考虑 Park（2004）提出的四种横向体积损失模式，保持体积损失量值恒定，采用表 5.3 所示的参数，得到了图 5.10 所示的计算结果，并据以指出，均匀收敛体积损失模式的隧道超载系数上确界值最小，$N_{u-min}=4.06$，因而在这四种体积损失模式中是最不利的。

表 5.3　针对 Park（2004）体积损失模式的计算参数（据 Xiang and Song，2017）

参数	C/m	D/m	E/Pa	ν	u_0/mm
值	9	6	10^7	0.5	15

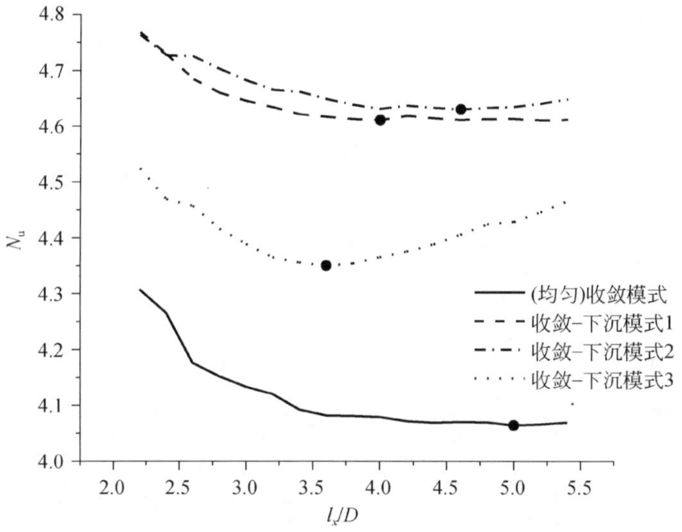

	l_x^*/D	N_{u-min}
(均匀)收敛模式	5.0	4.06
收敛-下沉模式1	4.0	4.61
收敛-下沉模式2	4.6	4.63
收敛-下沉模式3	3.6	4.35

图 5.10　基于 Park（2004）体积损失模式——隧道超载系数上界与塑性位移间断线地表点位置的变化曲线（据 Xiang and Song，2017）

实心圆点对应的是最不利的塑性位移间断线地表点位置和隧道超载系数的上确界；$\gamma D/c=3$

2. Song 和 Xiang（2019）的计算与结论

兼顾 Sagaseta（1998）的收敛-椭变-下沉复合体积损失模型和 Strack（2002）的上浮模型，保持体积损失量值恒定，采用如表 5.4 所示的参数，得到如图 5.11 ~ 图 5.16 所示的计算结果。

表 5.4　针对收敛-椭变-下沉/上浮复合体积损失模式的计算参数（据 Song and Xiang，2019）

参数	C/m	D/m	u_ε/mm	E/MPa	ν	γ/(kN/m^3)	c/kPa
值	9	6	30	10	0.5	17.4	34.8

图 5.11 与图 5.12 分别显示了在下沉系数分别为 $\alpha_v=0$ 与 $\alpha_v=0.4$ 的条件下，椭变系数 α_δ 对滑移线起点横坐标与超载系数上界关系 $l_x \sim N_u$ 曲线和超载系数上确界 N_{u-min} 及最不利滑移线起点横坐标 l_x^* 的影响；图 5.13 和图 5.14 分别对应地显示了 α_δ 对 l_x^* 的影响。可见，当 α_δ 较小时，N_{u-min} 较小，即稳定性较不利；当 $\alpha_\delta=0$ 时，l_x^* 最大，对应的塑性位移区面积也最大。

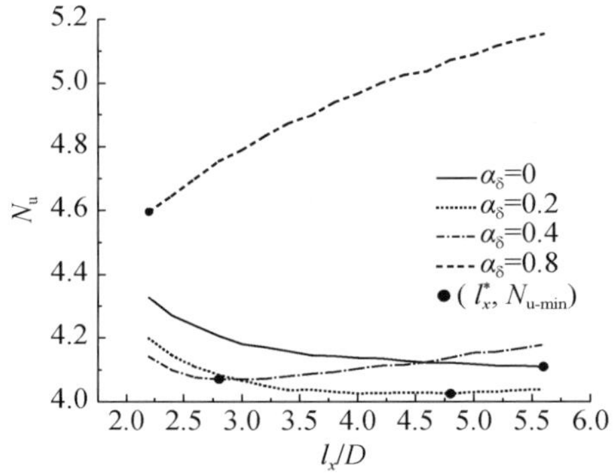

图 5.11　隧道下沉系数 $\alpha_v=0$ 时椭变系数 α_δ 对 $l_x \sim N_u$ 关系和 N_{u-min} 及 l_x^* 的影响（据 Song and Xiang，2019）

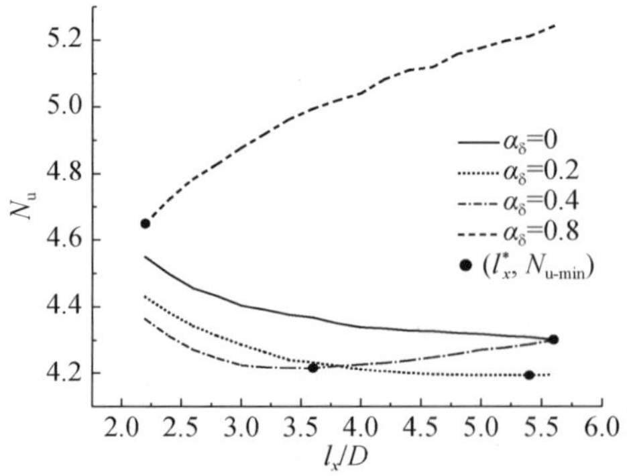

图 5.12　隧道下沉系数 $\alpha_v=0.4$ 时椭变系数 α_δ 对 $l_x \sim N_u$ 关系和 N_{u-min} 及 l_x^* 的影响（据 Song and Xiang，2019）

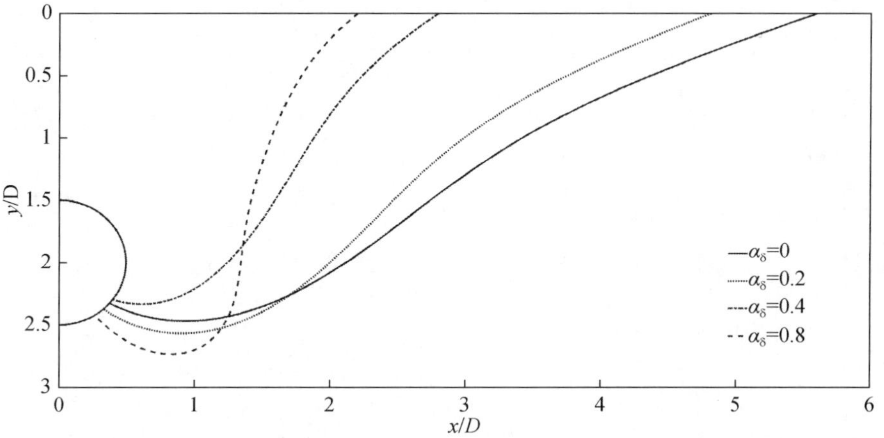

图 5.13　隧道下沉系数 $\alpha_v=0$ 时椭变系数 α_δ 对最不利滑移线位置的影响（据 Song and Xiang，2019）

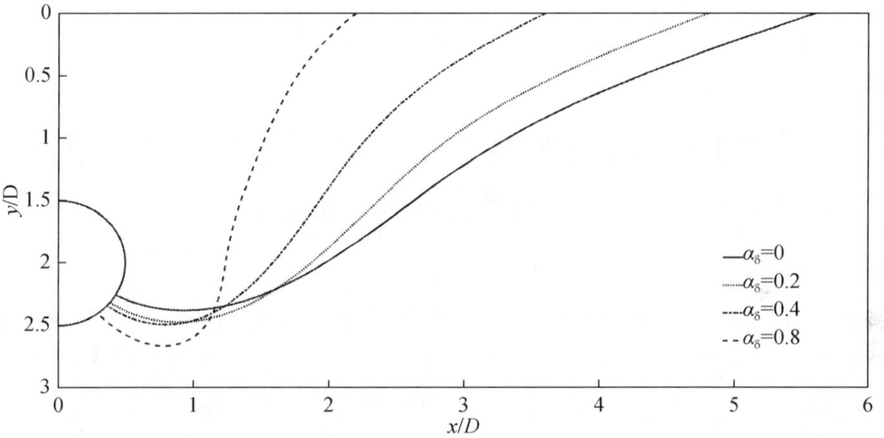

图 5.14　隧道下沉系数 $\alpha_v=0.4$ 时椭变系数 α_δ 对最不利滑移线位置的影响（据 Song and Xiang，2019）

图 5.15 显示了下沉系数 $\alpha_v\geqslant0$ 和椭变系数 α_δ 共同变化对超载系数上确界 N_{u-min} 的影响，其中，N_{u-min} 等值线图还标出了与 Park（2004）四种体积损失模式对应的（α_δ，α_v）值和 N_{u-min} 值，(a)、(b)、(c)、(d) 依次与图 5.6 中的四种体积损失模式相对应。可见，虽然最小的 $N_{u-min}=4.02$ 出现在 $(\alpha_\delta,\alpha_v)=(0.2,0)$，但与 $(\alpha_\delta,\alpha_v)=(0,0)$ 的 $N_{u-min}=4.06$ 差别不到 1%。

图 5.16 显示 $\alpha_v<0$ 和 α_δ 共同变化对 N_{u-min} 的影响。可见，虽然最小的 $N_{u-min}=3.84$ 出现在 $(\alpha_\delta,\alpha_v)=(0.2,-0.8)$，与 $(\alpha_\delta,\alpha_v)=(0,0)$ 的 $N_{u-min}=4.06$ 差别不到 6%。

据此可以断定，对于隧道的稳定性问题而言，椭变和下沉（或上浮）的影响很小，可以采用均匀收敛作为最不利体积损失模式，无需考虑其他复合模式。

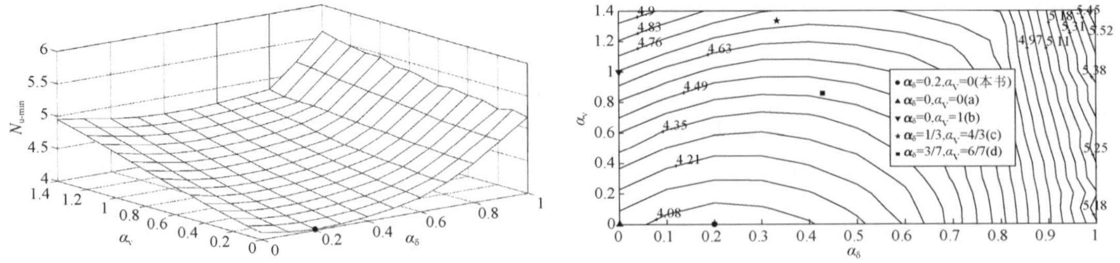

图 5.15　下沉系数 $\alpha_v \geq 0$ 和椭变系数 α_δ 对 N_{u-min} 的影响（据 Song and Xiang，2019）

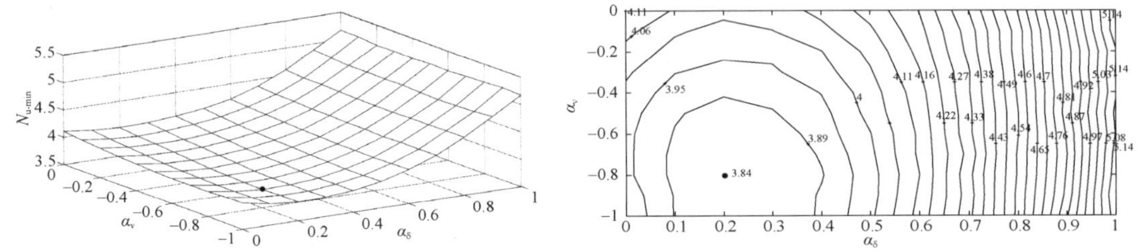

图 5.16　上浮系数 $\alpha_v < 0$ 和椭变系数 α_δ 对 N_{u-min} 的影响（据 Song and Xiang，2019）

5.4　黏性地层浅埋盾构隧道环垮塌位移速度模式的解析连续上界极限分析

对于黏性地层，Mollon 等（2013）考虑隧道开挖面的垮塌（挤入）与挤出，基于数值模拟的地层塑性区形状，提出环垮塌位移速度模式（称为 M1）和非对称垮塌位移速度模式（称为 M2），并采用数值法，由体积不可压缩条件，确定垂直于最大位移速度线的圆截面内各点的位移速度，进而根据上界定理求解支护压力的下界和上界。

Klar 和 Klein（2014）针对 Mollon 等（2013）提出的两种垮塌位移速度模式，通过求解体积不可压缩条件的微分方程，确定垂直于最大位移速度线的圆截面内各点的位移速度，进而采用环垮塌位移速度模式，利用有效塑性应变与体积损失的正比关系和基于屈瑞斯卡屈服准则的调动剪切强度函数，计算与开挖面垮塌相对应的体积损失。

5.4.1　环垮塌位移速度模式及有关推导

1. 环垮塌位移速度模式

对于如图 5.17 所示的环垮塌位移速度模式（$\widehat{FE}$为环面的轴线，也是最大位移速度线），在 $r\theta\beta$ 曲线坐标系下，位移速度的分布形式可以表示为

$$v_\beta = v_\beta(r, \beta) = v_{\beta m}\left(1 - \frac{r^2}{R_\beta^2}\right) = \frac{R_i^2(R_\beta^2 - r^2)}{R_\beta^4} \tag{5.26a}$$

$$v_r = v_r(r,\theta,\beta) = \frac{4r(R_f - R_i)R_i^2(R_\beta^2 - r^2)}{\pi R_\beta^5 (R_f - r\cos\theta)} \tag{5.26b}$$

$$v_\theta = 0 \tag{5.26c}$$

式中，β 为环任意（与环面轴线正交）圆截面 Π_β 相对于开挖面的转角（$0 \leqslant \beta \leqslant \pi/2$）；$r$ 和 θ 分别为 Π_β 内极坐标系的径向坐标和角坐标；R_i 为开挖面 Π_0（垮塌区底端圆截面）的半径，$R_i = D/2$；R_f 为地表面 $\Pi_{\pi/2}$（垮塌区顶端圆截面）的半径（等于环面轴线相对于 xyz 坐标原点的半径），$R_f = C + D/2$；R_β 为 Π_β 的半径，$R_\beta = R(\beta) = R_i + [2\beta(R_f - R_i)/\pi]$；$v_\beta$ 为沿 β 坐标轴反方向的位移速度（无量纲）函数，与 r 和 β 有关（在 Π_β 上呈二次抛物面形状），与 θ 无关；$v_{\beta m} = v_{\beta m}(\beta) = R_i^2/R_\beta^2$ 为轴向最大位移速度（无量纲）函数，以保证通过所有 Π_β 的位移速度通量都是相同的，是 β 的函数，与 r 和 θ 无关；v_r 为沿 r 坐标轴反方向的位移速度（无量纲）函数，是 r、θ、β 的函数；v_θ 为沿 θ 坐标轴反方向的位移速度（无量纲）函数，因为对称性，恒等于零。

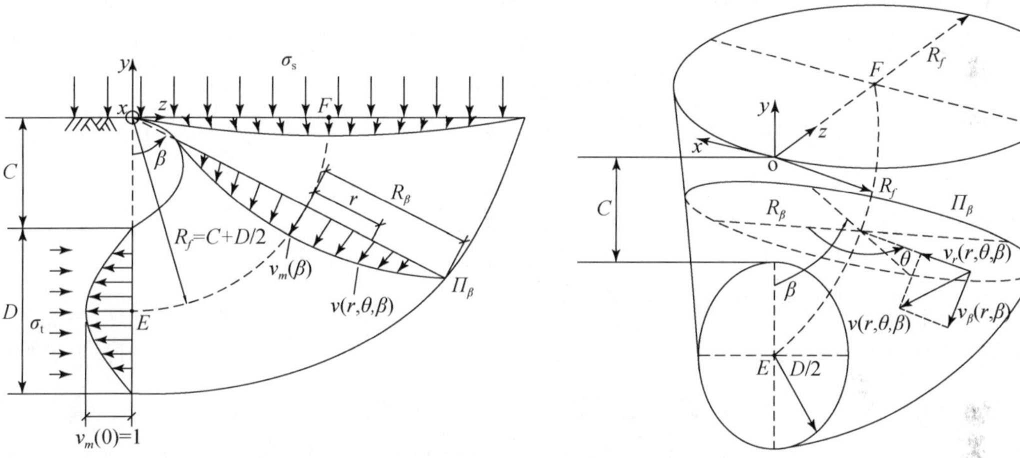

图 5.17　黏性地层浅埋盾构隧道的环垮塌位移速度模式（据 Mollon *et al.*，2013）

由 $r\theta\beta$ 曲线坐标系到 xyz 直角坐标系的变换关系为

$$x = -r\sin\theta \tag{5.27a}$$

$$y = -(R_f - r\cos\theta)\cos\beta \tag{5.27b}$$

$$z = (R_f - r\cos\theta)\sin\beta \tag{5.27c}$$

由 xyz 直角坐标系到 $r\theta\beta$ 曲线坐标系的变换关系为

$$r = \sqrt{x^2 + \left(\sqrt{y^2+z^2} - R_f\right)^2} \tag{5.28a}$$

$$\theta = \arccos\left[\frac{R_f - \sqrt{y^2+z^2}}{\sqrt{x^2 + \left(\sqrt{y^2+z^2} - R_f\right)^2}}\right] \tag{5.28b}$$

$$\beta = \arcsin\frac{z}{\sqrt{y^2+z^2}} \tag{5.28c}$$

利用 $r\theta\beta$ 曲线坐标系与 xyz 直角坐标系之间的变换关系，可得位移速度在 xyz 直角坐标系下的表达式

$$v_x=v_x(x,y,z)=\frac{4R_i^2x(R_f-R_i)(B^2-A)}{\pi B^5\sqrt{y^2+z^2}} \tag{5.29a}$$

$$v_y=v_y(x,y,z)=\frac{4R_i^2y(R_f-R_i)(R_f-\sqrt{y^2+z^2})(B^2-A)}{\pi B^5(y^2+z^2)}-\frac{2R_i^2z(B^2-A)}{B^4\sqrt{y^2+z^2}} \tag{5.29b}$$

$$v_z=v_z(x,y,z)=\frac{4R_i^2z(R_f-R_i)(R_f-\sqrt{y^2+z^2})(B^2-A)}{\pi B^5(y^2+z^2)}+\frac{2R_i^2y(B^2-A)}{B^4\sqrt{y^2+z^2}} \tag{5.29c}$$

式中，v_x、v_y、v_z 分别为沿 x 坐标轴正方向、y 坐标轴正方向、z 坐标轴正方向的位移速度；$A=x^2+(R_f-\sqrt{y^2+z^2})^2$；$B=R_i+[2(R_f-R_i)/\pi]\arcsin(z/\sqrt{y^2+z^2})$。

2. 位移速度（无量纲）函数 $v_r(\beta,r,\theta)$ 的推导

式（5.26a）表示的 $v_\beta(r,\beta)$ 是由 Mollon 等（2013）提出的。式（5.26b）表示的 $v_r(r,\theta,\beta)$ 是由 Klar 和 Klein（2014）利用式（5.26a），以及边界条件 $v_r|_{r=R_\beta}=0$，通过求解体积不可压缩微分方程得到的，有关的推导过程如下所述。

应变速率张量与位移速度向量之间的关系，称为几何方程，在 xyz 直角坐标系下，可以表示为

$$\dot{\boldsymbol{\varepsilon}}=\frac{1}{2}\left[\frac{\partial \boldsymbol{v}}{\partial \boldsymbol{x}}+\left(\frac{\partial \boldsymbol{v}}{\partial \boldsymbol{x}}\right)^{\mathrm{T}}\right] \tag{5.30}$$

式中，$\boldsymbol{x}$ 为 xyz 直角坐标系下的位置向量，$\boldsymbol{x}=(x_1,x_2,x_3)^{\mathrm{T}}=(x,y,z)^{\mathrm{T}}$；$\boldsymbol{v}$ 为 xyz 直角坐标系下的位移速度向量，$\boldsymbol{v}=(v_1,v_2,v_3)^{\mathrm{T}}=(v_x,v_y,v_z)^{\mathrm{T}}$；$\partial\boldsymbol{v}/\partial\boldsymbol{x}$ 为 xyz 直角坐标系下位移速度的梯度，$\partial\boldsymbol{v}/\partial\boldsymbol{x}=[\partial v_i/\partial x_j]$；$\dot{\boldsymbol{\varepsilon}}$ 为 xyz 直角坐标系下的应变速率张量，$\dot{\boldsymbol{\varepsilon}}=[\dot{\varepsilon}_{ij}]=\dot{\varepsilon}_{ij}(\boldsymbol{e}_i\otimes\boldsymbol{e}_j)$；下标 i=1、2、3，下标 j=1、2、3；$\boldsymbol{e}_1$、$\boldsymbol{e}_2$、$\boldsymbol{e}_3$ 分别为 xyz 直角坐标系中的 x 向、y 向、z 向单位基向量，$\boldsymbol{e}_1=(1,0,0)^{\mathrm{T}}$，$\boldsymbol{e}_2=(0,1,0)^{\mathrm{T}}$，$\boldsymbol{e}_3=(0,0,1)^{\mathrm{T}}$；上标 T 为转置运算；"⊗"为张量积运算。

位移速度向量由 $r\theta\beta$ 曲线坐标系到 xyz 坐直角坐标系的变换关系为

$$v=\widetilde{v_i}\boldsymbol{g}_i=v_r\boldsymbol{g}_r+v_\theta\boldsymbol{g}_\theta+v_\beta\boldsymbol{g}_\beta \tag{5.31}$$

对应的位移速度分量表达形式为

$$v_x=-v_r\sin\theta-v_\theta\cos\theta \tag{5.32a}$$

$$v_y=v_r\cos\beta\cos\theta-v_\theta\cos\beta\sin\theta+v_\beta\sin\beta \tag{5.32b}$$

$$v_z=-v_r\sin\beta\cos\theta+v_\theta\sin\beta\sin\theta+v_\beta\cos\beta \tag{5.32c}$$

式中，$\widetilde{v_i}$ 为 $\tilde{\boldsymbol{v}}$ 的 i 向分量，$\tilde{\boldsymbol{v}}$ 为 $r\theta\beta$ 曲线坐标系下的位移速度向量，$\tilde{\boldsymbol{v}}=(\widetilde{v_1},\widetilde{v_2},\widetilde{v_3})^{\mathrm{T}}=(v_r,v_\theta,v_\beta)^{\mathrm{T}}$；$\boldsymbol{g}_i$ 为 $r\theta\beta$ 曲线坐标系中的 i 向协变单位基向量；下标 i=1、2、3，分别代表 r、θ、β；其他符号定义同前。

根据定义，$r\theta\beta$ 曲线坐标系中的 r 向、θ 向、β 向协变单位基向量依次为

$$\boldsymbol{g}_r=\frac{\boldsymbol{s}_r}{|\boldsymbol{s}_r|}=-\sin\theta\boldsymbol{e}_1+\cos\theta\cos\beta\boldsymbol{e}_2-\cos\theta\sin\beta\boldsymbol{e}_3 \tag{5.33a}$$

$$\boldsymbol{g}_\theta=\frac{\boldsymbol{s}_\theta}{|\boldsymbol{s}_\theta|}=-\cos\theta\boldsymbol{e}_1-\sin\theta\cos\beta\boldsymbol{e}_2+\sin\theta\sin\beta\boldsymbol{e}_3 \tag{5.33b}$$

$$\boldsymbol{g}_\beta=\frac{\boldsymbol{s}_\beta}{|\boldsymbol{s}_\beta|}=0\boldsymbol{e}_1+\sin\beta\boldsymbol{e}_2+\cos\beta\boldsymbol{e}_3 \tag{5.33c}$$

式中

$$\boldsymbol{s}_r=\frac{\partial\boldsymbol{x}}{\partial r}=\frac{\partial x_i}{\partial r}\boldsymbol{e}_i=-\sin\theta\boldsymbol{e}_1+\cos\theta\cos\beta\boldsymbol{e}_2-\cos\theta\sin\beta\boldsymbol{e}_3 \tag{5.34a}$$

$$\boldsymbol{s}_\theta=\frac{\partial\boldsymbol{x}}{\partial\theta}=\frac{\partial x_i}{\partial\theta}\boldsymbol{e}_i=-r\cos\theta\boldsymbol{e}_1-r\sin\theta\cos\beta\boldsymbol{e}_2+r\sin\theta\sin\beta\boldsymbol{e}_3 \tag{5.34b}$$

$$\boldsymbol{s}_\beta=\frac{\partial\boldsymbol{x}}{\partial\beta}=\frac{\partial x_i}{\partial\beta}\boldsymbol{e}_i=0\boldsymbol{e}_1+(R_f-r\cos\theta)\sin\beta\boldsymbol{e}_2+(R_f-r\cos\theta)\cos\beta\boldsymbol{e}_3 \tag{5.34c}$$

分别为 $r\theta\beta$ 曲线坐标系中的 r 向、θ 向、β 向协变基向量；$|\boldsymbol{s}_r|=1$、$|\boldsymbol{s}_\theta|=r$、$|\boldsymbol{s}_\beta|=R_f-r\cos\theta$ 分别为 $\boldsymbol{s}_r$ 的模、$\boldsymbol{s}_\theta$ 的模、$\boldsymbol{s}_\beta$ 的模；其他符号定义同前。

位移速度向量在 xyz 坐直角坐标系中的梯度可以表示为

$$\begin{aligned}\frac{\partial\boldsymbol{v}}{\partial\boldsymbol{x}}&=\frac{\partial\boldsymbol{v}}{\partial x_i}\otimes\boldsymbol{e}_i\\&=\frac{\partial\boldsymbol{v}}{\partial\alpha_j}\otimes\frac{\partial\alpha_j}{\partial x_i}\boldsymbol{e}_i\\&=\frac{\partial(\tilde{v}_i\boldsymbol{g}_i)}{\partial\alpha_j}\otimes\bar{\boldsymbol{s}}_j\\&=\frac{\partial\tilde{\boldsymbol{v}}_i}{\partial\alpha_j}\boldsymbol{g}_i\otimes\bar{\boldsymbol{s}}_j+\tilde{\boldsymbol{v}}_i\frac{\partial\boldsymbol{g}_i}{\partial\alpha_j}\otimes\bar{\boldsymbol{s}}_j\end{aligned} \tag{5.35}$$

式中，α_j，下标 $j=1$、2、3，分别代表 r、θ、β；$\bar{\boldsymbol{s}}_j$ 为 $r\theta\beta$ 曲线坐标系中的 j 向逆变基向量，其 r 向、θ 向、β 向分量分别为

$$\bar{\boldsymbol{s}}_r=\frac{\partial r}{\partial x_i}\boldsymbol{e}_i \tag{5.36a}$$

$$\bar{\boldsymbol{s}}_\theta=\frac{\partial\theta}{\partial x_i}\boldsymbol{e}_i \tag{5.36b}$$

$$\bar{\boldsymbol{s}}_\beta=\frac{\partial\beta}{\partial x_i}\boldsymbol{e}_i \tag{5.36c}$$

其他符号定义同前。

把式（5.35）代入式（5.30），可得以 r、θ、β 表示的 xyz 直角坐标系下的应变速率张量 $\dot{\boldsymbol{\varepsilon}}$；经过坐标变换，可得 $r\theta\beta$ 曲线坐标系下的应变速率张量

$$\dot{\tilde{\boldsymbol{\varepsilon}}}=[\widetilde{\dot{\varepsilon}_{ij}}]=\begin{bmatrix}\dot{\varepsilon}_{rr} & \dot{\varepsilon}_{r\theta} & \dot{\varepsilon}_{r\beta}\\ \dot{\varepsilon}_{\theta r} & \dot{\varepsilon}_{\theta\theta} & \dot{\varepsilon}_{\theta\beta}\\ \dot{\varepsilon}_{\beta r} & \dot{\varepsilon}_{\beta\theta} & \dot{\varepsilon}_{\beta\beta}\end{bmatrix} \tag{5.37}$$

$$=\dot{\boldsymbol{\varepsilon}}:(\boldsymbol{g}_i\otimes\boldsymbol{g}_j)$$

$$=\dot{\varepsilon}_{kl}(\boldsymbol{e}_k\otimes\boldsymbol{e}_l):(\boldsymbol{g}_i\otimes\boldsymbol{g}_j)$$

$$=\dot{\varepsilon}_{kl}(\boldsymbol{e}_k\cdot\boldsymbol{g}_i)(\boldsymbol{e}_l\cdot\boldsymbol{g}_j)$$

其中的各个应变速率分量的一般表达式为

$$\dot{\varepsilon}_{rr}=\frac{\partial v_r}{\partial\theta} \tag{5.38a}$$

$$\dot{\varepsilon}_{r\theta}=\dot{\varepsilon}_{\theta r}=\frac{1}{2r}\left(\frac{\partial v_r}{\partial\theta}+r\frac{\partial v_\theta}{\partial r}-v_\theta\right) \tag{5.38b}$$

$$\dot{\varepsilon}_{r\beta}=\dot{\varepsilon}_{\beta r}=\frac{1}{2(R_f-r\cos\theta)}\left[v_\beta\cos\theta+\frac{\partial v_r}{\partial\beta}+(R_f-r\cos\theta)\frac{\partial v_\beta}{\partial r}\right] \tag{5.38c}$$

$$\dot{\varepsilon}_{\theta\theta}=\frac{1}{r}\left(v_r+\frac{\partial v_\theta}{\partial\theta}\right) \tag{5.38d}$$

$$\dot{\varepsilon}_{\theta\beta}=\dot{\varepsilon}_{\beta\theta}=\frac{1}{2r(R_f-r\cos\theta)}\left[r\frac{\partial v_\theta}{\partial\beta}-v_\beta r\sin\theta+(R_f-r\cos\theta)\frac{\partial v_\beta}{\partial\theta}\right] \tag{5.38e}$$

$$\dot{\varepsilon}_{\beta\beta}=\frac{1}{R_f-r\cos\theta}\left(v_\theta\sin\theta-v_r\cos\theta+\frac{\partial v_\beta}{\partial\beta}\right) \tag{5.38f}$$

式中，“:”为双点积，其他符号定义同前。由于 $v_\theta=0$，这些应变速率分量一般表达式中的很多项都等于零。

于是，在 $r\theta\beta$ 曲线坐标系下，根据体积不可压缩条件，体积应变速率 $\dot{\varepsilon}_{\beta\beta}+\dot{\varepsilon}_{rr}+\dot{\varepsilon}_{\theta\theta}=0$，可得微分方程

$$r(R_f-r\cos\theta)\frac{\partial v_r}{\partial r}+(R_f-2r\cos\theta)v_r+r\frac{\partial v_\beta}{\partial\beta}=0 \tag{5.39}$$

其中的 v_β 由式（5.26a）给定，积分并利用边界条件

$$v_r\big|_{r=R_\beta}=0 \tag{5.40}$$

可得 v_r 的解，即为式（5.26b）。

5.4.2　非对称垮塌位移速度模式

对于如图 5.18 所示的非对称垮塌位移速度模式（$\widehat{FE}$为最大位移速度线），在 $r\theta\beta$ 曲线坐标系下，位移速度可以表示为

$$
\begin{aligned}
v_\beta &= v_\beta(r,\theta,\beta) \\
&= v_{\beta m}\left[1-\frac{r^2}{r_m^2(\theta,\beta)}\right] \\
&= \frac{2(D+2L)^2\pi^2}{[(D+2L)(\pi-2\beta)+4R_f\beta]^2}\left(1-\frac{r^2}{r_m^2(\theta,\beta)}\right)
\end{aligned} \tag{5.41a}
$$

$$
\begin{aligned}
v_r &= v_r(r,\theta,\beta) \\
&= \frac{8(1+2\bar{L})^2\bar{r}\bar{C}}{\pi(1-2\bar{L})^2(1+2\bar{L}+4\bar{C}\beta/\pi)^5(\bar{R}_f-\bar{r}\cos\theta]}(F_1-4\bar{r}^2F_2)
\end{aligned} \tag{5.41b}
$$

$$
v_\theta = 0 \tag{5.41c}
$$

式中，$\bar{L}=L/D$；$\bar{C}=C/D$；$\bar{r}=r/D$；$F_1=(1-2\bar{L})^2(1+2\bar{L}+4\bar{C}\beta/\pi)^2$；$F_2=1-4\bar{L}[(1-4\bar{L}^2\sin^2\theta)^{1/2}\cos\theta-\bar{L}\cos2\theta]$；$\beta$ 为任意（与最大位移速度线$\widehat{FE}$正交）圆截面 Π_β 相对于开挖面的转角（$0\leqslant\beta\leqslant\pi/2$）；$r$ 和 θ 分别为任意圆截面 Π_β 内极坐标系的径向坐标和角坐标；L 为垮塌区底端圆截面（开挖面）Π_0 中点至最大位移速度线的距离；R_i 为垮塌区底端圆截面（开挖面）Π_0 顶点至最大位移速度线的距离；R_f 为垮塌区顶端最大位移速度线至圆截面（地表面）$\Pi_{\pi/2}$ 边界的最大距离；R_β 为任意圆截面 Π_β 的半径；$r_m(\theta,\beta)$ 为任意圆截面 Π_β 上最大位移速度点（最大位移速度线的交点）沿 θ 方向至边界的最大距离，如图 5.19 所示；v_β 为沿 β 坐标轴反方向的位移速度（无量纲）函数；$v_{\beta m}=v_{\beta m}(\beta)$ 为最大位移速度（无量纲）函数，以保证通过任意圆截面 Π_β 的位移速度通量都是相同的；v_r 为沿 r 坐标轴反方向的位移速度（无量纲）函数；v_θ 为沿 θ 坐标轴反方向的位移速度（无量纲）函数，因为对称性，恒等于零。

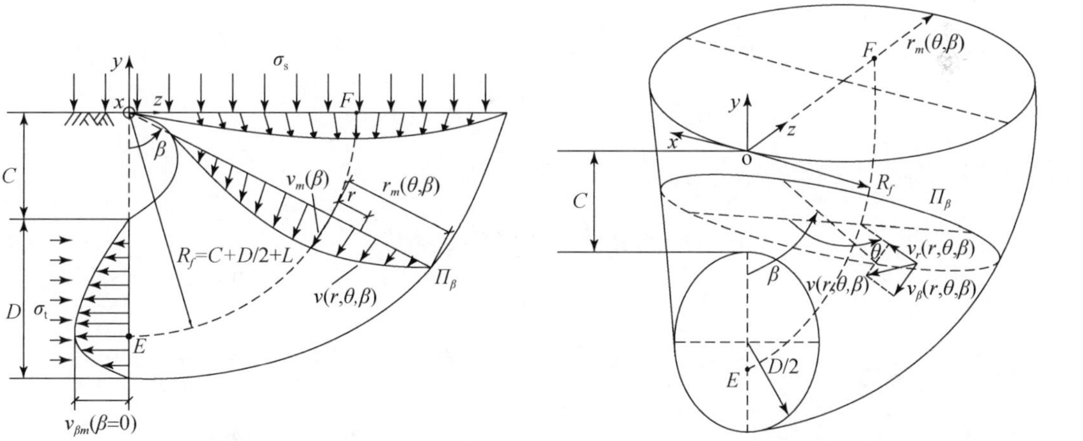

图 5.18　黏性地层浅埋盾构隧道的非对称垮塌位移速度模式（据 Mollon *et al.*，2013）

根据定义，可以写出下面的几何关系式：

$$
R_i = \frac{D}{2}+L \tag{5.42}
$$

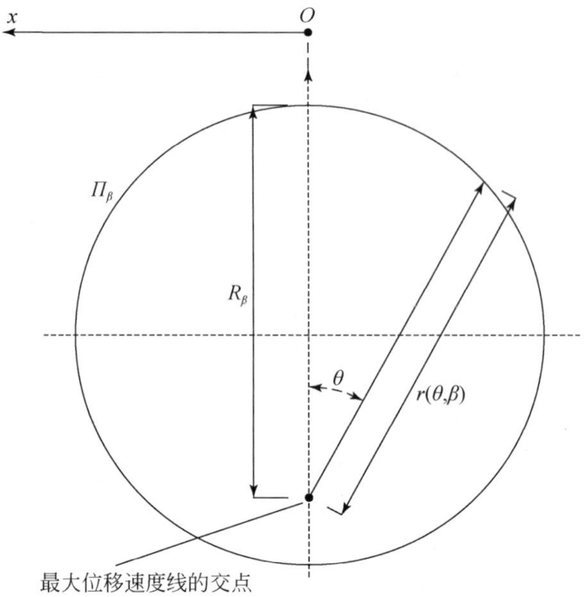

图 5.19　$r_m(\theta,\beta)$的几何意义（据 Mollon *et al.*，2013）

$$R_f = C + \frac{D}{2} + L \tag{5.43}$$

$$R_\beta = R(\beta) = R_i + \frac{2\beta(R_f - R_i)}{\pi} \tag{5.44}$$

$$r_m(\theta,\beta) = r_m(\theta,\beta=0)\frac{R_\beta}{R_i} \tag{5.45}$$

利用开挖面上的几何关系，可以写出

$$r_m(\theta,\beta=0)\cos\theta = L + \sqrt{\frac{D^2}{4} - r_m^2(\theta,\beta=0)\sin^2\theta} \tag{5.46}$$

求解可得

$$r_m(\theta,\beta=0) = \frac{2L\cos\theta + \sqrt{D^2 - 2L^2 + 2L^2\cos 2\theta}}{2} \tag{5.47}$$

于是

$$r_m(\theta,\beta) = \frac{[(D+2L)\pi - 2\beta(D+2L-2R_f)](2L\cos\theta + \sqrt{D^2 - 2L^2 + 2L^2\cos 2\theta})}{2(D+2L)\pi} \tag{5.48}$$

式（5.41a）表示的$v_\beta(r,\theta,\beta)$是由 Mollon 等（2013）提出的，容易验证：

$$\begin{aligned}\int_{\Pi_\beta} v_\beta(r,\theta,\beta)\,\mathrm{d}\Pi_\beta &= \int_{\Pi_\beta} v_{\beta m}\left[1 - \frac{r^2}{r_m^2(\theta,\beta)}\right]\mathrm{d}\Pi_\beta \\ &= \int_0^{2\pi}\int_0^{r_m(\theta,\beta)} v_{\beta m}\left[1 - \frac{r^2}{r_m^2(\theta,\beta)}\right] r\,\mathrm{d}r\,\mathrm{d}\theta = \frac{\pi D^2}{4}\end{aligned} \tag{5.49}$$

即通过任意圆截面 Π_β 的位移速度通量为常数 $\pi D^2/4$。

式（5.41b）表示的 $v_r(r,\theta,\beta)$ 是由 Klar 和 Klein（2014）利用式（5.41a），以及边界条件 $v_r(r,\theta,\beta)\big|_{r=r_m(\theta,\beta)}=0$，通过求解体积不可压缩微分方程（5.39）得到的。

显然，当任意圆截面 Π_β 的最大位移速度点都处于圆心时，退化为环垮塌位移速度模式。

另外，如果设 v_β 为沿 β 坐标轴正方向的位移速度（无量纲）函数，v_r 为沿 r 坐标轴正方向的位移速度（无量纲）函数，即把上述非对称垮塌位移速度模式（及环垮塌位移速度模式）中位移速度方向进行反转，则得非对称挤出位移速度模式（及环挤出位移速度模式），并可以根据上界定理，计算维持隧道开挖面稳定的容许支护压力集度及其上确界（最小容许支护压力集度）。

5.4.3　连续上界极限分析与体积损失预测

1. 连续上界极限分析

Mollon 等（2013）利用上界定理，针对上面所述环垮塌位移速度模式和非对称垮塌位移速度模式，计算维持隧道开挖面稳定的必要支护压力集度；针对相应的环挤出位移速度模式和非对称挤出位移速度模式，计算维持隧道开挖面稳定的容许支护压力集度。

根据上界定理式（2.58），并利用地层（屈瑞斯卡材料）在一般应力状态下的单位体积塑性能耗速率函数式（2.65），可以把维持隧道稳定的临界条件表示为

$$\int_{A_s}\sigma_s v_{-y}\,\mathrm{d}A_s-\int_{A_t}\sigma_t v_{-z}\,\mathrm{d}A_t+\int_V \gamma v_{-y}\,\mathrm{d}V=\int_V 2c\,|\dot{\varepsilon}_1|\,\mathrm{d}V \tag{5.50}$$

式中，左端三项从左向右依次为地表荷载、隧道支护压力、地层重力的塑性功率；右端为地层在平面应变条件下的塑性能耗速率；γ 和 c 分别为黏性地层的重度和不排水抗剪强度；σ_s 为地表均布荷载集度；σ_t 为隧道径向均布支护压力集度；$v_{-y}=-v_y$ 为地层沿 y 轴反方向的塑性位移速度；$v_{-z}=-v_z$ 为地层沿 z 轴反方向的塑性位移速度；$\dot{\varepsilon}_1$ 为第一塑性主应变速率；A_s 为环垮塌区的地表面积；A_t 为隧道开挖面积；V 为环垮塌区的体积。

于是，由式（5.50），针对环垮塌位移速度模式和非对称垮塌位移速度模式，可得维持隧道开挖面稳定的必要支护压力集度为

$$\sigma_{t\text{-}l}=\gamma DN_\gamma+\sigma_s N_s-cN_c \tag{5.51}$$

针对相应的环挤出位移速度模式和非对称挤出位移速度模式，可得维持隧道开挖面稳定的容许支护压力集度为

$$\sigma_{t\text{-}u}=\gamma DN_\gamma+\sigma_s N_s+cN_c \tag{5.52}$$

式中

$$N_\gamma=\frac{\int_V v_{-y}\,\mathrm{d}V}{D\int_{A_t} v_{-z}\,\mathrm{d}A_t} \tag{5.53}$$

$$N_s = \frac{\int_{A_s} v_{-y} \mathrm{d}A_s}{\int_{A_t} v_{-z} \mathrm{d}A_t} \tag{5.54}$$

$$N_c = \frac{\int_V 2\dot{\varepsilon}_{\max} \mathrm{d}V}{\int_{A_t} v_{-z} \mathrm{d}A_t} \tag{5.55}$$

分别为重力影响系数、地表荷载影响系数和黏聚力影响系数，无量纲。

注意，这里的垮塌机制或挤出机制是完全设定的，不包含待定参数，因此，不存在优化求解支护压力集度下确界和上确界的问题。

对于黏性地层的垮塌极限稳定问题，定义隧道超载系数为

$$N=\frac{\sigma_s+\gamma[C+(D/2)]-\sigma_{t-1}}{c} \tag{5.56}$$

则有

$$N_\gamma=\frac{C}{D}+\frac{1}{2} \tag{5.57}$$

$$N_s=1 \tag{5.58}$$

$$N_c=N \tag{5.59}$$

分别表明，必要支护压力集度的重力影响系数与垮塌机制无关（仅与隧道埋深和直径有关），地表荷载影响系数为单位常数（屈瑞斯卡材料的塑性体积应变为零，隧道开挖面垮塌时，隧道体积损失与地表沉降槽体积相等），黏聚力影响系数就是隧道超载系数。

2. 体积损失预测

Klar 和 Klein（2014）把上面所述环垮塌位移速度模式和非对称垮塌位移速度模式，即 Mollon 等（2013）的 M1 垮塌模式和 M2 垮塌模式，在给定隧道开挖面体积损失的条件下，与黏性地层的派克位移模式进行了对比，发现 M1 垮塌模式的地表最大沉降比派克位移模式的地表最大沉降仅高出 6%，而 M2 垮塌模式则高出 70% 之多。因此，Klar 和 Klein（2014）采用环垮塌位移速度模式，考虑（不排水）黏土地层的应变硬化，计算与开挖面垮塌相对应的体积损失。

根据上界定理式（2.58），并利用屈瑞斯卡材料在一般应力状态下的单位体积塑性能耗速率函数式（2.65），可以把维持盾构隧道稳定的临界条件表示为

$$\int_{A_s} \sigma_s \delta u_{-y} \mathrm{d}A_s - \int_{A_t} \sigma_t \delta u_{-z} \mathrm{d}A_t + \int_V \gamma \delta u_{-y} \mathrm{d}V = \int_V 2 s_{\mathrm{mob}} \left| \delta \varepsilon_1 \right| \mathrm{d}V \tag{5.60}$$

式中，$\delta u_{-y} \triangleq v_{-y}$ 为隧道开挖面推进单位距离时地层沿 y 轴反方向位移的增量，由式（5.29b）给出；$\delta u_{-z} \triangleq v_{-z}$ 为隧道开挖面推进单位距离时地层沿 z 轴反方向位移的增量，由式（5.29c）给出；$\delta\varepsilon_1 \triangleq \dot{\varepsilon}_1$ 为隧道开挖面推进单位距离时地层第一塑性主应变的增量；s_{mob} 为地层的调动剪切强度；符号 $\triangleq$ 代表用右端替换左端；其他符号定义同前。

利用地层的体积不可压缩条件，可得

$$\int_{A_s} \delta u_{-y} \mathrm{d}A_s = \int_{A_t} \delta u_{-z} \mathrm{d}A_t \tag{5.61}$$

$$\int_{A_s} \sigma_s \delta u_{-y} \mathrm{d}A_s - \int_{A_t} \sigma_t \delta u_{-z} \mathrm{d}A_t = \omega \frac{\pi D^2}{4}(\sigma_s - \sigma_t) \tag{5.62}$$

$$\int_V \gamma \delta u_{-y} \mathrm{d}V = \omega\gamma\left(C + \frac{D}{2}\right)\frac{\pi D^2}{4} \tag{5.63}$$

于是，式（5.60）可以写成

$$\frac{\pi D^2}{4}\left[\sigma_s - \sigma_t + \gamma\left(C + \frac{D}{2}\right)\right] - \int_V 2s_{\mathrm{mob}}(\omega\varepsilon_{\mathrm{ne}})\delta\varepsilon_{\mathrm{n1}} \mathrm{d}V = 0 \tag{5.64}$$

式中，$s_{\mathrm{mob}}(\cdot)$为地层的调动剪切强度函数；ω 为隧道开挖面体积损失率；$\varepsilon_{\mathrm{ne}}$为隧道开挖面以单位体积损失率推进单位距离时地层的塑性有效应变；$\delta\varepsilon_{n1}=\delta\varepsilon_1/\omega$ 为隧道开挖面以单位体积损失率推进单位距离时地层的第一塑性主应变速率。

对于给定的黏性地层调动剪切强度函数 $s_{\mathrm{mob}}(\cdot)$，由式（5.64）可以求出隧道开挖面体积损失率 ω。Klar 和 Klein（2014）采用了指数函数形式的调动剪切强度

$$s_{\mathrm{mob}}(\varepsilon_a) = \left[1-\exp\left(-0.693\frac{\varepsilon_a}{\varepsilon_{50}}\right)\right]s_{\mathrm{u}} \tag{5.65}$$

和截断幂函数形式的调动剪切强度

$$s_{\mathrm{mob}}(\varepsilon_a) = \min\left[\frac{1}{2}\left(\frac{\varepsilon_a}{\varepsilon_{50}}\right)^{\alpha}, 1\right]s_{\mathrm{u}} \tag{5.66}$$

式中，s_{u} 为黏土的不排水抗剪强度；ε_a 为不排水三轴试验中黏土试样的轴向应变；ε_{50}为不排水三轴试验中黏土试样轴向应力达到不排水剪切强度的50%时的轴向应变；α 为截断幂函数的参数。Klar 和 Klein（2014）基于一些文献给出的伦敦黏土三轴试验数据，拟合给出 $\varepsilon_{50}=0.0019$，$\alpha=0.44$。

如果设黏性地层无应变硬化，并且 $s_{\mathrm{mob}} \equiv s_{\mathrm{u}}$，则由式（5.60），可得盾构隧道的临界超载系数

$$\begin{aligned} N_c &= \left.\frac{\sigma_s + \gamma[C + (D/2)] - \sigma_t}{s_{\mathrm{u}}}\right|_c \\ &= \frac{2s_{\mathrm{u}}\int_V \delta\varepsilon_{\mathrm{n1}}\mathrm{d}V - \gamma\int_V \delta u_{-y}\mathrm{d}V}{s_{\mathrm{u}}\pi D^2/4} + \frac{\gamma}{s_{\mathrm{u}}}\left(C + \frac{D}{2}\right) \\ &= \frac{8\int_V \delta\varepsilon_{\mathrm{n1}}\mathrm{d}V}{\pi D^2} \end{aligned} \tag{5.67}$$

可见，隧道的临界超载系数与地层重力及隧道埋深无关。

考虑黏性地层的应变硬化，由式（5.64），可得盾构隧道的调动超载系数

$$\begin{aligned} N &= \frac{\sigma_s + \gamma[C + (D/2)] - \sigma_t}{s_{\mathrm{u}}} \\ &= \frac{8\int_V 2s_{\mathrm{mob}}(\omega\varepsilon_{\mathrm{ne}})\delta\varepsilon_{\mathrm{n1}}\mathrm{d}V}{s_{\mathrm{u}}\pi D^2} \end{aligned} \tag{5.68}$$

相对形式为

$$\frac{N}{N_c}=\frac{8\int_V 2s_{\mathrm{mob}}(\omega\varepsilon_{\mathrm{ne}})\delta\varepsilon_{\mathrm{nl}}\mathrm{d}V}{N_c s_{\mathrm{u}}\pi D^2} \tag{5.69}$$

即为隧道开挖面体积损失率 ω（下界）与相对调动超载系数 N/N_c（上界）之间的对应关系。

式（5.69）不涉及隧道超挖所对应的体积损失和尾部间隙所对应的体积损失。一般而言，不排水黏性地层盾构隧道的体积损失有三个组成部分，即开挖面体积损失、超挖体积损失、尾部间隙体积损失。Macklin（1999）针对超固结黏土隧道给出了下面的经验公式

$$\omega_{\mathrm{e}}=0.0023\exp\left(\frac{4.4N}{N_c}\right) \tag{5.70}$$

$$\omega_{\mathrm{g}}=\frac{4\delta}{D} \tag{5.71}$$

式中，ω_{e} 为盾构隧道开挖面体积损失率；ω_{g} 为盾构隧道超挖体积损失率或尾部间隙体积损失率；δ 为盾构隧道超挖的径向平均厚度或尾部间隙的径向平均厚度。

第6章　砂-黏性地层浅埋盾构隧道的解析连续上界极限分析

本章分别考虑无渗流情况与有渗流情况，阐述砂-黏性地层浅埋盾构隧道的解析连续上界极限分析的理论和算法。

6.1　无渗流砂-黏性地层浅埋盾构隧道稳定性的解析连续上界极限分析

6.1.1　解析连续上界极限分析优化格式

1. 维持隧道稳定的必要条件

对于饱和或无水的砂-黏性地层，不计土体孔隙水渗流的影响，考虑图6.1所示的隧道-地层极限状态，根据极限分析上界定理式（2.58），可以把维持隧道稳定的必要条件表示为

$$\left(\dot{W}=\int_{A_s}\sigma_s(-\dot{u}_y)\mathrm{d}A_s-\int_{A_t}\sigma_t\dot{u}_t\mathrm{d}A_t+\int_V\gamma(-\dot{u}_y)\mathrm{d}V\right)\leqslant\left(\dot{Q}=\int_V c\dot{\gamma}_{\max}\cos\varphi\mathrm{d}V+\int_S c\dot{u}_s\mathrm{d}S\right) \tag{6.1}$$

式中，等号在临界状态时成立，$\dot{u}_t$ 为隧道边界的径向塑性位移速度（以向隧道内部为正）；$\dot{u}_s$ 为位移速度断线内侧地层沿间断线切向的塑性位移速度；σ_t 为维持隧道稳定的必要支护压力集度（以向隧道外部为正）；σ_s 为地表荷载集度（以向下为正）；其他符号定义与5.1节相同。

2. 地层塑性区的塑性能耗速率

地层塑性区的塑性能耗速率由两部分组成，可以表示为

$$\dot{Q}=\dot{Q}_c+\dot{Q}_d=\int_V c\dot{\gamma}_{\max}\cos\varphi\mathrm{d}V+\int_S c\dot{u}_s\mathrm{d}S \tag{6.2}$$

式中，$\dot{Q}_c$ 为塑性区内部的塑性能耗速率；$\dot{Q}_d$ 为塑性区边界位移速度间断线的塑性能耗速率。$\dot{Q}_c$ 和 $\dot{Q}_d$ 的计算方法分别阐述如下。

（1）把塑性区离散为 M 个单元的集合，则塑性区内部的塑性能耗速率可以表示为

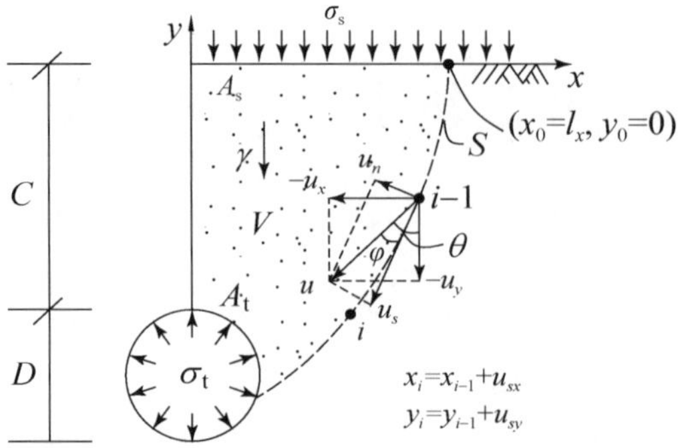

图 6.1　砂-黏性地层-隧道（横向平面应变）塑性区及其塑性位移速度间断线

$$
\begin{aligned}
\dot{Q}_c &= \sum_{i=1}^{M} \dot{Q}_c^i = \sum_{i=1}^{M} \int_{V^i} (\sigma_{xx}^i \dot{\varepsilon}_{xx}^i + \sigma_{yy}^i \dot{\varepsilon}_{yy}^i + \sigma_{xy}^i \dot{\varepsilon}_{xy}^i) \mathrm{d}V^i \\
&= \sum_{i=1}^{M} cV^i \,|\dot{\gamma}_{\max}^i|\, \cos\varphi = \sum_{i=1}^{M} cV^i \cos\varphi \sqrt{(\dot{\varepsilon}_{xx}^i - \dot{\varepsilon}_{yy}^i)^2 + (\dot{\gamma}_{xy}^i)^2}
\end{aligned}
\tag{6.3}
$$

式中，对于塑性区单元 $i=1, 2, \cdots, M$，V^i 为体积（平面应变情况下等于单位厚度与单元面积的乘积）；$\dot{\gamma}_{\max}^i = \dot{\varepsilon}_1^i - \dot{\varepsilon}_3^i$ 为最大塑性（工程）剪应变速率（$\dot{\varepsilon}_1^i$ 和 $\dot{\varepsilon}_3^i$ 分别为最大和最小主应变速率）；σ_{xx}^i 和 σ_{yy}^i 分别为 x 向正应力和 y 向正应力；σ_{xy}^i 为 xy 平面剪应力；$\dot{\varepsilon}_{xx}^i$ 为 x 向塑性正应变速率分量；$\dot{\varepsilon}_{yy}^i$ 为 y 向塑性正应变速率分量；$\dot{\varepsilon}_{xy}^i$ 和 $\dot{\gamma}_{xy}^i = 2\dot{\varepsilon}_{xy}^i$ 分别为 xy 平面塑性剪应变速率分量和剪应变速率。

莫尔-库仑屈服准则的平面任意方位应力形式式（2.12）可以写成

$$
F = \sqrt{(\sigma_{xx} - \sigma_{yy})^2 + (2\sigma_{xy})^2} - [2c\cos\varphi - (\sigma_{xx} + \sigma_{yy})\sin\varphi] = 0 \tag{6.4a}
$$

注意，这里的正应力以拉为正。

为了避免莫尔-库仑屈服函数在单轴抗拉强度点（$\sigma = c\cot\varphi$，$\tau = 0$）处梯度不确定的问题，如图 6.2 所示，可以采用下面的双曲线近似屈服准则（Abbo and Sloan，1995；Sloan and Booker，1986）

$$
F_h = \sigma_m \sin\varphi + \sqrt{\bar{\sigma}^2 + a^2 \sin^2\varphi} - c\cos\varphi = 0 \tag{6.4b}
$$

式中，σ_m 为平均应力，$\sigma_m = (\sigma_{xx} + \sigma_{yy} + \sigma_{zz})/3$；$\bar{\sigma}$ 为有效偏应力，$\bar{\sigma} = \sqrt{\sigma_{xy}^2 + \sigma_{yz}^2 + \sigma_{xz}^2 + (s_{xx}^2 + s_{yy}^2 + s_{zz}^2)/2}$；$s_{xx}$、$s_{yy}$、$s_{zz}$ 分别为 x 方向、y 方向、z 方向的偏应力分量，$s_{xx} = \sigma_{xx} - \sigma_m$，$s_{yy} = \sigma_{yy} - \sigma_m$，$s_{zz} = \sigma_{zz} - \sigma_m$，对于平面应变问题，$\sigma_{zz} = \nu(\sigma_{xx} + \sigma_{yy})$，$\sigma_{xz} = \sigma_{yz} = 0$；$a$ 为参数，一般可取 $a = 0.05c\cot\varphi$。

如果像 Sloan（1989）一样，采用莫尔-库仑屈服准则式（6.4a）的平方形式

$$
\bar{F} = (\sigma_{xx} - \sigma_{yy})^2 + (2\sigma_{xy})^2 - [2c\cos\varphi - (\sigma_{xx} + \sigma_{yy})\sin\varphi]^2 = 0 \tag{6.5a}
$$

并注意到在 $X = \sigma_{xx} - \sigma_{yy}$ 与 $Y = 2\sigma_{xy}$ 构成的直角坐标系下，式（6.5a）代表一个半径为 $R = 2c\cos\varphi - (\sigma_{xx} + \sigma_{yy})\sin\varphi$ 的圆，对其采用外切 p 多边形（p 为外切多边形的边的数目）近似，如图 6.3 所示，则莫尔-库仑屈服准则平方式（6.5a）的外切 p 多边形近似式为

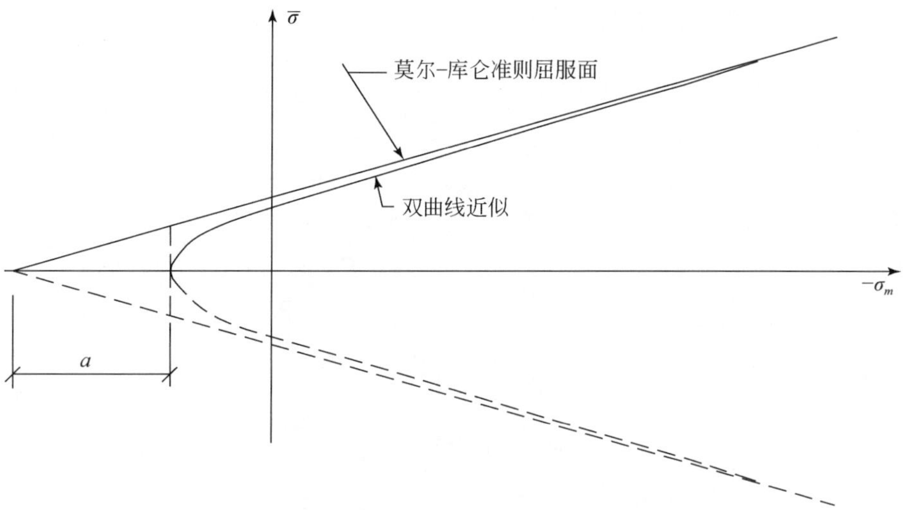

图 6.2　莫尔-库仑屈服函数（在子午面上）的双曲线近似
（据 Abbo and Sloan，1995；Sloan and Booker，1986）

$$\bar{F}_k = A_k\sigma_{xx} + B_k\sigma_{yy} + C_k\sigma_{xy} - 2c\cos\varphi = 0 \quad k = 1, 2, \cdots, p \tag{6.5b}$$

式中，$A_k = \cos(2k\pi/p) + \sin\varphi$；$B_k = \sin\varphi - \cos(2k\pi/p)$；$C_k = 2\sin(2k\pi/p)$。

根据流动法则，并采用式（6.5b），式（6.3）可以写成［参见下面的第 3 部分内容］

$$\dot{Q}_c = \sum_{i=1}^{M} 2cV^i\left(\sum_{k=1}^{p}\dot{\lambda}_k\right)\cos\varphi \tag{6.6}$$

式中，$\dot{\lambda}_k$ 为与莫尔-库仑屈服准则平方式线性近似的直边 k 相对应的塑性乘子（速率）；$k=1，2，\cdots，p$。

在此值得指出，根据塑性极限分析理论（Chen，1975），与任意包络实际理想塑性屈服面的理想塑性屈服面所对应的极限荷载是实际极限荷载的一个上界；所以，与莫尔-库仑屈服准则平方式外切多边形近似相对应的极限荷载不会小于与莫尔-库仑屈服准则平方式相对应的极限荷载，即采用外切多边形理想塑性屈服面来近似莫尔-库仑屈服准则平方式的圆形理想塑性屈服面是偏于安全的。

外切 p 多边形的尖点坐标：$X_k = R\cos[(2k-1)(\pi/p)]/\cos(\pi/p)$，$Y_k = R\sin[(2k-1)(\pi/p)]/\cos(\pi/p)$；$k=1，2，\cdots，p$。

（2）把塑性区边界的塑性位移速度间断线离散为 L 个节点对的集合，则位移速度间断线的塑性能耗速率可以表示为

$$\dot{Q}_d = \sum_{j=1}^{L}\dot{Q}_d^j = \sum_{j=1}^{L}\int_{S^j} c\dot{\delta}_s^j \mathrm{d}S^j = \sum_{j=1}^{L}\int_{S^j} c\dot{u}_s^j \mathrm{d}S^j \tag{6.7}$$

式中，$\dot{\delta}_s^j$ 为位移速度间断线节点 $j(j=1，2，\cdots，L)$ 的位移速度间断的切向分量；$\dot{u}_s^j$ 为位移速度间断线节点 j 内侧的位移速度的切向分量；因为间断线节点 j 外侧的位移速度为零，所以有 $\dot{\delta}_s^j = \dot{u}_s^j$；$S^j$ 为与间断线节点 j 相对应的间断线段的长度，$S^j = \sqrt{(u_{sx}^j)^2 + (u_{sy}^j)^2}$，

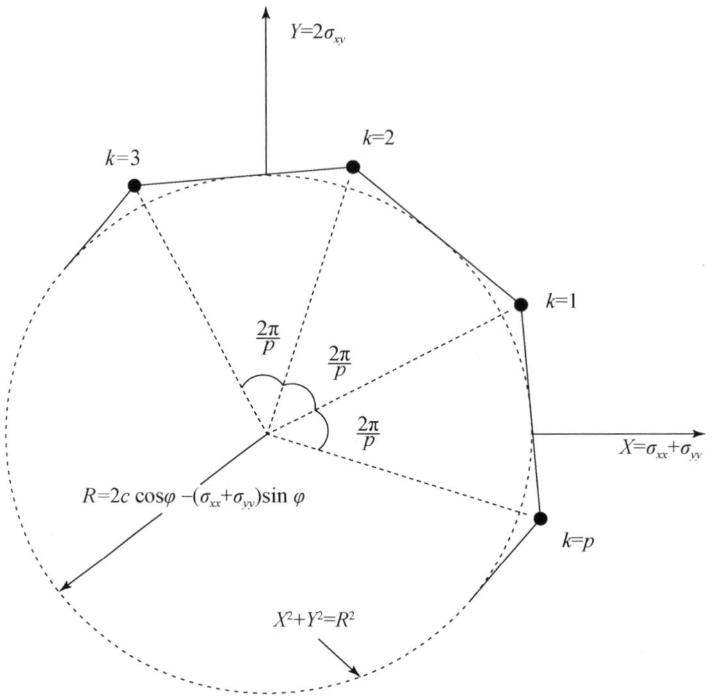

图 6.3　莫尔-库仑屈服准则平方式屈服面（虚线）及其外切 p 多边形近似屈服面（实线）(据 Kim *et al.*, 1999)

u_{sx}^j 和 u_{sy}^j 分别为 u_s^j 的 x 方向分量和 y 方向分量。

值得指出的是，位移速度间断线的位置与位移速度场有关，需要通过优化计算确定。如图 6.4 所示，位移速度间断线节点位置的计算表达式如下

$$\begin{cases} x_i = x_{i-1} + u_{sx} \\ y_i = y_{i-1} + u_{sy} \end{cases} \tag{6.8}$$

$$\begin{cases} u_{sx} = -u_s \sin(\theta-\varphi), u_{sy} = -u_s \cos(\theta-\varphi) & u_y<0 \\ u_{sx} = -u_s \sin(\theta+\varphi), u_{sy} = u_s \cos(\theta+\varphi) & u_y>0 \end{cases} \tag{6.9}$$

式中，对位移速度间断线上任意点，$u_s = u\cos\varphi$ 为两侧地层之间相对位移的切向分量，$u = \sqrt{u_x^2+u_y^2}$ 为两侧地层之间相对位移；u_x 和 u_y 分别为两侧地层之间相对位移的 x 向分量和 y 向分量；$\theta = \arctan(|u_x|/|u_y|)$ 为 u 方向与 u_y 方向的夹角；φ 为 u 与 u_s 方向的夹角（即内摩擦角）。

3. 塑性区单元的流动法则约束条件

如果采用莫尔-库仑屈服准则式（6.4a）或其双曲线近似函数式（6.4b），则流动法则可以表示为

$$\frac{\partial \dot{u}_x}{\partial x} = \dot{\varepsilon}_{xx} = \dot{\lambda}\frac{\partial F}{\partial \sigma_{xx}} \tag{6.10a}$$

$$\frac{\partial \dot{u}_y}{\partial y} = \dot{\varepsilon}_{yy} = \dot{\lambda}\frac{\partial F}{\partial \sigma_{yy}} \tag{6.10b}$$

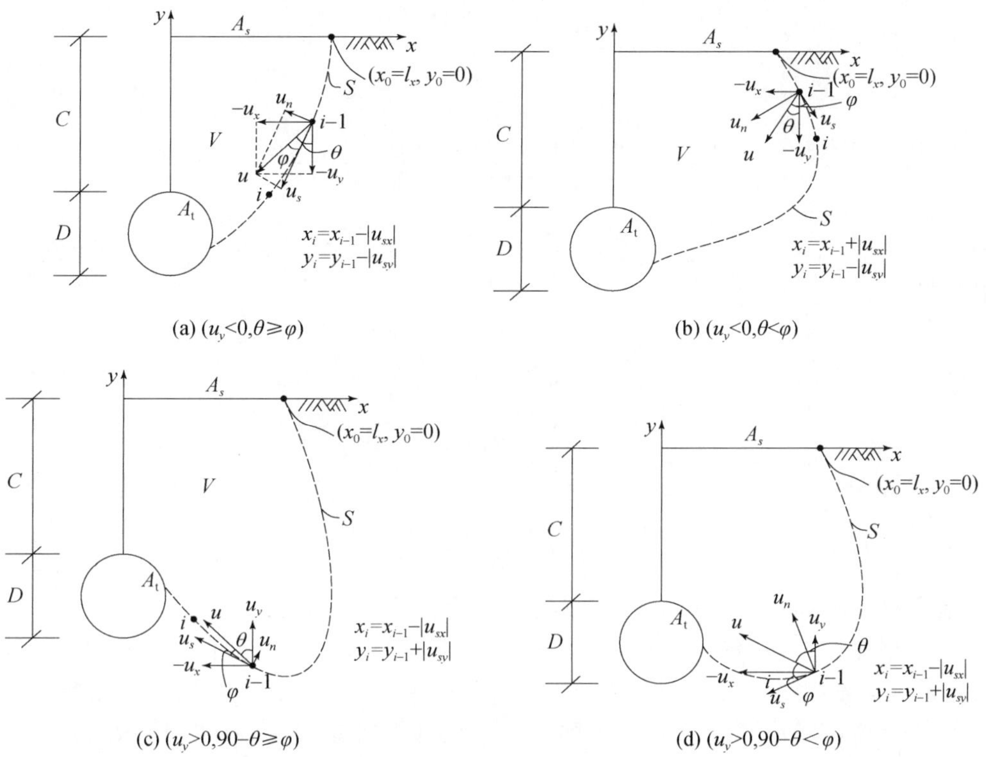

图 6.4　地层（横向平面应变）塑性位移速度间断线节点位置计算的四种典型情况

$$\frac{1}{2}\left(\frac{\partial \dot{u}_x}{\partial y}+\frac{\partial \dot{u}_y}{\partial x}\right)=\dot{\varepsilon}_{xy}=\dot{\lambda}\ \frac{\partial F}{\partial \sigma_{xy}} \tag{6.10c}$$

$$\dot{\lambda}>0 \tag{6.11}$$

式中，$\dot{\lambda}$ 为与莫尔-库仑屈服准则式（6.4a）或其双曲线近似函数式（6.4b）相对应的塑性乘子（速率）；$\dot{u}_x$ 为 x 方向的塑性位移速度；$\dot{u}_y$ 为 y 方向的塑性位移速度，均为隧道体积损失速率参数 $\dot{u}_\varepsilon$、α_δ、α_v 的函数，参见下面的第 7 部分内容。

可见，根据基于莫尔-库仑屈服准则式（6.4a）或其双曲线近似函数式（6.4b）的流动法则，每个塑性区单元的节点都需要如式（6.10）所示的三个等式约束条件；由于塑性乘子必须非负，每个塑性区单元都需要如式（6.11）所示的一个不等式约束条件。

如果采用莫尔-库仑屈服准则平方式（6.5a）的外切 p 多边形近似式（6.5b），则流动法则可以表示为

$$\frac{\partial \dot{u}_x}{\partial x}=\dot{\varepsilon}_{xx}=\sum_{k=1}^{p}\dot{\lambda}_k\frac{\partial \bar{F}_k}{\partial \sigma_{xx}}=\sum_{k=1}^{p}\dot{\lambda}_k A_k \tag{6.12a}$$

$$\frac{\partial \dot{u}_y}{\partial y}=\dot{\varepsilon}_{yy}=\sum_{k=1}^{p}\dot{\lambda}_k\frac{\partial \bar{F}_k}{\partial \sigma_{yy}}=\sum_{k=1}^{p}\dot{\lambda}_k B_k \tag{6.12b}$$

$$\frac{1}{2}\left(\frac{\partial \dot{u}_x}{\partial y}+\frac{\partial \dot{u}_y}{\partial x}\right)=\dot{\varepsilon}_{xy}=\sum_{k=1}^{p}\dot{\lambda}_k\frac{\partial \bar{F}_k}{\partial \sigma_{xy}}=\sum_{k=1}^{p}\dot{\lambda}_k C_k \tag{6.12c}$$

$$\dot{\lambda}_k \geqslant 0 \quad k=1,2,\cdots,p \tag{6.13}$$

式中，$\dot{\lambda}_k$ 为与莫尔–库仑屈服准则平方式（6.5a）的外切 p 多边形近似式（6.5b）相对应的塑性乘子。

注意，$\dot{u}_x=\dot{u}_x(x,y;u_\varepsilon,\alpha_\delta,\alpha_v)$，$\dot{u}_y=\dot{u}_y(x,y;u_\varepsilon,\alpha_\delta,\alpha_v)$，可以用差分来近似它们对坐标的偏导数

$$\frac{\partial \dot{u}_x}{\partial x}=\frac{\dot{u}_x^{i+1}-\dot{u}_x^{i}}{\Delta x} \tag{6.14a}$$

$$\frac{\partial \dot{u}_y}{\partial y}=\frac{\dot{u}_y^{j+1}-\dot{u}_y^{j}}{\Delta y} \tag{6.14b}$$

$$\frac{\partial \dot{u}_x}{\partial y}+\frac{\partial \dot{u}_y}{\partial x}=\frac{\dot{u}_x^{i+1}-\dot{u}_x^{i}}{\Delta y}+\frac{\dot{u}_y^{j+1}-\dot{u}_y^{j}}{\Delta x} \tag{6.14c}$$

式中，上标 i 为 x 方向的节点编号；上标 j 为 y 方向的节点编号。

可见，根据基于莫尔–库仑屈服准则平方式（6.5a）的外切 p 多边形近似式（6.5b）的流动法则，每个塑性区单元的节点都需要如式（6.12）所示的三个等式约束条件；由于塑性乘子必须非负，每个塑性区单元都需要如式（6.13）所示的 p 个不等式约束条件。

4. 塑性位移速度间断线的流动法则约束条件

对于塑性位移速度间断线上的节点，根据基于莫尔–库仑屈服准的流动法则，位移速度需要满足以下的约束条件

$$\dot{\delta}_n^j=\dot{u}_n^j=\dot{\delta}_s^j\tan\varphi=\dot{u}_s^j\tan\varphi \tag{6.15}$$

式中，$\dot{\delta}_n^j$ 和 $\dot{\delta}_s^j$ 分别为位移速度间断线节点 $j(j=1, 2, \cdots, L)$ 的位移速度间断的法向分量和切向分量；$\dot{u}_n^j$ 和 $\dot{u}_s^j$ 分别为位移速度间断线节点 j 内侧位移速度的法向分量和切向分量；因为位移速度间断线节点 j 外侧位移速度的法向分量和切向分量均为零，所以，$\dot{\delta}_s^j=\dot{u}_s^j$，$\dot{\delta}_n^j=\dot{u}_n^j$。

5. 塑性区边界的已知位移速度约束条件

对于塑性区边界上给定塑性位移速度的任意一个节点，都可以写出如下的边界条件

$$\dot{u}_x^i=\dot{u}_{x0}^i \quad i=1,2,\cdots,I \tag{6.16a}$$

$$\dot{u}_y^j=\dot{u}_{y0}^j \quad j=1,2,\cdots,J \tag{6.16b}$$

式中，$\dot{u}_{x0}^i$ 为给定的节点 $i(i=1, 2, \cdots, I)$ 的 x 方向塑性位移速度分量；$\dot{u}_{y0}^j$ 为给定的节点 $j(j=1, 2, \cdots, J)$ 的 y 方向塑性位移速度分量。注意，$\dot{u}_x^i=\dot{u}_x^i(x,y;u_\varepsilon,\alpha_\delta,\alpha_v)$，

$\dot{u}_y^j=\dot{u}_y^j(x,y;u_\varepsilon,\alpha_\delta,\alpha_v)$。

6. 塑性区位移速度间断线的地表点坐标约束条件

对于塑性区位移速度间断线的地表点（$x=l_x$，$y=0$），约束条件为

$$l_x>0 \tag{6.17}$$

式中，l_x 为塑性区位移速度间断线的地表点的 x 坐标。

7. 隧道复合体积损失速率的参数约束条件

针对设定的隧道横向复合体积损失模式，如图 5.5 所示，设 $\dot{u}_\varepsilon$ 为隧道边界的收敛位移速度，$\dot{u}_\delta=\alpha_\delta\dot{u}_\varepsilon$ 为椭变位移速度（α_δ 为椭变速率系数，$0<\alpha_\delta<1$），$\dot{u}_v=\alpha_v\dot{u}_\varepsilon$ 为刚体竖移速率（α_v 为刚体竖移速率系数，当 $0<\alpha_v<1$ 时代表下沉速率系数，当 $-1<\alpha_v<0$ 时代表上浮速率系数），隧道边界的位移速度为（向隧道外部为正）

$$\dot{u}_r(\theta)=-\dot{u}_\varepsilon(1+\alpha_v\sin\theta-\alpha_\delta\cos2\theta) \tag{6.18}$$

式中，θ 为相对于隧道右侧起拱线（x 方向）的转角，逆时针为正。

利用式（6.18），并注意到极角 θ 与直角坐标 xy 之间的关系式（5.23）和式（5.24），经过映射函数式（5.20），把物理复平面 z 映射为变换复平面 ζ，可得隧道边界的位移速度条件在 $\rho\beta$ 极坐标系下的表达式

$$\begin{aligned}\dot{u}_\rho(\beta)=-\dot{u}_\varepsilon\frac{\mathrm{i}(\kappa-\mathrm{e}^{\mathrm{i}\beta})}{1-\kappa\mathrm{e}^{\mathrm{i}\beta}}\Bigg\{&1+\alpha_v\left[\frac{1+\kappa^2}{2\kappa}-\frac{(1-\kappa^2)^2}{2\lambda(1-\kappa\mathrm{e}^{\mathrm{i}\beta})(1-\kappa\mathrm{e}^{-\mathrm{i}\beta})}\right]\\&-\alpha_\delta\left[1+\frac{(1-\kappa^2)^2(\mathrm{e}^{\mathrm{i}\beta}-\mathrm{e}^{-\mathrm{i}\beta})^2}{2(1-\kappa\mathrm{e}^{\mathrm{i}\beta})^2(1-\kappa\mathrm{e}^{-\mathrm{i}\beta})^2}\right]\Bigg\}\end{aligned} \tag{6.19}$$

根据弹性力学的卡洛索夫-木斯海里斯维利（Kolosov-Muskhelishavili）方程，把与隧道体积损失速率相对应的地层位移速度表示为

$$\dot{u}_x(z)+\mathrm{i}\dot{u}_y(z)=\frac{1+\nu}{E}\left[(3-4\nu)\dot{\Phi}(\zeta)-\frac{\omega(\zeta)}{\omega'(\zeta)}\overline{\dot{\Phi}'(\zeta)}-\overline{\dot{\Psi}'(\zeta)}\right] \tag{6.20}$$

式中，E 和 ν 分别为地层的弹性模量和泊松比；$\mathrm{i}=\sqrt{-1}$ 为单位虚数；$z=x+\mathrm{i}y$ 为物理复平面；$\zeta=\xi+\mathrm{i}\eta=\rho\mathrm{e}^{\mathrm{i}\beta}$ 为（保角）变换复平面；（ξ，η）和（ρ，β）分别为变换复平面 ζ 的直角坐标和极坐标；$\dot{\Phi}(\zeta)$ 和 $\dot{\Psi}(\zeta)$ 为复势函数速率，可以表示为罗朗（Laurent）级数

$$\dot{\Phi}(\zeta)=\dot{a}_0+\sum_{k=1}^{\infty}\dot{a}_k\zeta^k+\sum_{k=1}^{\infty}\dot{b}_k\zeta^{-k},\quad \lambda\leqslant|\zeta|\leqslant1 \tag{6.21}$$

$$\dot{\Psi}(\zeta)=\dot{c}_0+\sum_{k=1}^{\infty}\dot{c}_k\zeta^k+\sum_{k=1}^{\infty}\dot{d}_k\zeta^{-k},\quad \lambda\leqslant|\zeta|\leqslant1 \tag{6.22}$$

式中，$\dot{a}_0$、$\dot{c}_0$、$\dot{a}_k$、$\dot{b}_k$、$\dot{c}_k$、$\dot{d}_k$（$k=1,2,\cdots$）均为待定系数速率，可以利用地表边界面力为零的条件和隧道边界位移速度为式（6.19）的条件来确定。

地层在失稳临界状态时满足连续变形协调条件，利用上面的弹性力学复变函数解来表达塑性位移-变形速度场；这就如同在有限元上界极限分析中利用单元形函数一样，自动

满足极限分析上界定理中的运动许可条件。

对于隧道横向复合体积损失速率的模式参数，约束条件为

$$\dot{u}_{\varepsilon}>0 \tag{6.23}$$

$$0<\alpha_{\delta}<1 \tag{6.24}$$

$$-1<\alpha_{v}<1 \tag{6.25}$$

式中的符号定义同前，即 $\dot{u}_{\varepsilon}$ 为隧道边界的均匀收敛位移速度；α_{δ} 为椭变速率系数；α_{v} 为竖移速率系数。

8. 优化格式

基于上述七个部分，可以把求解极限荷载上确界的优化格式表示为

$$\text{Min}\quad \dot{Q}=\dot{Q}(\boldsymbol{g}_1,\boldsymbol{g}_2,l_x) \tag{6.26}$$

$$\text{s. t.}\quad \boldsymbol{B}_1\boldsymbol{G}_1=\boldsymbol{b} \tag{6.27}$$

$$\boldsymbol{B}_2\boldsymbol{G}_2\geqslant\boldsymbol{0} \tag{6.28}$$

式中，$\boldsymbol{g}_1$ 为隧道体积损失速率参数向量，可以表示为

$$\boldsymbol{g}_1=[\dot{u}_{\varepsilon}\quad \alpha_{\delta}\quad \alpha_{v}]^{\mathrm{T}}$$

$\boldsymbol{g}_2$ 为地层塑性区所有单元的塑性乘子向量，如果采用莫尔–库仑屈服准则式（6.4a）或其双曲线近似式（6.4b），则有

$$\boldsymbol{g}_2=[\dot{\lambda}^1\quad \dot{\lambda}^2\quad \cdots\quad \dot{\lambda}^M]^{\mathrm{T}}$$

如果采用莫尔–库仑屈服准则平方式（6.5a）的外切 p 多边形近似式（6.5b），则有

$$\boldsymbol{g}_2=[\dot{\lambda}_1^1\quad \cdots\quad \dot{\lambda}_p^1\quad \dot{\lambda}_1^2\quad \cdots\quad \dot{\lambda}_p^2\quad \cdots\quad \dot{\lambda}_1^M\quad \cdots\quad \dot{\lambda}_p^M]^{\mathrm{T}}$$

其中，M 为塑性区单元总数；$\boldsymbol{G}_1$ 为服从等式约束条件的决策向量；$\boldsymbol{B}_1$ 为等式约束条件的系数矩阵；$\boldsymbol{G}_2$ 为服从不等式约束条件的决策向量；$\boldsymbol{B}_2$ 为不等式约束条件的系数矩阵。

式（6.26）为目标函数，代表地层塑性区的塑性能耗速率，如果采用莫尔–库仑屈服准则，则决策变量的数目为 $M+4$，如果采用莫尔–库仑屈服准则平方式的外切 p 多边形近似，则决策变量的数目为 $pM+4$。

式（6.27）与式（6.28）为约束条件，分别代表地层塑性区的等式约束条件集合与不等式约束条件集合；（等式和不等式）约束条件的累计数目为 $4M+L+I+J+4$（莫尔–库仑屈服准则）或 $3M+pM+L+I+J+4$（莫尔–库仑屈服准则平方式的外切 p 多边形近似），其中，I 代表给定的节点的 x 方向塑性位移速度分量的数目，J 代表给定的节点的 y 方向塑性位移速度分量的数目，其他符号定义同前。

9. 维持隧道稳定的必要支护压力集度及其下确界

根据极限分析上界定理式（6.1），可得维持隧道稳定的必要支护压力集度及其下确界

分别为

$$\sigma_t \geqslant \sigma_{t-1} = \frac{\int_{A_s} \sigma_s(-\dot{u}_y)\mathrm{d}A_s + \int_V \gamma(-\dot{u}_y)\mathrm{d}V - \dot{Q}}{\int_{A_t} \dot{u}_t \mathrm{d}A_t} \tag{6.29}$$

$$\sigma_{t-1-max} = \frac{\int_{A_s} \sigma_s(-\dot{u}_y)\mathrm{d}A_s + \int_V \gamma(-\dot{u}_y)\mathrm{d}V - \min\dot{Q}}{\int_{A_t} \dot{u}_t \mathrm{d}A_t} \tag{6.30}$$

式中，等号在临界状态时成立，σ_{t-1}为隧道必要支护压力集度 σ_t 的下界；$\sigma_{t-1-max}$为 σ_t 的下确界。

6.1.2 算例

1. 粒子群优化算法

采用粒子群优化算法，求解由式（6.26）~式（6.28）所定义的优化问题。在粒子群优化算法中，决策向量的每个值向量都是粒子（也就是粒子的位置向量），与各个粒子相对应，利用目标函数值，并选择位移向量，追随当前最优的粒子，从而确定最优解。

首先，随机生成一个一定数目的满足所有约束条件的粒子群，然后，每个粒子的位置向量都通过追随其自身的当前最优位置向量和整个粒子群的当前最优位置向量来进行更新，通过如下过程来迭代更新粒子群和寻求最优解

$$\boldsymbol{v}' = \omega\boldsymbol{v} + c_p r_p(x_p - \boldsymbol{x}) + c_g r_g(x_g - \boldsymbol{x}) \tag{6.31}$$

$$\boldsymbol{x}' = \boldsymbol{x} + \boldsymbol{v}' \tag{6.32}$$

式中，$\boldsymbol{x}$ 和 $\boldsymbol{x}'$分别为粒子的当前位置向量和更新位置向量；$\boldsymbol{v}$ 和 $\boldsymbol{v}'$分别为粒子的当前位移向量和更新位移向量；$\boldsymbol{x}_p$ 和 $\boldsymbol{x}_g$ 分别为粒子的当前最优位置向量和整个粒子群的当前最优位置向量；c_p 和 c_g 分别为相应的学习因子；$\boldsymbol{r}_p$ 和 $\boldsymbol{r}_g$ 分别为相应的（0，1）区间内均匀分布的随机数；ω 为惯性权重系数，可以设为按下式线性变化

$$\omega = \omega_{max} - \frac{(\omega_{max} - \omega_{min})}{n_{max}} n \tag{6.33}$$

式中，ω_{max}和 ω_{min}分别为预定的惯性权重系数允许最大值和允许最小值；n_{max}和 n 分别为预定的迭代次数允许最大值和当前的迭代次数。

在下面的算例中，粒子的位置向量和位移向量的维数是 $pM+4$（采用莫尔-库仑屈服准则平方式的外切三角形近似，即莫尔-库仑屈服准则平方式的外切多边形近似的边的数目为 $p=3$；隧道直径 $D=10$m，选取隧道中心一侧和地表以下边长为 $5D$ 的正方形地层范围，采用边长为 0.5m 的正方形单元，即地层单元的数目为 $M=9846$)，初始随机生成粒子群的数目为 50，两个学习因子即 c_p 和 c_g 的值都取为 1.25，惯性权重系数的允许最大值和允许最小值即 ω_{max}和 ω_{min}的值分别取为 0.9 和 0.4，迭代次数的允许最大值即 n_{max}的值取

为 100。

2. 验证

(1) 数值模拟验证

采用有限元软件 MIDAS GTS/NX 及与 5. 3. 2 节类似的有限元网格和边界条件，参数如表 6. 1 所示，对隧道周边地层遵守莫尔-库仑屈服准则在不同支护压力情况下的行为进行模拟。

采用上述的解析连续解析上界极限分析方法，分别考虑三种不同的土体，黏聚力分别为 $c=0$、5kPa、10kPa，可得对应的隧道必要支护压力下确界（即隧道最小必要支护压力）分别为 $\sigma_{\mathrm{t-l-max}}=81.77$kPa、72. 40kPa、63. 02kPa，对应的最不利地层滑移线如图 6. 5 所示。

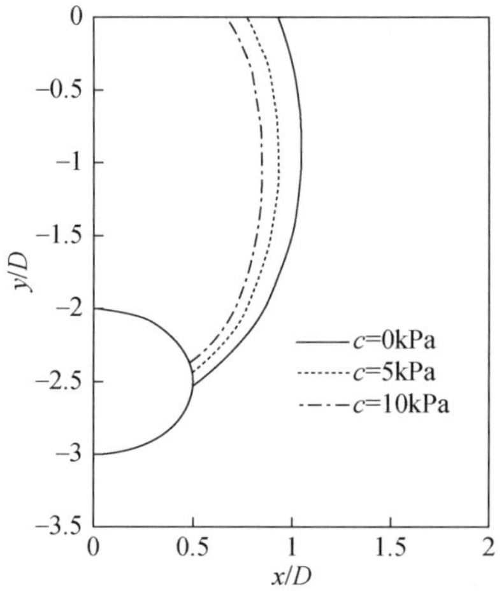

图 6. 5　解析连续上界极限分析：地层最不利滑移线（据 Song and Xiang，2020a）

对于这三种不同的土体，采用有限元数值模拟，分别考虑隧道支护压力的三种不同情况，①隧道支护压力为零（无支护）；②略小于解析连续上界极限分析所得的最小必要支护压力；③等于解析连续上界极限分析所得的最小必要支护压力，可得对应的地层塑性区情况分别如图 6. 6 ~ 图 6. 8 所示［注意，(b)、(c) 中的淡灰色区代表隧道支护压力为零时的地层塑性区］。当隧道支护压力为零时，由图 6. 6 (a)、图 6. 7 (a)、图 6. 8 (a) 可以看出，地层出现呈 X 形状、但上肢略长于下肢的塑性区，并且，土体黏聚力越大，塑性区范围越小。值得指出的是，位于两个上肢之间的楔形区域虽然不满足莫尔-库仑屈服准则，但仍然可以发生较大的位移。当隧道支护压力略小于连续解析上界极限分析所得的最小必要支护压力时，由图 6. 6 (b)、图 6. 7 (b)、图 6. 8 (b) 可以看出，地层会出现塑性区，但范围要比隧道支护压力为零时明显减小。当隧道支护压力等于连续解析上界极限分析所得的最小必要支护压力时，由图 6. 6 (c)、图 6. 7 (c)、图 6. 8 (c) 可以看出，地层不出现塑性区。这样，有限元数值模拟的结果验证了解析连续上界极限分析法所得隧道最小必要支护压力的合理性。

另外需要说明的是，有限元数值模拟可以计算出“准确”的地层塑性区，而这里的解析连续上界极限分析方法或其他的上界极限分析方法只能得到最不利的（趋于塑性的）地层失稳模式，不应该与有限元数值模拟所得的地层塑性区相互比较。

表 6.1　砂–黏性地层浅埋盾构隧道参数

参数	隧道覆土厚度 C	隧道直径 D	地层弹性模量 E	地层泊松比 v	地层重度 γ	地层黏聚力 c	地层内摩擦角 φ
值	20m	10m	10MPa	0.3	18kN/m^3	0kPa、5kPa、10kPa	25°

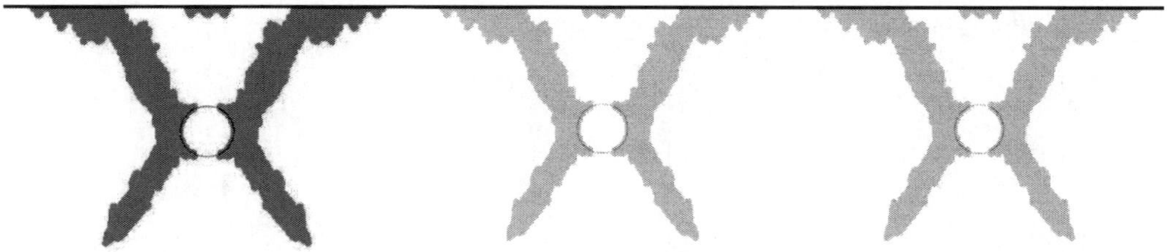
(a) $\sigma_t=0$　(b) $\sigma_t<\sigma_{t\text{-}l\text{-}max}(\sigma_t=75kPa)$　(c) $\sigma_t=\sigma_{t\text{-}l\text{-}max}(\sigma_t=81.77kPa)$

图 6.6　有限元计算：地层黏聚力为零时在不同隧道支护压力情况下的塑性区（据 Song and Xiang，2020a）

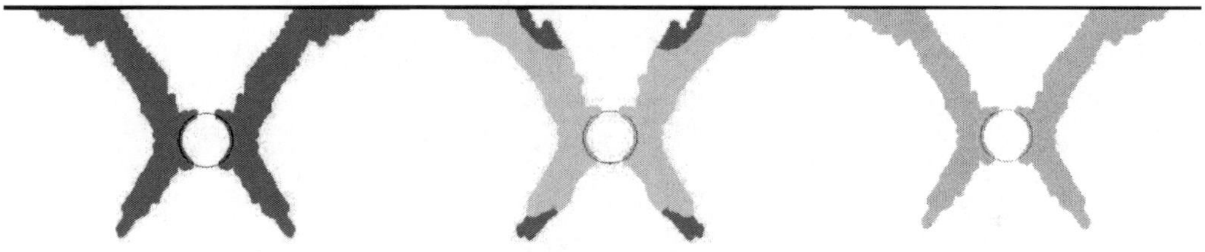
(a) $\sigma_t=0$　(b) $\sigma_t<\sigma_{t\text{-}l\text{-}max}(\sigma_t=65kPa)$　(c) $\sigma_t=\sigma_{t\text{-}l\text{-}max}(\sigma_t=72.40kPa)$

图 6.7　有限元计算：地层黏聚力为 5kPa 时在不同隧道支护压力情况下的塑性区（据 Song and Xiang，2020a）

(a) $\sigma_t=0$　(b) $\sigma_t<\sigma_{t\text{-}l\text{-}max}(\sigma_t=60kPa)$　(c) $\sigma_t=\sigma_{t\text{-}l\text{-}max}(\sigma_t=63.02kPa)$

图 6.8　有限元计算：地层黏聚力为 10kPa 时在不同隧道支护压力情况下的塑性区（据 Song and Xiang，2020a）

(2) 与其他上界极限分析解的对比

与两种其他不同方法对比，一种是杨峰等（2015）的有限元上界极限分析解，另一种是基于如图 6.9 所示 8 变量刚体破坏机制的上界极限分析解；其中，M_0、M_1、M_2、M_3、M_4、M_5 为地层滑移线，V_0、V_1、V_2、V_3、V_4 分别为刚性块体 0、1、2、3、4 的线位移速度；$V_{0,1}$、$V_{1,2}$、$V_{2,3}$、$V_{3,4}$分别为相邻两个刚性块体之间的相对线位移速度；α_1、α_2、α_3、α_4 分别为三角形刚性块体 1、2、3、4（沿移动方向）前内边与外侧边（地层滑移线）之间的夹角；β_1、β_2、β_3、β_4 分别为三角形刚性块体 1、2、3、4（沿移动方向）前内边与后内边之间的夹角。

表 6.2 给出了解析连续上界极限分析结果与上述有限元上界极限分析结果、8 变量刚体上界极限分析结果之间的对比。可见，相对差别都在合理范围之内，但解析连续上界极限分析结果比有限元上界极限分析结果略大（略偏于更保守），比 8 变量刚体上界极限分析结果略小（略偏于更不保守）。

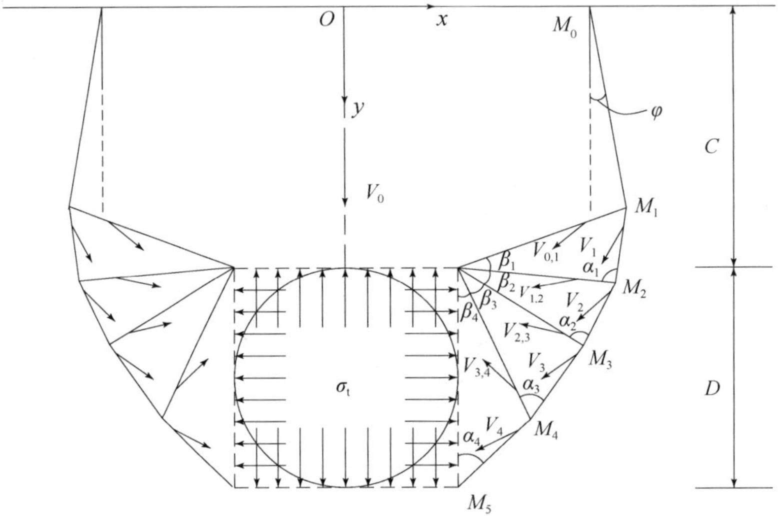

图 6.9　砂-黏性地层浅埋盾构隧道的 8 变量刚体破坏机制（据 Song and Xiang，2020a）

表 6.2　解析连续上界极限分析与两种其他不同方法的对比（$C/D=2$；据 Song and Xiang，2020a）

$\varphi/(°)$	c/kPa	$\frac{\gamma D}{c}$	$\frac{\sigma_s}{\gamma C}$	$\frac{\sigma_{t-l-max}}{\gamma C}$					
				(a)	(b)	(c)	(d)	(e)	(f)
20	30	6	0.28	0.25	0.23	0.26	8.7%	3.8%	11.5%
25	5	36	0.14	0.21	0.20	0.22	5.0%	4.5%	9.1%
30	8	22.5	0.83	0.16	0.16	0.18	0	11.1%	11.1%

注：(a) 解析连续上界极限分析结果；(b) 有限元上界极限分析结果（据杨峰等，2015）；(c) 8 变量刚体上界极限分析结果；(d) 解 (a) 与解 (b) 之间的相对差别；(e) 解 (a) 与解 (c) 之间的相对差别；(f) 解 (b) 与解 (c) 之间的相对差别。

3. 参数分析

采用表 6.1 所示的参数（除非另外给定），连续上界极限分析的计算结果如图 6.10 ~ 图 6.15 所示。由图 6.10 可见，对于给定的地层，隧道的最小必要支护压力（必要支护压力下确界）随隧道埋深–直径比的增大而增大，并且这种增大曲线的斜率受地表荷载大小的影响较小。由图 6.11 可见，对于给定的隧道深–径比，最小必要支护压力随地层内摩擦角的增大而近乎线性地减小，并且斜率基本上与地表荷载大小无关；值得指出的是，对于不存在地表荷载的情况，如果地层为纯黏土（内摩擦角为零），隧道的最小必要支护压力等于上覆地层的自重压力，但是，另一方面（图中未显示），如果土体的内摩擦角很大，比如说 35°，则连续上界极限分析的计算表明，地层完全自稳，隧道不需要支护（压力）。由图 6.12 可见，对于土体内摩擦角为零的特殊情况，基于（砂–黏性土）莫尔–库仑准则的连续上界极限分析所得的最不利位移速度间断线与基于（纯黏性土）屈瑞斯卡准则的连续上界极限分析所得的最不利位移速度间断线几乎重合，相应的隧道最小必要支护压力几乎相等（图中未显示），并且基本上不受地表荷载大小的影响；这是理所当然的，因为，对于土体内摩擦角为零的情况，莫尔–库仑准则退化为屈瑞斯卡准则，针对砂–黏土的连续极限分析方法退化为针对纯黏土的连续极限分析方法（第 5 章）。由图 6.13（a）、（b）、图 6.14（a）、（b）、图 6.15（a）、（b）可见，对不同的隧道深–径比和地表荷载值，地层的内摩擦角越大，地层塑性区的面积及涉地表范围越小，相应的隧道最小必要支护压力也越小（图中未显示）；值得指出的是，当内摩擦角较小时，就稳定性表现而言，砂–黏性地层与纯黏性地层相似；另外，相对于地表荷载而言，隧道深–径比反映了土体自重对地层极限状态影响的显著程度，当地表荷载比较小时，土体自重的影响比较显著，但是，当隧道深–径比比较小时，地表荷载的影响比较显著。

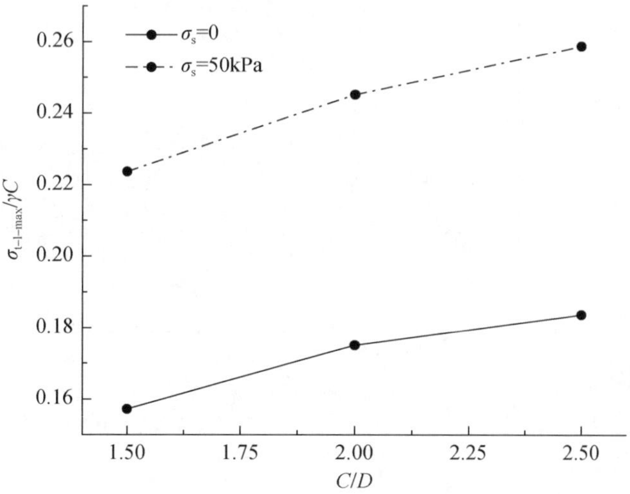

图 6.10　当 $\varphi=25°$时 C/D 对 $\sigma_{\text{t-l-max}}$的影响（据 Song and Xiang，2020a）

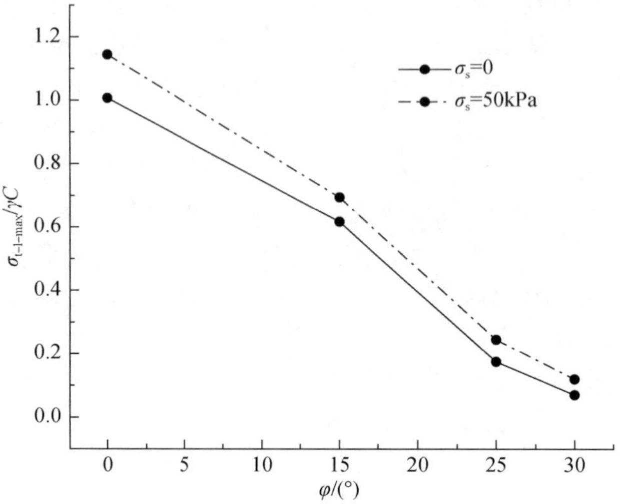

图 6.11　当 $C/D=2$ 时 φ 对 $\sigma_{t-1-max}$ 的影响（据 Song and Xiang，2020a）

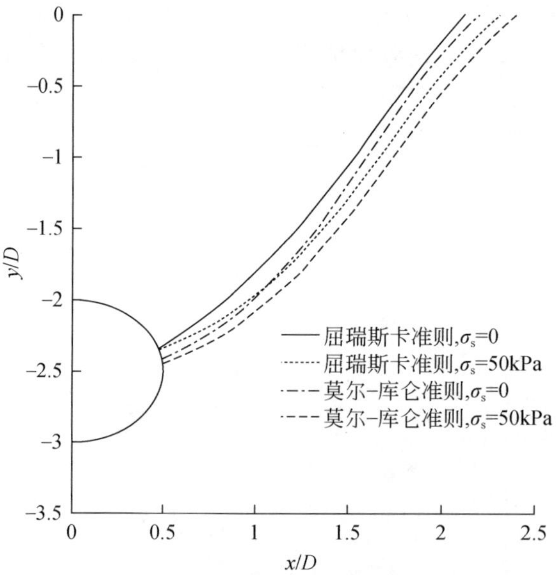

图 6.12　当 $C/D=2$ 和 $\varphi=0°$ 时针对不同屈服准则的最不利位移速度间断线（据 Song and Xiang，2020a）

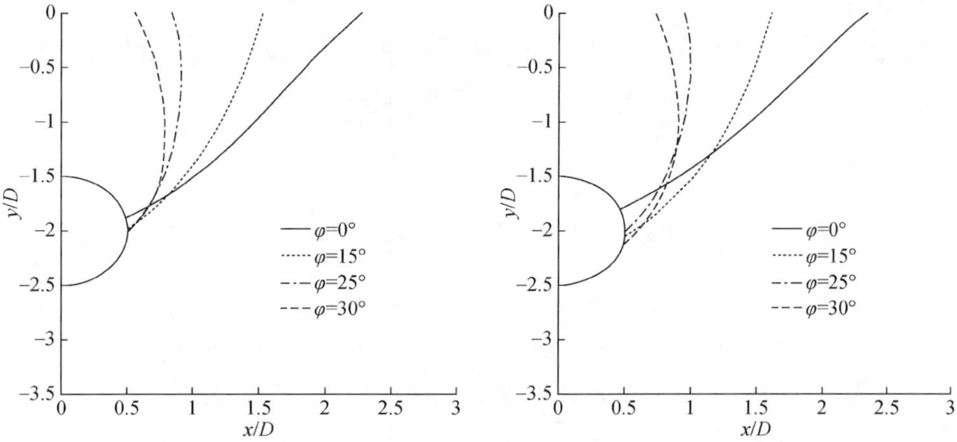

(a) σ_s=0　　(b) σ_s=50kPa

图 6.13　当 C/D=1.5 而 φ 值不同时的最不利位移速度间断线（据 Song and Xiang，2020a）

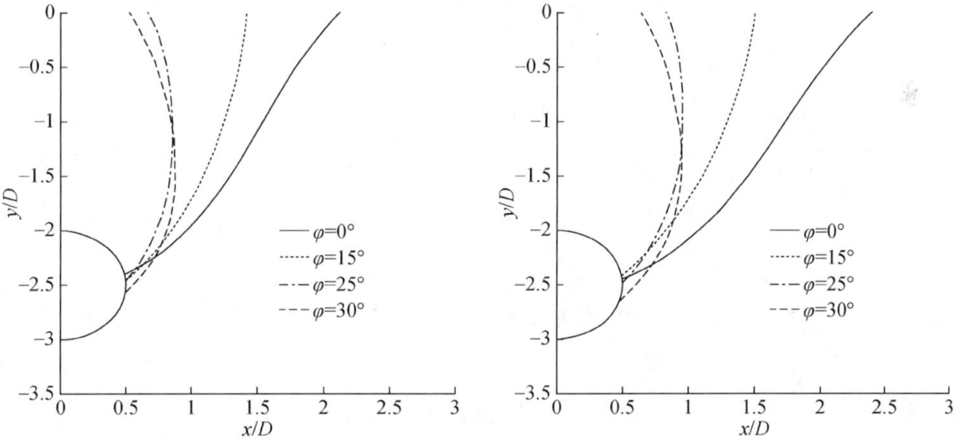

(a) σ_s=0　　(b) σ_s=50kPa

图 6.14　当 C/D=2 而 φ 值不同时的最不利间位移速度断线（据 Song and Xiang，2020a）

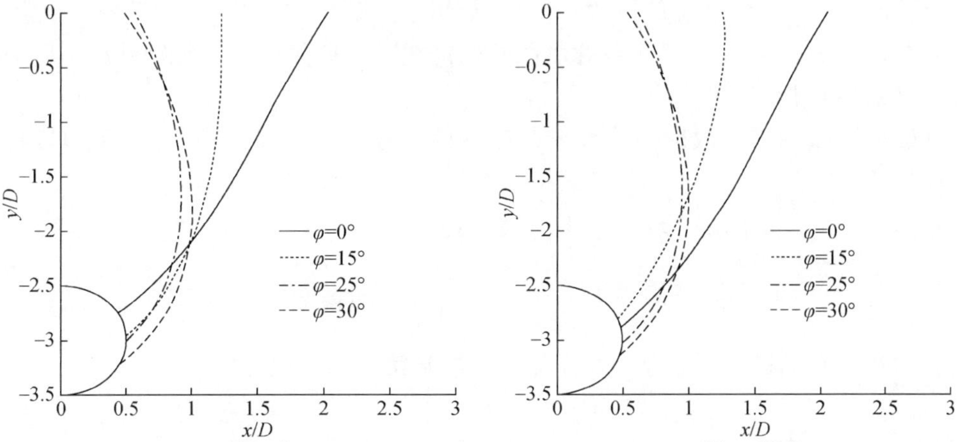

(a) σ_s=0　　(b) σ_s=50kPa

图 6.15　当 C/D=2.5 而 φ 值不同时的最不利间位移速度断线（据 Song and Xiang，2020a）

6.2　有渗流砂–黏性地层浅埋盾构隧道稳定性的解析连续上界极限分析

6.2.1　上界定理表达式与浅埋盾构隧道稳定性必要条件

对于一般的计入孔隙水渗流影响的（岩）土体稳定性上界极限分析问题，如 Kim 等（1999）、Michalowski（1995）、Miller 和 Hamilton（1989）、Miller 和 Hamilton（1990）所述，可以把上界定理式（2.58）表示成两种不同的形式，分别写为

$$\begin{aligned}&\int_A t_i\dot{u}_i^{\mathrm{p}*}\,\mathrm{d}A+\int_A p_{\mathrm{w}}\dot{u}_{n_A}^{\mathrm{p}*}\,\mathrm{d}A+\int_V(f_{bi}+f_{pi})\dot{u}_i^{\mathrm{p}*}\,\mathrm{d}V+\int_S p_{\mathrm{w}}\dot{\Delta}_{n_S}^{\mathrm{p}*}\,\mathrm{d}S\\&\leqslant\left(\dot{E}'=\int_V\bar{\sigma}_{ij}^{\mathrm{p}*}\dot{\varepsilon}_{ij}^{\mathrm{p}*}\,\mathrm{d}V+\int_S\bar{\tau}_i^{\mathrm{p}*}\dot{\Delta}_i^{\mathrm{p}*}\,\mathrm{d}S\right)\end{aligned}\tag{6.34}$$

$$\int_A t_i\dot{u}_i^{\mathrm{p}*}\,\mathrm{d}A+\int_V f_{bi}\dot{u}_i^{\mathrm{p}*}\,\mathrm{d}V\leqslant\left(\dot{E}=\int_V\sigma_{ij}^{\mathrm{p}*}\dot{\varepsilon}_{ij}^{\mathrm{p}*}\,\mathrm{d}V+\int_S\tau_i^{\mathrm{p}*}\dot{\Delta}_i^{\mathrm{p}*}\,\mathrm{d}S\right)\tag{6.35}$$

式中，V 为土体的假设塑性区体积；A 为 V 的表面积；S 为 V 的假设塑性位移间断面积；p_{w} 为土体孔隙水压强；f_{pi}为土体孔隙水压强梯度所生渗流力 f_p 的 i 方向分量（$f_{pi}=-\partial p_{\mathrm{w}}/\partial x_i$）；$t_i$ 为（无水）面力 i 方向分量；f_{bi}为（无水）体力 i 方向分量；$\bar{\sigma}_{ij}^{\mathrm{p}*}$ 和 $\sigma_{ij}^{\mathrm{p}*}=\bar{\sigma}_{ij}^{\mathrm{p}*}-\delta_{ij}p_{\mathrm{w}}$分别为（与塑性运动许可体系 $\dot{u}_i^{\mathrm{p}*}-\dot{\varepsilon}_{ij}^{\mathrm{p}*}$ 相应的）静力平衡体系 $t_i^{\mathrm{p}*}\&f_i^{\mathrm{p}*}-\sigma_{ij}^{\mathrm{p}*}$ 中的有效应力张量和总应力张量（注意，正应力以拉为正）；$\dot{\Delta}_i^{\mathrm{p}*}$ 为塑性位移速度间断；δ_{ij}为洛科内尔 δ 张量，$\bar{\tau}_i^{\mathrm{p}*}$ 和 $\tau_i^{\mathrm{p}*}=\bar{\tau}_i^{\mathrm{p}*}-\delta_{in_S}p_{\mathrm{w}}$ 分别为塑性位移速度间断面上的有效面力向量和总面力向量（注意，有效面力法向分量 $\bar{\tau}_{n_S}^{\mathrm{p}*}$ 和总面力法向分量 $\tau_{n_S}^{\mathrm{p}*}$ 都是以拉为正，$\delta_{in_S}\big|_{i=n_S}=1$，$\delta_{in_S}\big|_{i\neq n_S}=0$）；$\dot{u}_{n_A}^{\mathrm{p}*}$ 为沿土体表面外法线方向的塑性位移速度（$\dot{u}_{n_A}^{\mathrm{p}*}=\dot{u}_i^{\mathrm{p}*}n_{Ai}$，$n_{Ai}$为土体表面外法线单位向量的 i 方向分量）；$\dot{\Delta}_{n_S}^{\mathrm{p}*}$ 为沿塑性位移速度间断面法线方向的塑性位移速度间断（$\dot{u}_{n_S}^{\mathrm{p}*}=\dot{u}_i^{\mathrm{p}*}n_{Si}$，$n_{Si}$为塑性位移速度间断面法线单位向量的 i 方向分量）；其他符号的定义与式（2.58）相同。

式（6.34）采用与有效应力相对应的塑性能耗速率，式（6.35）采用与总应力相对应的塑性能耗速率。这两种不同的表达形式在本质上是相同的，因为

$$\begin{aligned}&\int_V\sigma_{ij}^{\mathrm{p}*}\dot{\varepsilon}_{ij}^{\mathrm{p}*}\,\mathrm{d}V+\int_S\tau_i^{\mathrm{p}*}\dot{\Delta}_i^{\mathrm{p}*}\,\mathrm{d}S\\&=\int_V\bar{\sigma}_{ij}^{\mathrm{p}*}\dot{\varepsilon}_{ij}^{\mathrm{p}*}\,\mathrm{d}V-\int_V p_{\mathrm{w}}\dot{\varepsilon}_{ii}^{\mathrm{p}*}\,\mathrm{d}V+\int_S\bar{\tau}_i^{\mathrm{p}*}\dot{\Delta}_i^{\mathrm{p}*}\,\mathrm{d}S-\int_S p_{\mathrm{w}}\dot{\Delta}_{n_S}^{\mathrm{p}*}\,\mathrm{d}S\end{aligned}\tag{6.36}$$

并且，利用几何方程和散度定理，式（6.36）右端第二项可以写成

$$\begin{aligned}\int_V p_w \dot{\varepsilon}_{ii}^{p*} \mathrm{d}V &= \int_V p_w \frac{\partial \dot{u}_i^{p*}}{\partial x_i} \mathrm{d}V \\ &= \int_V \frac{\partial (p_w \dot{u}_i^{p*})}{\partial x_i} \mathrm{d}V - \int_V \frac{\partial p_w}{\partial x_i} \dot{u}_i^{p*} \mathrm{d}V \\ &= \int_A p_w \dot{u}_{n_A}^{p*} \mathrm{d}A + \int_V f_{pi} \dot{u}_i^{p*} \mathrm{d}V \end{aligned} \tag{6.37}$$

式（6.37）最右端的两项依次分别为土体表面孔隙水压强的塑性功率和土体内部孔隙水压强梯度渗流力的塑性功率。

利用土体孔隙水压强、位置水头、总水头之间的关系

$$p_w = \gamma_w (h_w - y) \tag{6.38}$$

式（6.37）也可以写成

$$\begin{aligned}\int_V p_w \dot{\varepsilon}_{ii}^{p*} \mathrm{d}V &= \int_A p_w \dot{u}_{n_A}^{p*} \mathrm{d}A - \gamma_w \int_V \frac{\partial h_w}{\partial x_i} \dot{u}_i^{p*} \mathrm{d}V + \gamma_w \int_V \frac{\partial y}{\partial x_i} \dot{u}_i^{p*} \mathrm{d}V \\ &= \int_A p_w \dot{u}_{n_A}^{p*} \mathrm{d}A + \int_V f_{hi} \dot{u}_i^{p*} \mathrm{d}V + \gamma_w \int_V \dot{u}_y^{p*} \mathrm{d}V \end{aligned} \tag{6.39}$$

式中，y 为土体孔隙水的高度位置水头（竖直向上为正）；h_w 为土体孔隙水的总水头；f_{hi} 为土体孔隙水力梯度所生渗流力 f_h 的 i 方向分量（$f_{hi} = -\gamma_w \partial h_w / \partial x_i = f_{pi} - \gamma_w \delta_{iy}$；$\delta_{iy} |_{i=y} = 1$，$\delta_{iy} |_{i \neq y} = 0$），$\gamma_w$ 土体孔隙水的重度；可见，右端三项依次分别为土体表面孔隙水压强的塑性功率、土体内部孔隙水力梯度渗流力的塑性功率和浮力的塑性功率（注意，$\dot{u}_i^{p*} \partial y / \partial x_i = \dot{u}_y^{p*}$，即土体任意点竖直向上的塑性位移速度）。

现在，对于（地表水或地下水）水下砂-黏性地层中的浅埋盾构隧道，考虑如图 6.16 所示的计入土体孔隙水压力影响的极限状态，根据极限分析上界定理式（6.34）与式（6.35），可以把维持隧道稳定的必要条件表示为两种不同的形式，分别为

$$\begin{aligned} & -\int_{A_t} \sigma_t \dot{u}_t \mathrm{d}A_t + \int_V \gamma(-\dot{u}_y) \mathrm{d}V + \int_{A_s} p_w \dot{u}_y \mathrm{d}A_s + \int_V (f_{px} \dot{u}_x + f_{py} \dot{u}_y) \mathrm{d}V + \int_S p_w \dot{u}_n \mathrm{d}S \\ \leqslant & \left(\dot{E}' = \int_V c' \dot{\gamma}_{\max} \cos\varphi' \mathrm{d}V + \int_S c' \dot{u}_s \mathrm{d}S \right) \end{aligned} \tag{6.40}$$

$$\begin{aligned} & -\int_{A_t} \sigma_t \dot{u}_t \mathrm{d}A_t + \int_V \gamma(-\dot{u}_y) \mathrm{d}V \\ \leqslant & \left(\dot{E} = \int_V c' \dot{\gamma}_{\max} \cos\varphi' \mathrm{d}V + \int_S c' \dot{u}_s \mathrm{d}S - \int_V p_w (\dot{\varepsilon}_{xx} + \dot{\varepsilon}_{yy}) \mathrm{d}V - \int_S p_w \dot{u}_n \mathrm{d}S \right) \end{aligned} \tag{6.41}$$

式中，等号在临界状态时成立，f_{px} 和 f_{py} 分别为土体孔隙水压强梯度所生渗流力 f_p 的 x 方向分量和 y 方向分量；γ、c'、φ' 分别为土体的干重度、有效黏聚力和有效内摩擦角；其他符号的定义与 6.1 节相同。

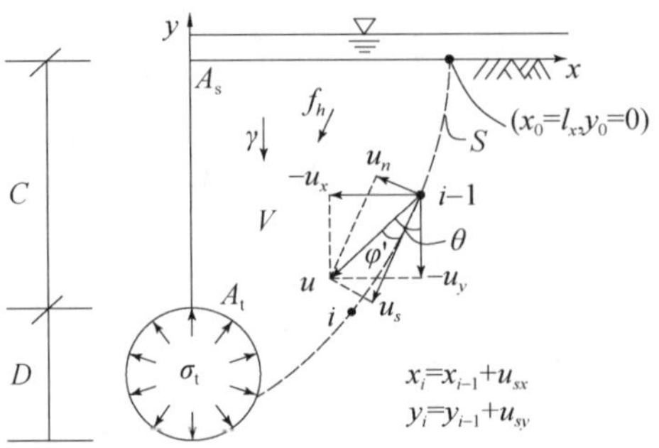

图 6.16　水下砂–黏性地层浅埋盾构隧道（横向平面应变）塑性区及其塑性位移速度间断线（据 Song and Xiang，2020b）

6.2.2　浅埋隧道排水量与水压力的横向二维稳态渗流解析模型

采用 Kolymbas 和 Wagner（2007）提出的均质各向同性浅埋隧道等水头排水的二维稳态流动解析模型，如项彦勇（2011）和项彦勇（2014）所述，参考图 6.17，土体孔隙水压强为

$$
\begin{aligned}
p_w &= \gamma_w (h_w - y) \\
&= \gamma_w \left\{ H_w + \frac{H_w - H_t}{\ln(R/r)} \ln\left[\frac{r}{R} \cdot \sqrt{\frac{x^2 + (y_0 + y - \alpha r)^2}{(r - \alpha y - \alpha y_0)^2 + \alpha^2 x^2}} \right] - y \right\}
\end{aligned}
\tag{6.42}
$$

单位纵向长度隧道的排水流量为

$$
Q = \frac{2\pi K (H_w - H_t)}{\ln\left[\left(y_0 + \sqrt{y_0^2 - r^2} \right) / r \right]} \tag{6.43}
$$

式中，$p_w = p_w(x, y)$ 为土体孔隙水压强；γ_w 土体孔隙水的重度；h_w 为土体孔隙水的总水头；r 为圆形隧道的半径；y_0 为隧道的中心埋深；H_t 为隧道边界的水头；H_w 为地表处的水头（常量，不受隧道排水的影响）；K 为土体的渗透系数；$y_0 = C + D/2$；$r = D/2$；$R = r^2 / \left(y_0 - \sqrt{y_0^2 - r^2} \right)$；$\alpha = \left(y_0 - \sqrt{y_0^2 - r^2} \right) / r$。值得注意的是，这里选取地表（等水头线）为位置水头的基准，水头沿隧道边界为常量，隧道边界是等水头线而不是等水压线，隧道边界压强水头 H_{tp} 是 y 的函数，$H_{tp} = H_t - y$。

6.2.3　算例

1. 数值模拟验证

利用有限元软件 MIDAS GTS/NX，建立有限元模型如图 6.18 所示，参数取值如表 6.3 所示，地层服从莫尔–库仑屈服准则，地表自由、水头为常量，左侧边界和右侧边界水平位移为零、水平渗流为零，底部边界固定、渗流为零，考虑不同的隧道排水流量与不同的隧道支护压力，进行数值模拟。

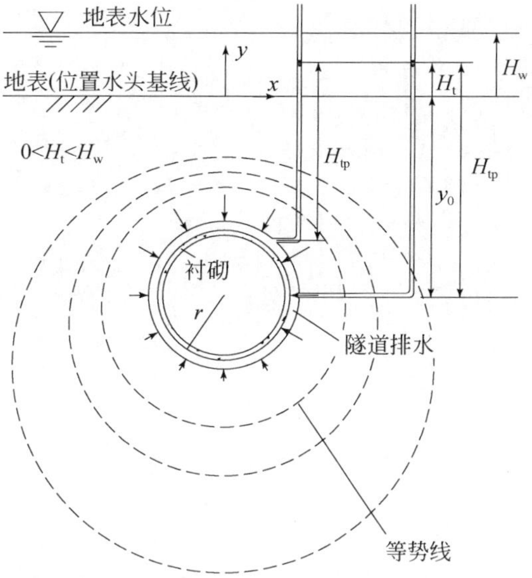

图 6.17　水下浅埋隧道等水头边界排水流动模型（据 Kolymbas and Wagner，2007；项彦勇，2011，2014）

当 $Q=6.5\text{m}^3/(\text{d}\cdot\text{m})$ 时，地层的孔隙水压强分布如图 6.19 所示；可见，解析计算与数值模拟所得结果相同。

这里的解析连续上界极限分析的基本公式和计算方法均与 6.1 节相同，只是需要注意 γ 此时为土体的干重度，把 c 和 φ 分别替换为 c' 和 φ'，并考虑土体孔隙水压强和渗透力的作用；通过解析连续上界极限分析计算，可得隧道必要支护压力的下确界为 $\sigma_{\text{t-l-max}}=355.8\text{kPa}$。

考虑三种不同的支护压力情况，数值模拟所得的地层塑性区分别如图 6.20 所示，其中，深灰色的区域代表出现塑性的地层，图 6.20（b）和图 6.20（c）中浅灰色的区域则代表当隧道支护压力为零时出现塑性的地层；可见，当隧道支护压力为零时地层出现范围很大的塑性区，当支护压力接近、但小于 $\sigma_{\text{t-l-max}}=355.8\text{kPa}$ 时地层出现范围不大的塑性区，当支护压力等于 $\sigma_{\text{t-l-max}}=355.8\text{kPa}$ 时地层不出现塑性区，这就验证了连续上界极限分析法所得必要支护压力的合理性。

当隧道支护压力为零时，考虑三种不同的隧道排水流量，数值模拟所得的地层塑性区分别如图 6.21 所示［图 6.21（b）与图 6.20（a）情况相同］；可见，隧道排水流量越大，地层塑性区越小，这是因为隧道的排水流量越大，有效的地层大主应力与小主应力之差越小。

表 6.3　水下砂–黏性地层浅埋盾构隧道参数

参数	隧道直径 D/m	隧道覆土厚度 C/m	地层弹性模量 E/MPa	地层泊松比 ν	地层干重度 γ/(kN/m^3)	地层有效黏聚力 c'/kPa	地层有效内摩擦角 φ'/(°)	地层渗透系数 k/(m/d)	地表水头 H_w/m
值	10	20	10	0.3	18	6	25	0.864	10

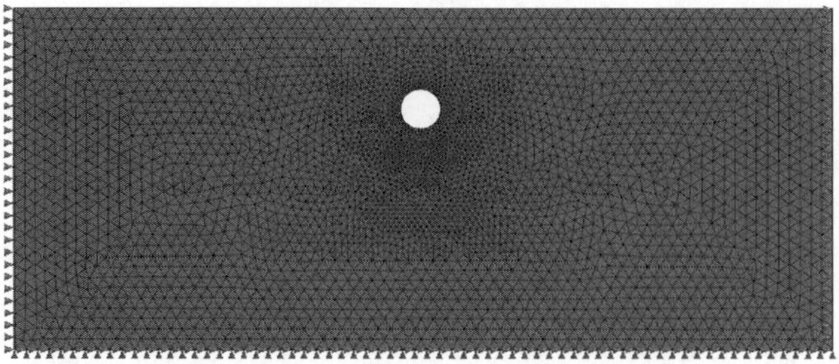

图 6.18　水下砂-黏性地层浅埋盾构隧道有限元网格（据 Song and Xiang，2020b）

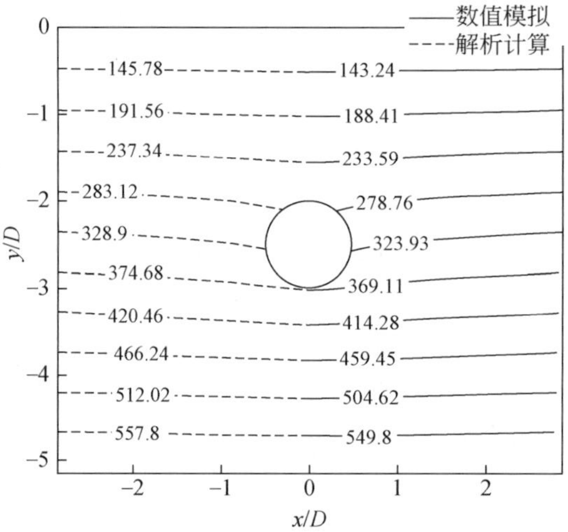

图 6.19　当 $Q=6.5\mathrm{m}^3/(\mathrm{d}\cdot\mathrm{m})$ 时的稳态孔隙水压强（kPa）分布（据 Song and Xiang，2020b）

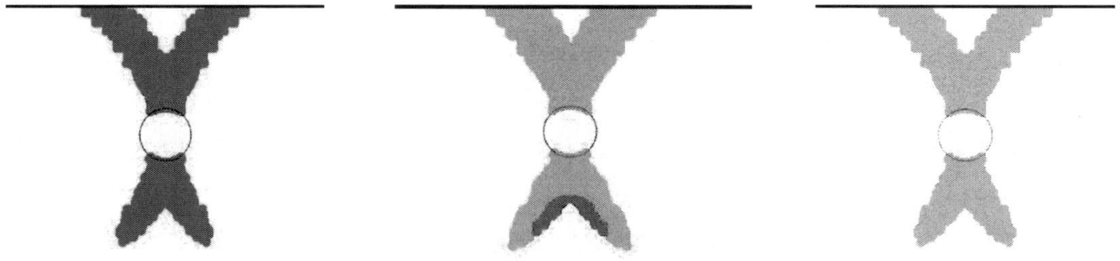

(a) $\sigma_t=0$　　(b) $\sigma_t=300\mathrm{kPa}<\sigma_{t\text{-}l\text{-}max}$　　(c) $\sigma_t=355.8\mathrm{kPa}=\sigma_{t\text{-}l\text{-}max}$

图 6.20　当 $Q=6.5\mathrm{m}^3/(\mathrm{d}\cdot\mathrm{m})$ 时三种不同支护压力情况下的地层塑性区（据 Song and Xiang，2020b）

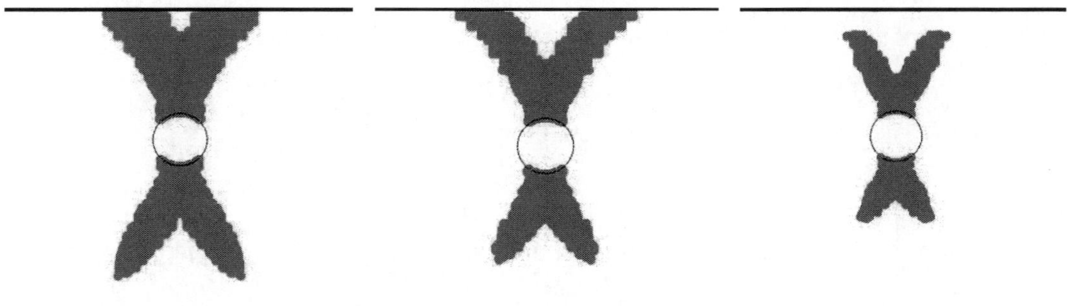

(a) Q=0.5m³/(d·m)　(b) Q=6.5m³/(d·m)　(c) Q=10.5m³/(d·m)

图6.21　当 $\sigma_t=0$ 时三种隧道排水流量情况下的地层塑性区（据 Song and Xiang，2020b）

2. 考虑土体孔隙水压力影响的刚体极限分析及其与解析连续极限分析的对比

采用图6.22所示的水下砂-黏性地层浅埋盾构隧道（单位厚度）横截面的6变量刚体破坏模式，考虑左右对称性，设 V_0、V_1、V_2、V_3 分别为刚性块体0、1、2、3的位移速度（值）；$V_{0,1}$、$V_{1,2}$、$V_{2,3}$分别为刚性块体0与1、1与2、2与3之间的相对位移速度（值）；α_1 与 β_1、α_2 与 β_2、α_3 与 β_3 分别为三角形刚性块体1、2、3的形状角度参数（多边形刚性块体0的形状由三角形刚性块体1的形状确定），为待优化的参数，必须满足图6.23所示的运动许可约束条件。注意，$\overline{M_{i-1}M_i}$（$i=1$，2，3，4）构成地层的外破裂面，$\overline{BM_k}$（$k=1$，2，3，4）构成地层的内破裂面，V_0、V_1、V_2、V_3 的方向分别与对应刚性块体0、1、2、3外破裂面的夹角为 φ'，$V_{0,1}$、$V_{1,2}$、$V_{2,3}$分别与对应刚性块体0和1、1和2、2和3之间的交界的夹角为 φ'，φ'为土体的有效内摩擦角。

所有刚性块体重力的总功率为

$$\dot{W}_\gamma=\gamma\left[\Omega_{OABM_1M_0}V_0+\Omega_{BM_3M_4}V_3\cos(\alpha_3+\varphi')+\sum_{i=1}^{2}\Omega_{BM_iM_{i+1}}V_i\cos\left(\alpha_i+\varphi'-\sum_{j=i+1}^{3}\beta_j\right)\right] \tag{6.44}$$

式中，Ω 为面积；$\Omega_{OABM_1M_0}$为 $OABM_1M_0$ 区域的面积等。

隧道支护压力的功率为

$$\dot{W}_t=\sigma_t D\left[\frac{1}{2}V_0+V_3\sin(\alpha_3+\varphi')\right] \tag{6.45}$$

式中，σ_t 为隧道均匀支护压力集度。

地层孔隙水压强的功率为

$$\dot{W}_p=\left(\sum_{i=1}^{4}p_{w\overline{M_{i-1}M_i}}\overline{M_{i-1}M_i}V_{i-1}+\sum_{k=1}^{3}p_{w\overline{BM_k}}\overline{BM_k}V_{k-1,k}\right)\sin\varphi' \tag{6.46}$$

式中，$p_{w\overline{M_{i-1}M_i}}$为$\overline{M_{i-1}M_i}$（$i=1$，2，3，4）线段处的地层孔隙水压强；$p_{w\overline{BM_k}}$为$\overline{BM_k}$（$k=1$，2，3，4）线段处的地层孔隙水压强；可以根据计算精度的需要，把各线段划分成若干分段，如把$\overline{M_{i-1}M_i}$均匀划分成 n 个分段，各分段的长度为$\overline{M_{i-1}M_i}/n$，取各个分段中点来计算孔隙水压强。

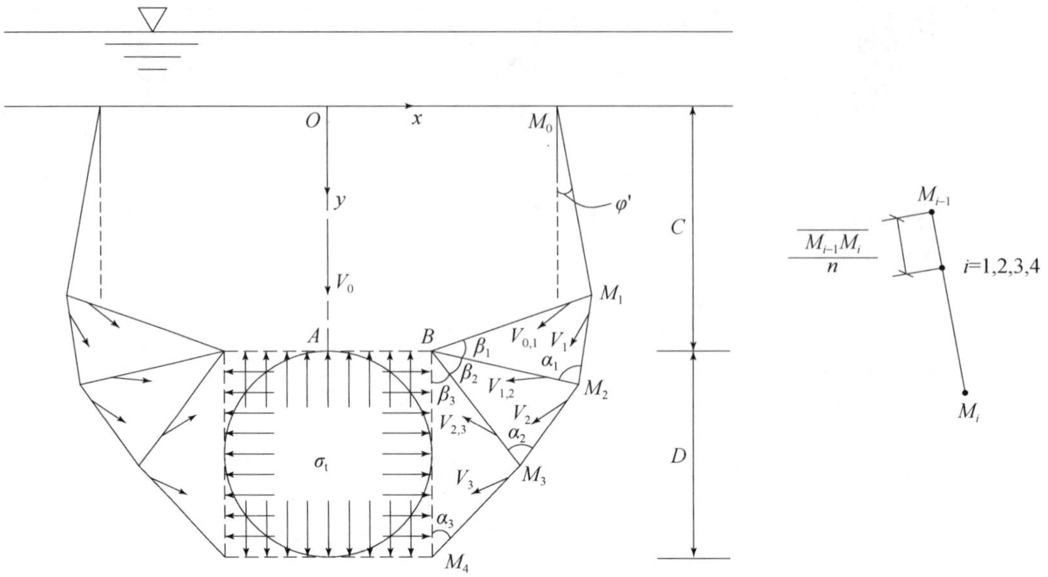

图 6.22　水下砂-黏性地层浅埋盾构隧道的刚体破坏模式（据 Song and Xiang，2020b）

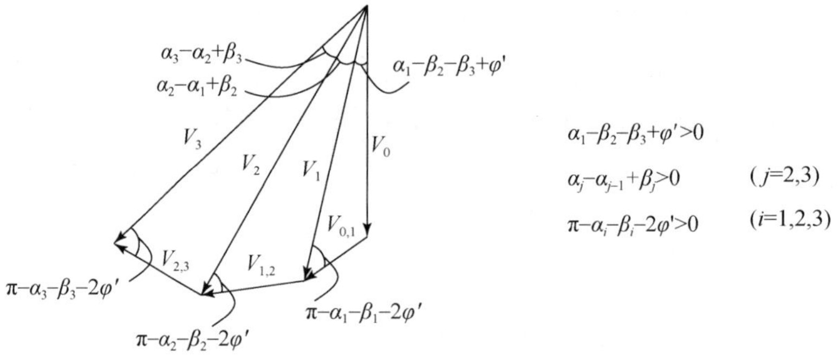

图 6.23　水下砂-黏性地层浅埋盾构隧道刚体破坏模式的速度矢量场（据 Song and Xiang，2020b）

地层的塑性能耗速率为

$$\dot{E}_S = c'\left(\sum_{i=1}^{4}\overline{M_{i-1}M_i}V_{i-1} + \sum_{k=1}^{3}\overline{BM_k}V_{k-1,k}\right)\cos\varphi' \tag{6.47}$$

于是，利用极限分析的上界定理，可得隧道必要支护压力集度的下界为

$$\sigma_{t-1} = \frac{\dot{W}_\gamma + \dot{W}_p - \dot{E}_S}{DV_0/2 + D\sin(\alpha_3+\varphi')V_3} \tag{6.48}$$

其极大值即隧道必要支护压力集度的下确界为

$$\sigma_{t-1-\max} = \frac{\dot{W}_\gamma + \dot{W}_p - \min\dot{E}_S}{DV_0/2 + D\sin(\alpha_3+\varphi')V_3} \tag{6.49}$$

式中，$\min\dot{E}_S$ 为地层塑性能耗速率的极小值。

针对地表水头为常量而隧道排水流量变化的情况，解析连续上界极限分析解与刚体上界极限分析解的对比如表6.4所示。针对隧道排水流量为常量而地表水头变化的情况，解析连续上界极限分析解与刚体上界极限分析解的对比如表6.5所示。可见，在所有情况下，解析连续上界极限分析解与刚体上界极限分析解的相对差别均小于8%。

表6.4　解析连续上界极限分析解与刚体上界极限分析解的对比（$H_w=10$m）（据Song and Xiang，2020b）

流量 Q/[m^3/(d·m)]	解析连续上界极限分析解 $\sigma_{t\text{-}l\text{-}max}$/kPa	刚体上界极限分析解 $\sigma_{t\text{-}l\text{-}max}$/kPa	相对差别/%
0.5	423.51	459.32	7.80
2.5	417.77	440.29	5.11
4.5	412.04	411.50	0.13
6.5	406.31	409.07	0.67

表6.5　解析连续上界极限分析解与刚体上界极限分析解的对比［$Q=0.5m^3$/(d·m)］（据Song and Xiang，2020b）

地表水位 H_w/m	解析连续上界极限分析解 $\sigma_{t\text{-}l\text{-}max}$/kPa	刚体上界极限分析解 $\sigma_{t\text{-}l\text{-}max}$/kPa	相对差别/%
-1	313.51	305.79	2.52
10	423.63	459.32	7.80
20	523.24	504.93	3.62

3. 参数分析

采用表6.3所示的参数（除非另外给定），解析连续上界极限分析的计算结果如图6.24～图6.32所示。

由图6.24可见，对于给定的隧道深-径比 C/D 和排水流量 Q，隧道必要支护压力集度的下确界 $\sigma_{t\text{-}l\text{-}max}$ 随地表水头 H_w 的增大而（近似）线性地增大，并且，当土体的有效内摩擦角 φ' 较大时，如 $\varphi'=25°$ 或 $\varphi'=35°$，这种影响稍加显著（直线关系的斜率较大）。

由图6.25可见，对于给定的地表水头 H_w 和隧道排水流量 Q，隧道必要支护压力集度的下确界 $\sigma_{t\text{-}l\text{-}max}$ 随隧道深-径比 C/D 的增大而（近似）线性地增大，并且，当土体的有效内摩擦角 φ' 较小时，如 $\varphi'=15°$，这种影响较显著。

由图6.26可见，对于给定的地表水头 H_w 和隧道深-径比 C/D，隧道必要支护压力集度的下确界 $\sigma_{t\text{-}l\text{-}max}$ 随隧道排水流量 Q 的增大而线性地减小，这是因为，如图6.27所示，隧道边界的孔隙水压强 $\gamma_w H_t$ 随排水流量 Q 的增大而减小。

由图6.28可见，对于给定的地表水头 H_w 和隧道深-径比 C/D，地层的最不利塑性区范围随隧道排水流量 Q 的增大而减小。由图6.29可见，对于给定的隧道深-径比 C/D 和隧道排水流量 Q，地层的最不利塑性区范围随地表水头 H_w 的增大而增大。

由图6.30～图6.32可见，不论隧道深-径比 C/D 如何，土体的有效内摩擦角 φ' 越大，地层的最不利塑性区范围（以及对应的隧道必要支护压力下确界；未显示）越小；当土体的有效内摩擦角 φ' 较小时，如 $\varphi'=15°$，砂-黏性地层的最不利塑性区范围与纯黏性土地层时基本相同，特别是当隧道深-径比 C/D 不大时，如 $C/D=2$ 或 $C/D=2.5$，尤其如此。

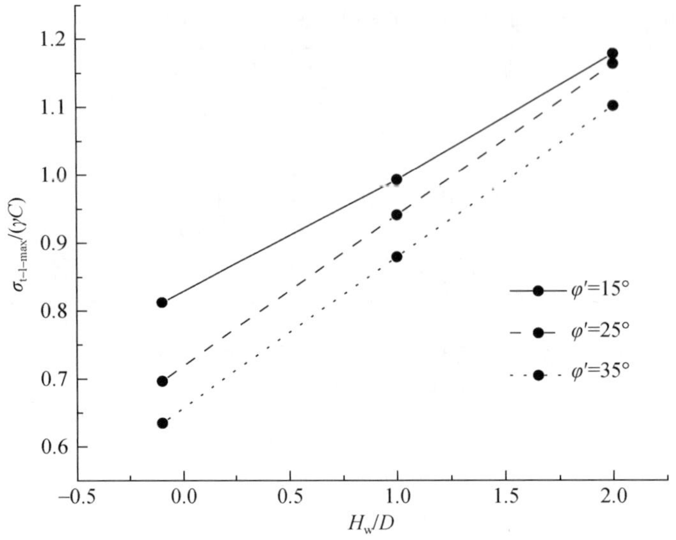

图 6.24　H_w 变化对 $\sigma_{t\text{-}1\text{-}max}$ 的影响［$C/D=2.5$，$Q=0.5m^3/(d\cdot m)$］（据 Song and Xiang，2020b）

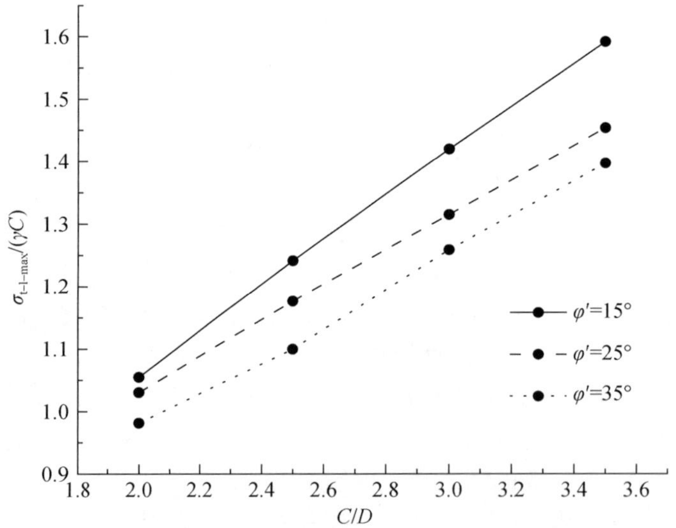

图 6.25　C/D 变化对 $\sigma_{t\text{-}1\text{-}max}$ 的影响［$Q=0.5m^3/(d\cdot m)$，$H_w=10m$］（据 Song and Xiang，2020b）

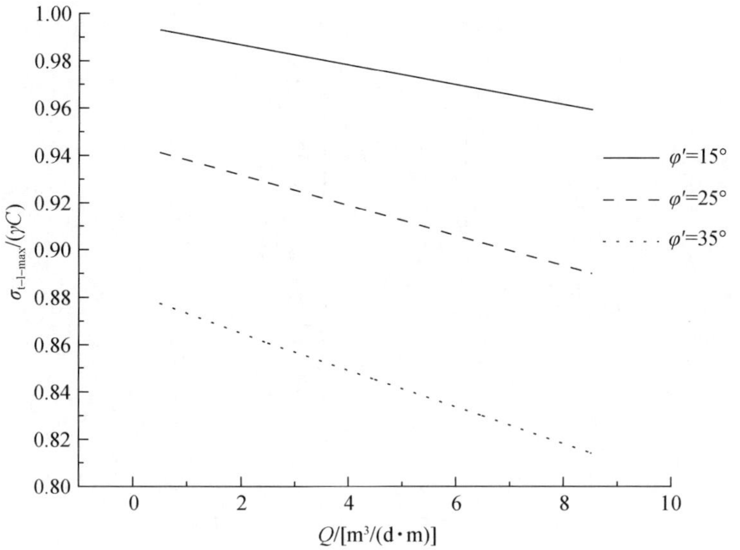

图6.26　Q 变化对 $\sigma_{t-l-max}$ 的影响（$C/D=2.5$，$H_w=10m$）（据 Song and Xiang，2020b）

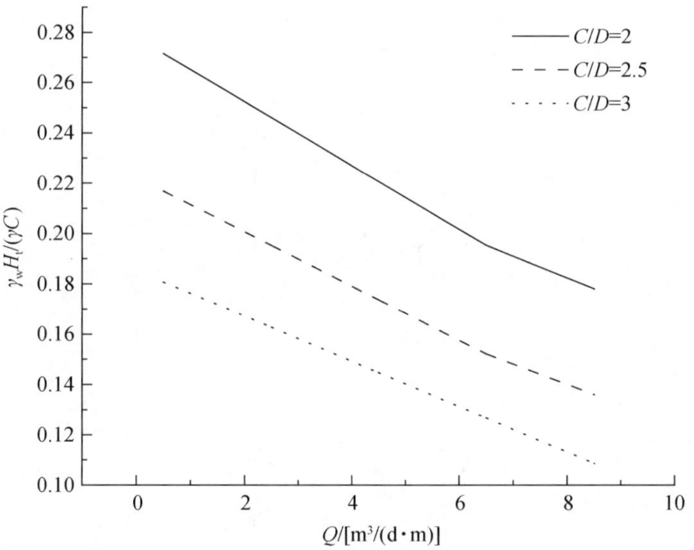

图6.27　Q 变化对 $\gamma_w H_t$ 的影响（$H_w=10m$）（据 Song and Xiang，2020b）

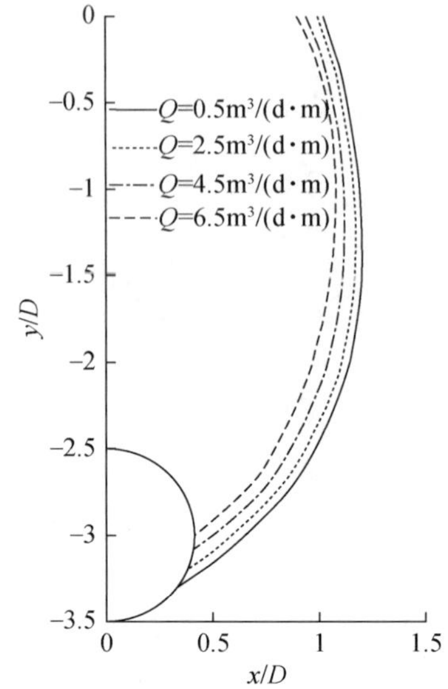

图 6.28　Q 对最不利滑移线位置的影响（$C/D=2.5$，$\varphi'=25°$，$H_w=10\text{m}$）（据 Song and Xiang，2020b）

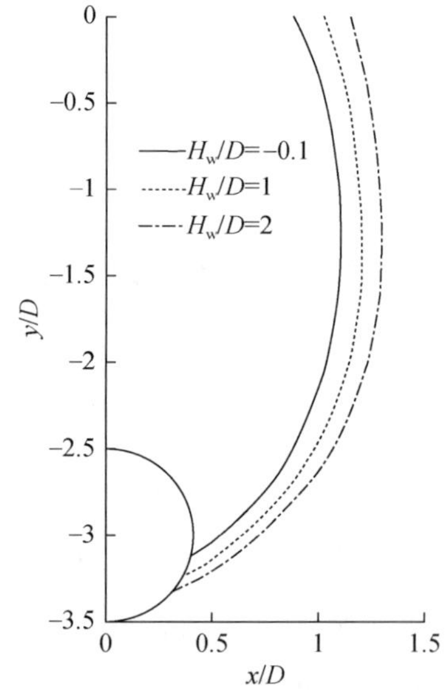

图 6.29　H_w 对最不利滑移线位置的影响［$C/D=2.5$，$\varphi'=25°$，$Q=0.5\text{m}^3/(\text{d}\cdot\text{m})$］（据 Song and Xiang，2020b）

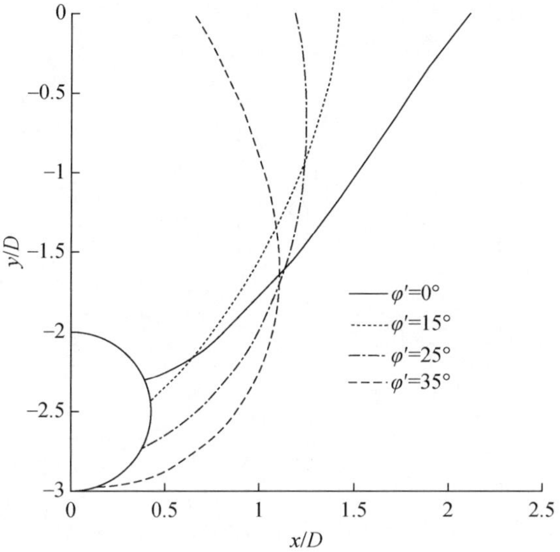

图 6.30　φ'对最不利滑移线位置的影响 [$C/D=2$，$Q=0.5\text{m}^3/(\text{d}\cdot\text{m})$，$H_w=10\text{m}$]
（据 Song and Xiang，2020b）

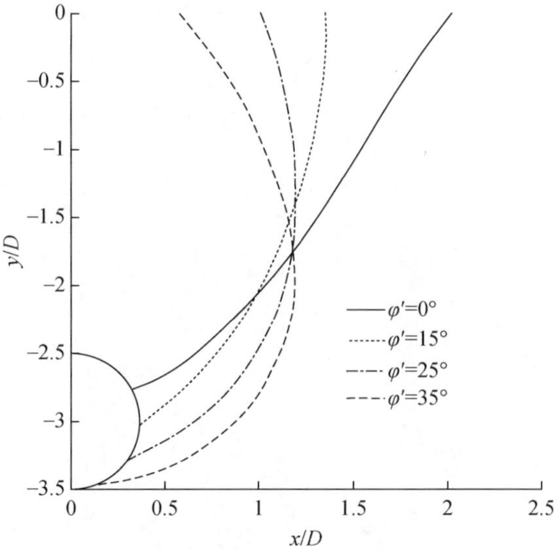

图 6.31　φ'对最不利滑移线位置的影响 [$C/D=2.5$，$Q=0.5\text{m}^3/(\text{d}\cdot\text{m})$，$H_w=10\text{m}$]
（据 Song and Xiang，2020b）

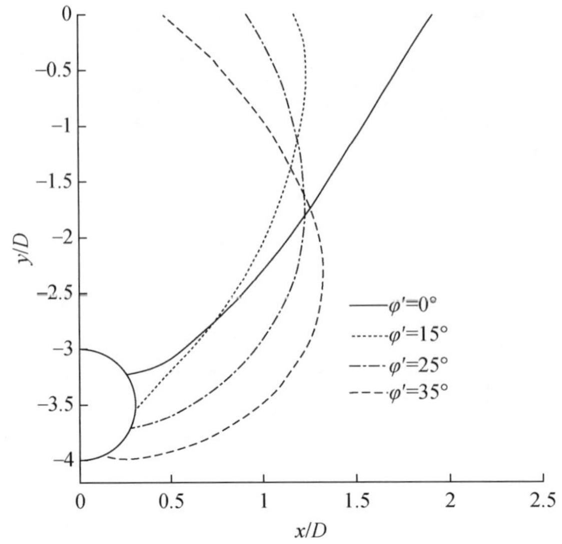

图 6.32　φ′对最不利滑移线位置的影响［$C/D=3$，$Q=0.5\mathrm{m}^3/(\mathrm{d}\cdot\mathrm{m})$，$H_w=10\mathrm{m}$］
（据 Song and Xiang，2020b）

第7章　黏性地层浅埋盾构隧道解析连续上界极限分析的一些扩展

本章分别针对局部建筑荷载地层浅埋盾构隧道尾部主动失稳情况、开挖面主动失稳情况、尾部被动失稳情况，阐述黏性地层浅埋盾构隧道解析连续上界极限分析的三种扩展。

7.1　黏性地层局部建筑荷载对浅埋盾构隧道尾部必要支护力下确界的影响

7.1.1　黏性地层地表荷载对浅埋盾构隧道尾部必要支护压力下确界的影响

项彦勇和唐志明（2017）采用与5.1节相同的连续上界极限分析方法，计算分析了黏性地层地表荷载对浅埋盾构隧道必要支护压力下确界的影响。

如图7.1所示，考虑黏性地层浅埋盾构隧道横截面的稳定性问题，设 γ 为地层的重度，c_u 为地层的不排水抗剪强度；c_u 可随深度变化，$c_u=c_{u0}+\rho z$，其中，c_{u0}代表地表的不排水抗剪强度，ρ 代表不排水抗剪强度沿深度的梯度。

附近地表作用有范围为 $a\leqslant x\leqslant b$、集度为 q 的均布荷载，分别计算参数 a、b、q 对隧道横截面必要支护压力集度下确界 $\sigma_{t\text{-}l\text{-}max}$的影响。

如图7.2所示，当 $D=6\text{m}$、$C/D=2$、$\rho D/c_{u0}=0$、$c_{u0}=20\text{kPa}$、$\gamma D/c_{u0}=3$、$a/D=0$、$b/D=3$、$q/c_{u0}=4$ 时，必要支护力集度的下确界为 $\sigma_{t\text{-}l\text{-}max}=4.85c_{u0}$，对应的位移模式参数为 $2(z_m-z_0)/D=0.58$，$\alpha=0.48$。

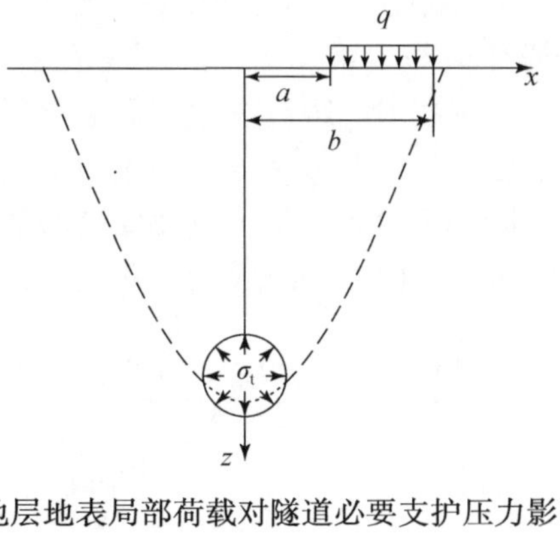

图7.1　黏性地层地表局部荷载对隧道必要支护压力影响的概念模型

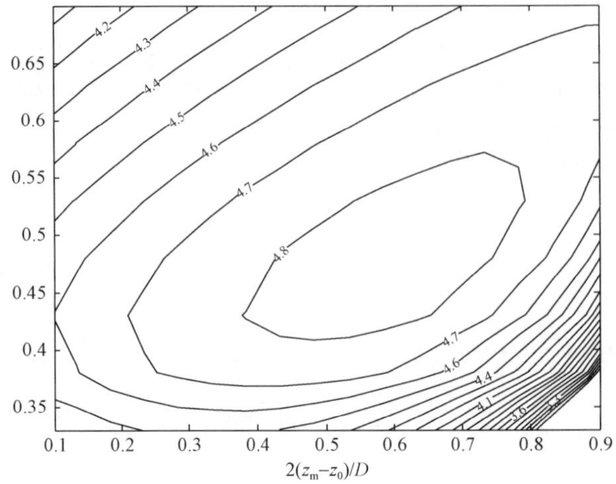

图 7. 2　与位移模式参数 α 和 z_m 对应的无量纲必要支护压力集度 σ_t/c_{u0} 等值线

图 7. 3（a）显示当 a 和 b 取不同设定值时，q 对 $\sigma_{t\text{-}l\text{-}max}$ 的影响特征；可见，$\sigma_{t\text{-}l\text{-}max}$ 随 q 的增大而线性地增大，斜率随 a 的增大而减小，表明当地表局部荷载横向距离增大时，局部荷载集度变化的影响在减小，反之亦然。

图 7. 3（b）显示当 b 和 q 取不同设定值时，a 对 $\sigma_{t\text{-}l\text{-}max}$ 的影响特征；可见，$\sigma_{t\text{-}l\text{-}max}$ 随 a 的增大而非线性地减小，曲线的绝对斜率随 q 的增大而增大，但都逐渐趋于常数，表明当地表局部荷载集度增大时，局部荷载横向距离变化的影响也在增大，但影响幅度的变化会随局部荷载横向距离的增大而逐渐趋于零。

图 7. 3（c）显示当 a 和 q 取不同设定值时，b 对 $\sigma_{t\text{-}l\text{-}max}$ 的影响特征；可见，$\sigma_{t\text{-}l\text{-}max}$ 随 b 的增大而非线性地增大，曲线的绝对斜率随 q 的增大而增大，但都逐渐趋于常数，表明当地表局部荷载集度增大时，局部荷载范围变化的影响也在增大，但影响幅度的变化会随局部荷载范围的增大而逐渐趋于零。

图 7. 3（d）显示当（$b-a$）和 q 取不同设定值时，$(a+b)/2$ 对 $\sigma_{t\text{-}l\text{-}max}$ 的影响特征；可见，$\sigma_{t\text{-}l\text{-}max}$ 随 $(a+b)/2$ 的增大而非线性地减小，曲线的绝对斜率随 q 的增大而增大，但都逐渐趋于常数，表明当地表局部荷载集度增大时，局部荷载中心距离变化的影响也在增大，但影响幅度的变化会随局部荷载中心距离的增大而逐渐趋于零。

综上可知，在其他参数不变的前提下，必要支护压力下确界随地表荷载或浅基础荷载量值的增大而线性地增大，随地表荷载或浅基础荷载横向距离的增大而非线性地减小并趋于定值，随地表荷载或浅基础荷载横向范围的增大而非线性地增大并趋于定值。

7. 1. 2　黏性地层桩基荷载对浅埋盾构隧道必要支护压力下确界的影响

项彦勇和唐志明（2017）采用与 5. 1 节相同的连续上界极限分析方法，计算分析了黏性地层桩基荷载对浅埋盾构隧道必要支护压力下确界的影响。

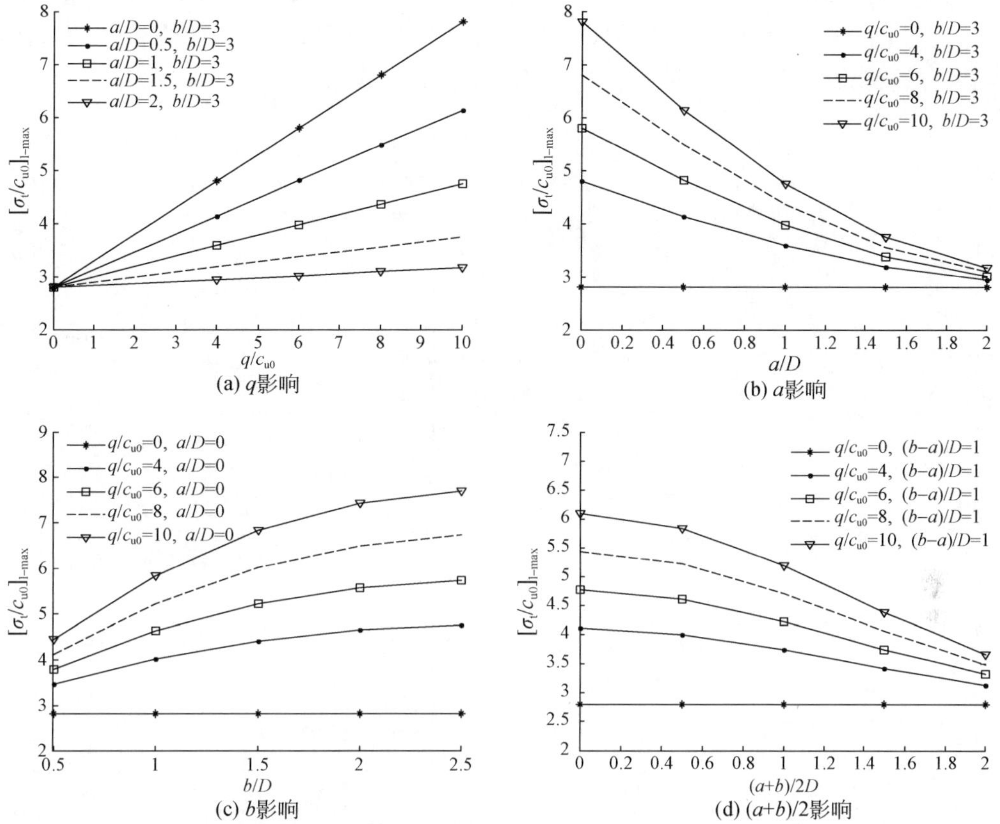

图 7.3　地表局部荷载参数对无量纲必要支护压力集度下确界 $[\sigma_t/c_{u0}]_{1\text{-}max}$ 的影响

如图 7.4 所示，考虑附近横向距离为 a、长度为 h_0、半径为 r、侧面摩擦力集度为 τ、底端压力集度为 p 的桩基荷载，分别计算参数 τ、p、a、h_0 对隧道必要支护压力集度下确界 $\sigma_{t\text{-}1\text{-}max}$ 的影响；其中，为简化计算，按静力等效原则，把桩基侧面摩擦力简化为沿桩基轴线的集度为 $2\pi r\tau$ 的等效压力，把桩基底端压力简化为底端的量值为 $\pi r^2 p$ 的等效集中压力。

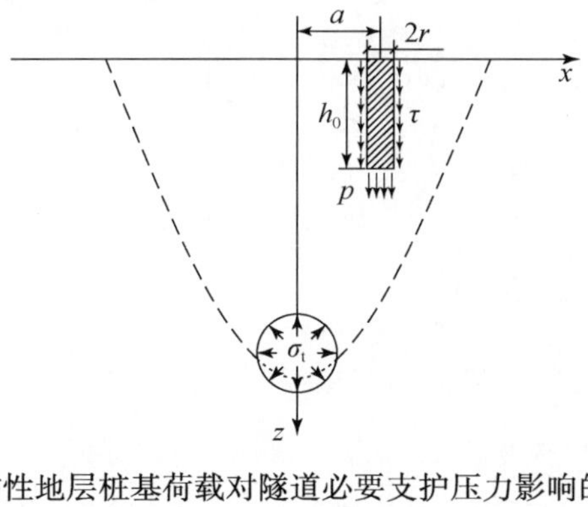

图 7.4　黏性地层桩基荷载对隧道必要支护压力影响的概念模型

图 7.5（a）显示当（摩擦桩）h_0 不变而 a 取不同设定值时，τ 对 $\sigma_{t-l-max}$ 的影响特征；可见，$\sigma_{t-l-max}$ 随 τ 的增大而线性地增大，斜率随 a 的增大而减小，表明当桩基荷载的横向距离增大时，侧面摩擦力集度变化的影响在减小，反之亦然。

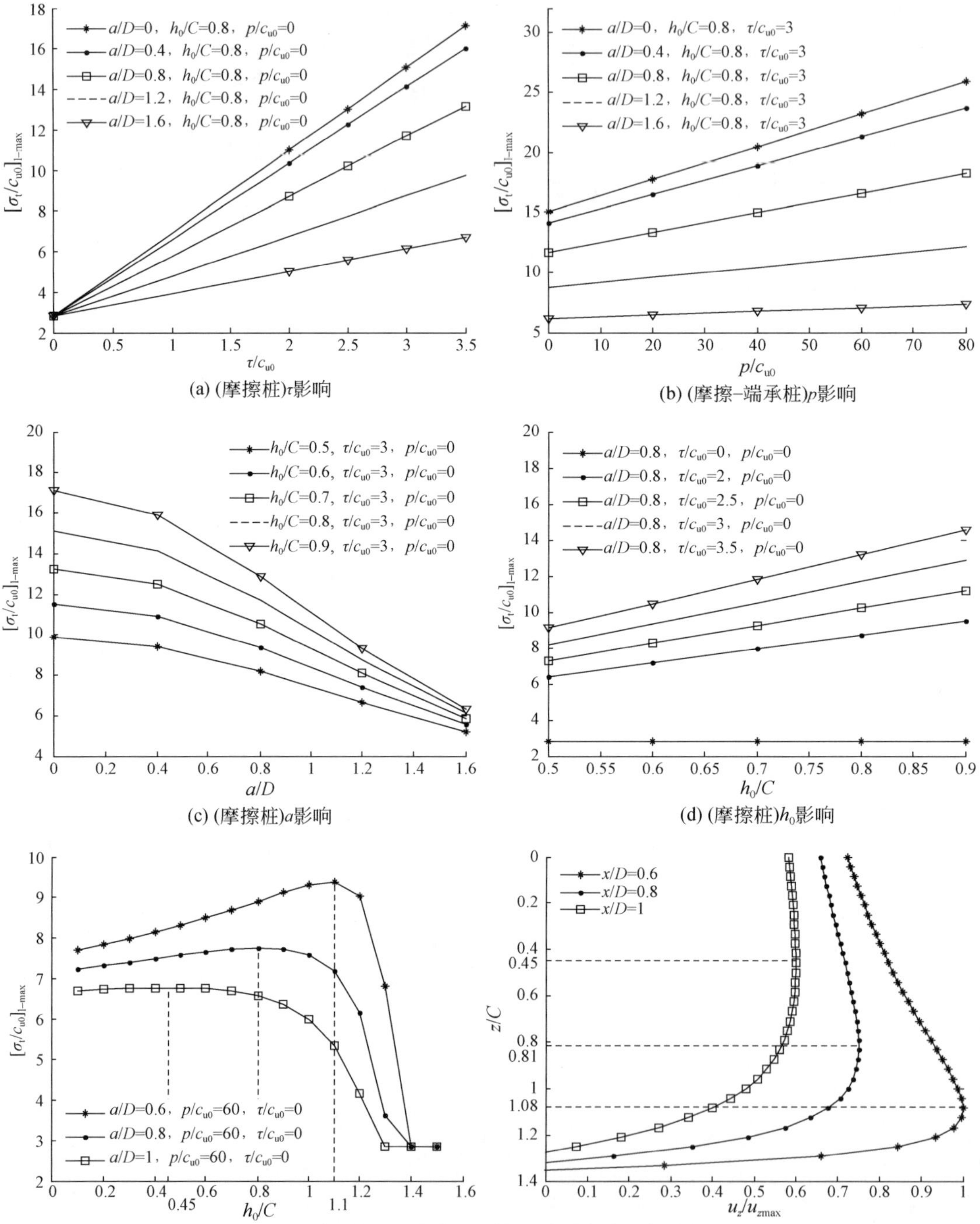

(a) (摩擦桩)τ影响　(b) (摩擦-端承桩)p影响

(c) (摩擦桩)a影响　(d) (摩擦桩)h_0影响

(e) (端承桩)h_0影响(左)与地层沉降的竖向分布曲线(右)

图 7.5　桩基荷载参数对无量纲必要支护压力集度下确界 $[\sigma_t/c_{u0}]_{l-max}$ 的影响

图7.5 (b) 显示当 (摩擦-端承桩) h_0 和 τ 均不变而 a 取不同设定值时，p 对 $\sigma_{\text{t-l-max}}$ 的影响特征，情况与图7.5 (a) 相似。

图7.5 (c) 显示当 (摩擦桩) τ 不变而 h_0 取不同设定值时，a 对 $\sigma_{\text{t-l-max}}$ 的影响特征；可见，$\sigma_{\text{t-l-max}}$ 随 a 的增大而非线性地减小，曲线的绝对斜率随 h_0 的增大而增大。

图7.5 (d) 显示当 (摩擦桩) a 不变而 τ 取不同设定值时，h_0 对 $\sigma_{\text{t-l-max}}$ 的影响特征；可见，$\sigma_{\text{t-l-max}}$ 随 h_0 的增大而线性地增大，斜率随 τ 的增大而增大。

图7.5 (e) 显示当 (端承桩) p 不变而 a 取不同设定值时，h_0 对 $\sigma_{\text{t-l-max}}$ 的影响特征，以及地层沉降 u_z 的竖向分布曲线 $u_{z\max}=\max u_z$；可见，对于给定的横向位置，地层沉降沿竖向的分布曲线存在与极大值点对应的深度，当 h_0 小于该深度时，地层沉降和 $\sigma_{\text{t-l-max}}$ 均随 h_0 的增大而增大，而当 h_0 大于该深度时，地层沉降和 $\sigma_{\text{t-l-max}}$ 则均随 h_0 的增大而减小。

综上可知，在其他参数不变的前提下，必要支护压力下确界，随桩基础侧面剪力荷载量值、底面压力荷载量值的增大而线性地增大，随桩基础荷载横向距离的增大而非线性地减小并趋于定值；对端承桩而言，当桩基长度小于 (或大于) 地层沉降竖向分布曲线极大值点对应的深度时，随桩基长度的增大而非线性地增大 (或减小)。

7.2　黏性地层浅埋盾构隧道开挖面稳定性的三维解析连续上界极限分析

针对不排水黏性地层浅埋盾构隧道开挖面的稳定性问题，考虑隧道的尺寸和开挖面失稳范围的变化，采用球形体积损失-位移模型，计算对应的地层失稳范围，进行三维解析连续上界极限分析，研究关键参数对必要支护压力及容许稳定荷载系数的影响 (张西巡，2019)。

7.2.1　三维解析连续上界极限分析理论与算法

1. 浅埋盾构隧道开挖的球形体积损失-位移模型

如图7.6所示，Pinto和Whittle (2013) 考虑隧道的尺寸，采用半无限长连续分布等效球形体积损失来表征浅埋盾构隧道开挖，利用镜像法求解，得到地层三维位移解

$$u_x=\frac{V_{2D}}{4\pi}\left\{\frac{x(R_1-z)}{r_1^2R_1}+\frac{(3-4v)x(R_2-z)}{r_2^2R_2}+\frac{xy(y-H)[2z(3R_2^2-z^2)-4R_2^3]}{r_2^4R_2^3}\right\} \tag{7.1}$$

$$u_y=\frac{V_{2D}}{4\pi}\left\{\frac{(y+H)(R_1-z)}{r_1^2R_1}+\frac{2y(y-H)^2[z(3R_2^2-z^2)-2R_2^3]}{r_2^4R_2^3}+\frac{[(3-4v)(y-H)-2H](R_2-z)-2(R_2-z)(y-H)}{r_2^2R_2}\right\} \tag{7.2}$$

$$u_z=\frac{V_{2D}}{4\pi}\left\{\frac{1}{R_1}+\frac{(3-4v)}{R_2}+\frac{2y(y-H)}{R_2^3}\right\} \tag{7.3}$$

式中，x、y、z 分别为沿隧道横向、竖向、纵向的直角坐标，$u_x=u_x(x,y,z)$、$u_y=u_y(x,y,z)$、$u_z=u_z(x,y,z)$ 分别为地层中坐标为 (x,y,z) 的任意点沿 x、y、z 方向的位移；ν 为地层

泊松比；D、C、$H=C+D/2$ 分别为隧道开挖面的直径、拱顶埋深和中心埋深；$r_1=\sqrt{x^2+(y+H)^2}$；$r_2=\sqrt{x^2+(y-H)^2}$；$R_1=\sqrt{x^2+z^2+(y+H)^2}$；$R_2=\sqrt{x^2+z^2+(y-H)^2}$；$V_{2D}$ 为与隧道开挖球形体积损失等效的横向二维体积损失，$V_{2D}=\pi Du_\varepsilon$，$u_\varepsilon$ 为隧道横截面边界的径向收缩位移。

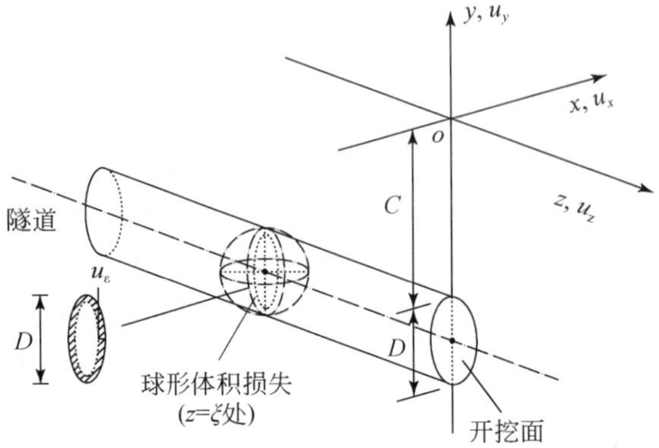

图 7.6　浅埋盾构隧道开挖的球形体积损失模型（据 Pinto and Whittle，2013）

2. 上界定理与地层失稳范围

根据极限分析理论的上界定理，对于满足机动许可条件的地层塑性位移速度场，当地层的荷载塑性功率等于塑性能耗速率时，该荷载即为破坏荷载的上界。

如图 7.7 所示，对于不排水黏性地层的浅埋盾构隧道开挖，假设地层服从理想塑性屈瑞斯卡屈服准则，任意点的位移速度和应变速率分别与该点的位移和应变成正比，则维持地层稳定的必要条件可以写为

$$\int_{A_s}\sigma_s(-u_y)\,\mathrm{d}A_s+\int_V\gamma(-u_y)\,\mathrm{d}V-2\int_V c_u\max|\varepsilon_n|\,\mathrm{d}V-\int_F c_u u_F\mathrm{d}F\leqslant\int_{A_t}\sigma_t u_z\mathrm{d}A_t \quad (7.4)$$

式中，V 为地层（塑性破坏）失稳区的体积；F 为地层失稳区边界的面积；A_t 为开挖面的失稳范围；A_s 为地表的失稳范围；c_u 为地层的不排水抗剪强度；γ 为地层的重度：σ_s 为地表的均匀分布压力集度；σ_t 为维持地层稳定所需开挖面的均匀分布支护压力集度；u_F 为地层失稳区边界面（即塑性位移速度间断面）F 上的切向位移；ε_n 为地层的主应变分量（$n=1,2,3$）。

在不排水条件下，设黏性地层的体积不可压缩（$V=0.5$），式（7.4）可以改写为

$$\sigma_t\geqslant\sigma_{t\text{-}1}=\sigma_s-\frac{2\int_V c_u\max|\varepsilon_n|\,\mathrm{d}V+\int_F c_u u_F\mathrm{d}F-\int_V\gamma(-u_y)\,\mathrm{d}V}{\int_{A_s}(-u_y)\,\mathrm{d}A_s} \quad (7.5)$$

式中，$\sigma_{t\text{-}1}$为维持地层稳定所需开挖面均匀分布支护压力集度的下界。

参考图 7.7，为了量化开挖面的失稳范围，定义开挖面失稳范围参数 ρ，代表开挖面失稳边界与开挖面水平直径线的最大距离，则 $(\rho^2+D^2/4)/(2\rho)$ 为开挖面失稳边界圆弧的半径。可见，当隧道开挖面全部失稳时，失稳范围参数为 $\rho=D/2$。

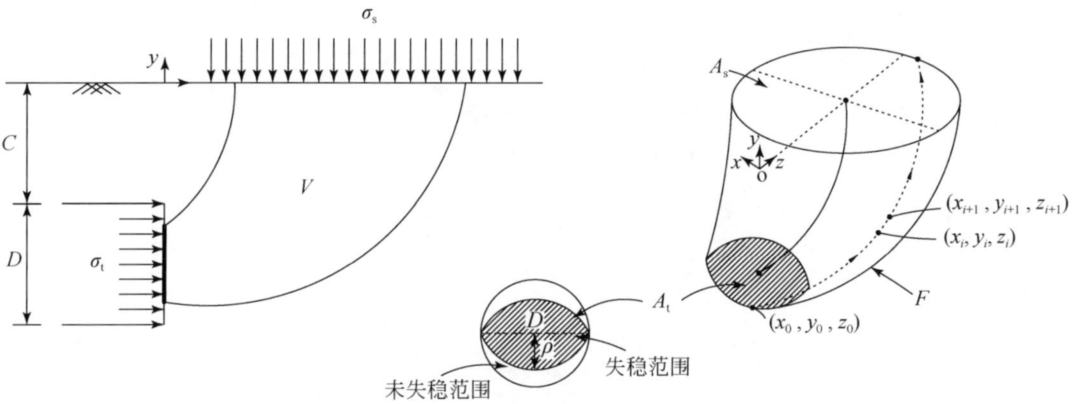

图 7.7　隧道开挖面和地层的任意失稳模式

基于给定开挖面失稳边界上坐标为(x_0,y_0,z_0)的任意一点，按下式反向计算，可得以该点为终点的地层失稳边界面上各点的坐标

$$\begin{cases}x_{i+1}=x_i+u_{xi}\\ y_{i+1}=y_i+u_{yi} \quad i=0,1,2,\cdots\\ z_{i+1}=z_i+u_{zi}\end{cases} \tag{7.6}$$

式中，u_{xi}、u_{yi}、u_{zi}分别为地层失稳边界面上点 i 的 x、y、z 方向位移分量，由式（7.1）~式（7.3）计算。

这样，基于开挖面失稳范围，利用隧道开挖所产生的地层位移场，倒推计算相应地层点的初始位置坐标，连线后可得对应的地层失稳范围。因为这里所需要的是地层位移的模式而非量值，故可以任意选取隧道等效横向二维体积损失 V_{2D} 或隧道横截面边界径向收缩位移 u_ε 的量值。图 7.8（a）和图 7.8（b）分别显示了在设定参数条件下与 $\rho/D=0.3$ 和 $\rho/D=0.5$ 对应的地层失稳范围。图 7.9（a）和图 7.9（b）分别显示了在设定参数条件下

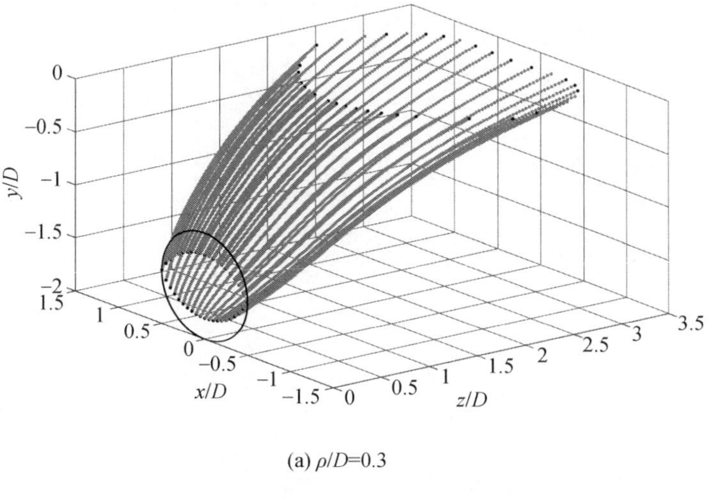

(a) $\rho/D=0.3$

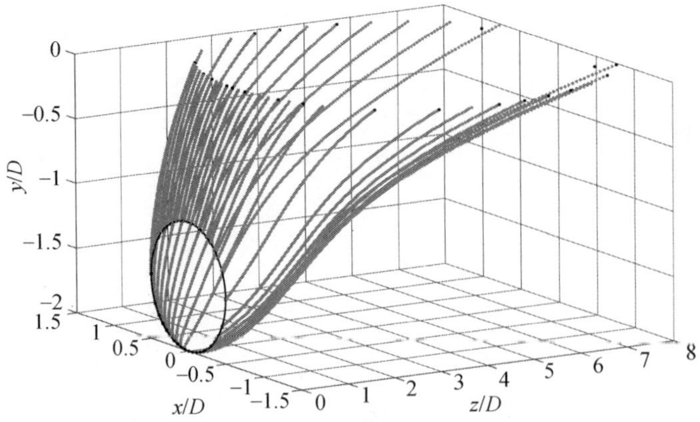

(b) ρ/D=0.5

图 7.8　与不同隧道开挖面失稳范围参数对应的地层失稳范围（D=10m，C/D=1.5）

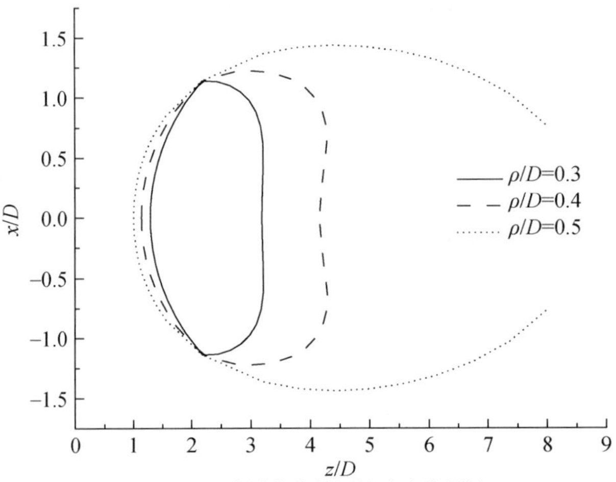

(a) 地层失稳范围的地表边界线

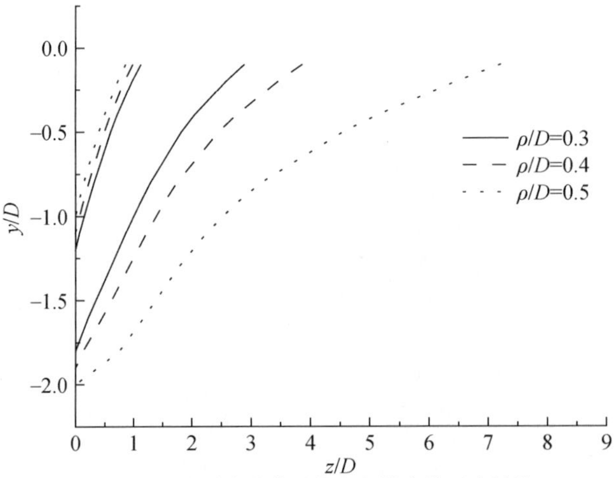

(b) 地层失稳范围的中心纵向截面边界线

图 7.9　隧道开挖面失稳范围参数对地层失稳范围的影响（D=10m，C/D=1.0）

隧道开挖面失稳范围参数对地层失稳范围的影响。可见，地层的失稳范围是随隧道开挖面失稳范围的增减而增减的。

当 $\rho/D=0.3$ 时，隧道深-径比 C/D 对地层失稳范围的影响如图 7.10 所示。当 $\rho/D=0.25$ 时，本书计算所得的地层失稳范围、Klar 等（2007）的地层失稳范围、Mollon 等（2013）的 M1 形式的地层失稳范围和 M2 形式的地层失稳范围分别如图 7.11 所示。

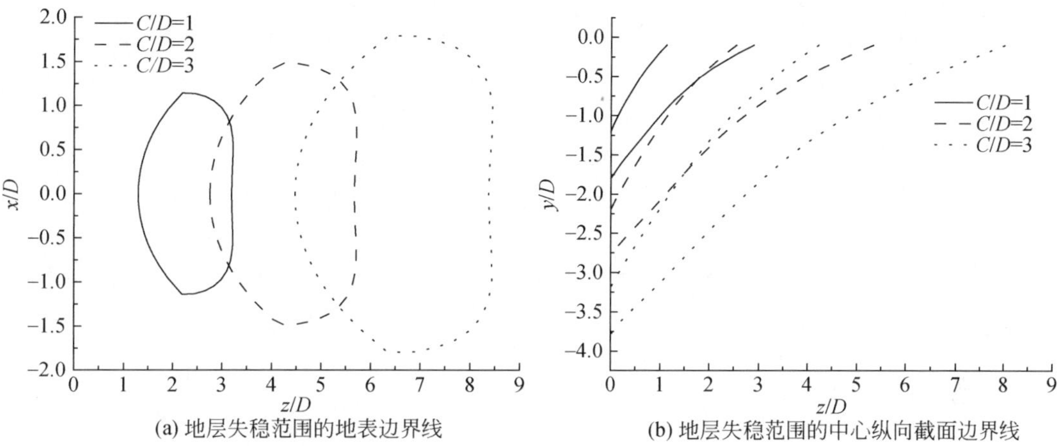

图 7.10　隧道深-径比对地层失稳范围的影响（$D=10$m，$\rho/D=0.3$）

3. 开挖面支护压力及稳定荷载系数的计算

（1）地层失稳区及边界面的划分与离散

对于给定的隧道开挖面失稳范围，考虑倒推计算所得的地层失稳范围。利用地层失稳范围关于隧道轴线的对称性，选取隧道中心纵向截面一侧的地层失稳区及其边界面进行离散。如图 7.12 所示，把开挖面失稳边界分成 M 个分段，对应的地层失稳区分成 M 个分区和 N_y 个分层，则每个分层都包含 M 个分块；取分层（沿竖向即 y 方向的）厚度 δ_y 足够小，把分层近似成以顶面为水平常截面的柱体；把各分层的所有分块（$m=1,2,\cdots,M$）都离散成（沿纵向即 z 方向的）N_z 排和（第 k 排、沿横向即 x 方向的）N_{x-k}列的（规则六面体）体元集合（$k=1,2,\cdots,N_z$），则对于任意 $j(j=1,2,\cdots,N_y)$ 分层的第 m（$m=1,2,\cdots,M$）分块，任意体元沿横向、竖向、纵向的边长分别为

$$\delta_x=|x_{F-k}|/N_{x-k} \tag{7.7a}$$

$$\delta_y=(C+D/2+\rho)/N_y \tag{7.7b}$$

$$\delta_z=(z_{m+1}-z_m)/N_z \quad m=1\sim M \tag{7.7c}$$

边界面的任意（竖向长方形）面元在 xz 平面内的边长为

$$\delta_d=\sqrt{(x_{m+1}-x_m)^2+(z_{m+1}-z_m)^2}/N_z \quad m=1\sim M \tag{7.8}$$

式中，x_{F-k}为地层失稳区第 $j(j=1,2,\cdots,N_y)$ 分层、第 $m(m=1,2,\cdots,M)$ 分块的第 $k(k=1,2,\cdots,N_z)$ 排边界面元中心的横坐标，$x_{F-k}=x_m+(k-0.5)\cdot(x_{m+1}-x_m)/N_z$；$x_m$ 和 z_m 分别为地层失稳区第 $j(j=1,2,\cdots,N_y)$ 分层、第 $m(m=1,2,\cdots,M)$ 分块顶面的边界节点的横坐标和纵

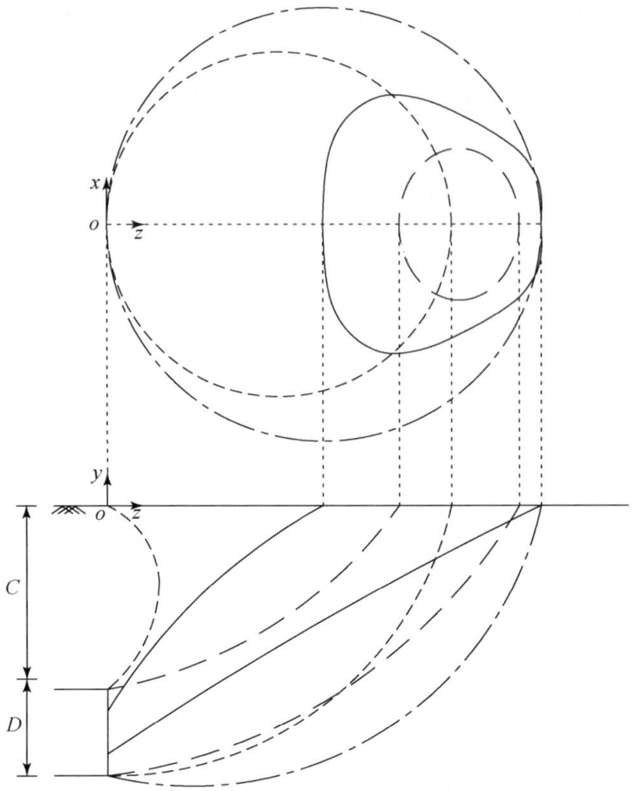

图 7.11　四种不同的地层失稳模式（$C/D=2$）

坐标。于是，地层失稳区任意体元的体积可以近似为 $\delta_x\delta_y\delta_z$，地层失稳区边界面任意面元的面积可以近似为 $\delta_d\delta_y$。

对于地层失稳区任意 $j(j=1,2,\cdots,N_y)$ 分层的第 $m(m=1,2,\cdots,M)$ 分块，第 $k(k=1,2,\cdots,N_z)$ 排、第 $i(i=1,2,\cdots,N_{x-k})$ 列的体元的中心点 P 的（x,y,z）坐标为

$$\begin{cases}x_{ijkm}=(i-0.5)\delta_x\\y_{ijkm}=(j-0.5)\delta_y\\z_{ijkm}=z_m+(k-0.5)\delta_z\end{cases}\tag{7.9}$$

对于地层失稳区任意 $j(j=1,2,\cdots,N_y)$ 分层的第 $m(m=1,2,\cdots,M)$ 分块，第 $k(k=1,2,\cdots,N_z)$ 排的地层失稳区边界面元的中心点 P' 的（x,y,z）坐标为

$$\begin{cases}x_{(i=N_{x-k})jkm}=x_{F-k}\\y_{(i=N_{x-k})jkm}=(j-0.5)\delta_y\\z_{(i=N_{x-k})jkm}=z_m+(k-0.5)\delta_z\end{cases}\tag{7.10}$$

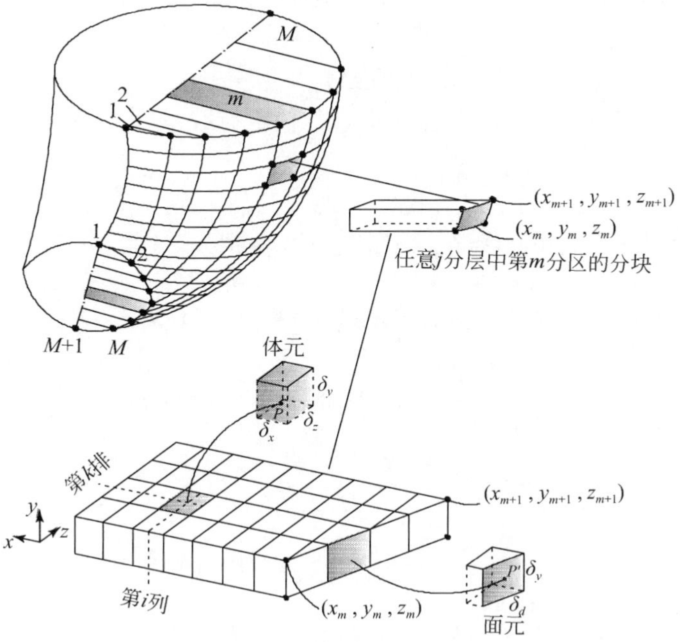

图7.12　地层失稳范围与离散

(2) 地层的荷载塑性功率与塑性能耗速率

对于地层失稳区，在单位时间内，土体重力的塑性功率为

$$\dot{W}_{\gamma}=\gamma\delta_x\delta_y\delta_z\sum_{m=1}^{M}\sum_{i=1}^{N_{x-k}}\sum_{j=1}^{N_y}\sum_{k=1}^{N_z}[-u_y(x_{ijkm},y_{ijkm},z_{ijkm})] \tag{7.11}$$

地表荷载的塑性功率为

$$\dot{W}_{\sigma_s}=\sigma_s\delta_x\delta_z\sum_{m=1}^{M}\sum_{i=1}^{N_{x-k}}\sum_{k=1}^{N_z}[-u_y(x_{i(j=1)km},y_{i(j=1)km},z_{i(j=1)km})] \tag{7.12}$$

开挖面支护压力的塑性功率为

$$\dot{W}_{\sigma_t}=\sigma_t\delta_x\delta_y\sum_{m=1}^{M}\sum_{i=1}^{N_{x-k}}\sum_{j=1}^{N_y}u_z[x_{ij(k=1)m},y_{ij(k=1)m},z_{ij(k=1)m}] \tag{7.13}$$

塑性能耗速率为

$$\dot{D}=c_u\delta_x\delta_y\delta_z\sum_{m=1}^{M}\sum_{i=1}^{N_{x-k}}\sum_{j=1}^{N_y}\sum_{k=1}^{N_z}(2\max|\varepsilon_n|) \tag{7.14}$$

式中，$\varepsilon_n=\varepsilon_n(x_{ijkm},y_{ijkm},z_{ijkm})$。

对于地层失稳区的边界面，在单位时间内，塑性能耗速率为

$$\dot{W}_F=c_u\delta_d\delta_y\sum_{m=1}^{M}\sum_{j=1}^{N_y}\sum_{k=1}^{N_z}u_F[x_{(i=N_{x-k})jkm},y_{(i=N_{x-k})jkm},z_{(i=N_{x-k})jkm}] \tag{7.15}$$

(3) 必要支护压力及容许稳定荷载系数

根据维持地层稳定的必要条件式 (7.4)，可有

$$\dot{W}_{\gamma}+\dot{W}_{\sigma_t}+\dot{W}_{\sigma_s}\leqslant\dot{D}+\dot{W}_F \tag{7.16}$$

把式（7.11）~式（7.15）代入式（7.16）并化简，可得开挖面支护压力集度的下界（也就是必要的支护压力集度）为

$$\sigma_{t-1}=\sigma_s N_s+\gamma D N_\gamma-c_u N_c-c_u N_F \tag{7.17}$$

对应的隧道开挖面稳定荷载系数的上界（即容许稳定荷载系数）为

$$N_u=(\sigma_s+\gamma H-\sigma_{t-1})/c_u \tag{7.18}$$

式中，N_s、N_γ、N_c、N_F 分别为地层失稳区的地表荷载因数、重力因数、内部黏聚力因数和边界黏聚力因数，均为无量纲参数，计算表达式分别为

$$N_\gamma=\frac{\delta_x\delta_y\delta_z\sum\limits_{m=1}^{M}\sum\limits_{i=1}^{N_{x-k}}\sum\limits_{j=1}^{N_y}\sum\limits_{k=1}^{N_z}\left[-u_y(x_{ijkm},y_{ijkm},z_{ijkm})\right]}{D\delta_x\delta_y\sum\limits_{m=1}^{M}\sum\limits_{i=1}^{N_{x-k}}\sum\limits_{j=1}^{N_y}u_z\left[x_{ij(k=1)m},y_{ij(k=1)m},z_{ij(k=1)m}\right]} \tag{7.19}$$

$$N_c=\frac{\delta_x\delta_y\delta_z\sum\limits_{m=1}^{M}\sum\limits_{i=1}^{N_{x-k}}\sum\limits_{j=1}^{N_y}\sum\limits_{k=1}^{N_z}(2\max|\varepsilon_n|)}{\delta_x\delta_y\sum\limits_{m=1}^{M}\sum\limits_{i=1}^{N_{x-k}}\sum\limits_{j=1}^{N_y}u_z\left[x_{ij(k=1)m},y_{ij(k=1)m},z_{ij(k=1)m}\right]} \tag{7.20}$$

$$N_s=\frac{\delta_x\delta_z\sum\limits_{m=1}^{M}\sum\limits_{i=1}^{N_{x-k}}\sum\limits_{k=1}^{N_z}\left[-u_y(x_{i(j=1)km},y_{i(j=1)km},z_{i(j=1)km})\right]}{\delta_x\delta_y\sum\limits_{m=1}^{M}\sum\limits_{i=1}^{N_{x-k}}\sum\limits_{j=1}^{N_y}u_z\left[x_{ij(k=1)m},y_{ij(k=1)m},z_{ij(k=1)m}\right]} \tag{7.21}$$

$$N_F=\frac{\delta_d\delta_y\sum\limits_{m=1}^{M}\sum\limits_{j=1}^{N_y}\sum\limits_{k=1}^{N_z}u_F\left[x_{(i=N_{x-k})jkm},y_{(i=N_{x-k})jkm},z_{(i=N_{x-k})jkm}\right]}{\delta_x\delta_y\sum\limits_{m=1}^{M}\sum\limits_{i=1}^{N_{x-k}}\sum\limits_{j=1}^{N_y}u_z\left[x_{ij(k=1)m},y_{ij(k=1)m},z_{ij(k=1)m}\right]} \tag{7.22}$$

7.2.2 三维解析连续上界极限分析算例

对于给定的开挖面失稳范围参数，基于地层位移场，可以确定对应的地层失稳范围，并通过上界定理计算开挖面的必要支护压力集度及容许稳定荷载系数。设 $D=10\text{m}$，$c_u=20\text{kPa}$，$\gamma=18\text{kN/m}^3$。

在不同的深-径比 C/D 情况下，开挖面失稳范围参数 ρ/D 对必要支护压力集度 σ_{t-1} 的影响如图 7.13 所示。可见，当 $\rho/D\leqslant0.15$ 时，σ_{t-1} 随 ρ/D 的增大而有所减小；当 $0.15\leqslant\rho/D\leqslant0.4$ 时，σ_{t-1} 随 ρ/D 的增大而略有增大；当 $0.4\leqslant\rho/D\leqslant0.5$ 时，σ_{t-1} 随 ρ/D 的增大而有所增大，对 C/D 较大的情况比较明显。总体来看，开挖面失稳范围对必要支护压力集度的影响比较平缓。

图 7.14 为本书所得隧道开挖面容许稳定荷载系数 N_u 与一些现有文献的对比。可见，当深-径比不大时，如当 $0.5\leqslant C/D\leqslant2.0$ 时，本书解大于 Mollon（2013）等的 M2 解（即后者较保守），小于 Mollon（2013）等的 M1 解（即前者较保守）；当深-径比很大时，如当 $2.25\leqslant C/D$ 时，本书解大于 Mollon（2013）等的 M2 解和 M1 解，即后二者较保守。与 Davis 等（1980）和 Klar 等（2007）相比，不论深-径比如何，本书解均较小，即较保守。

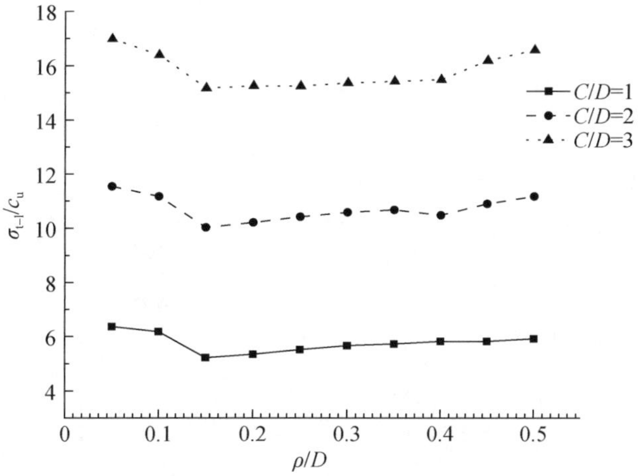

图 7.13　开挖面失稳范围参数对必要支护力的影响

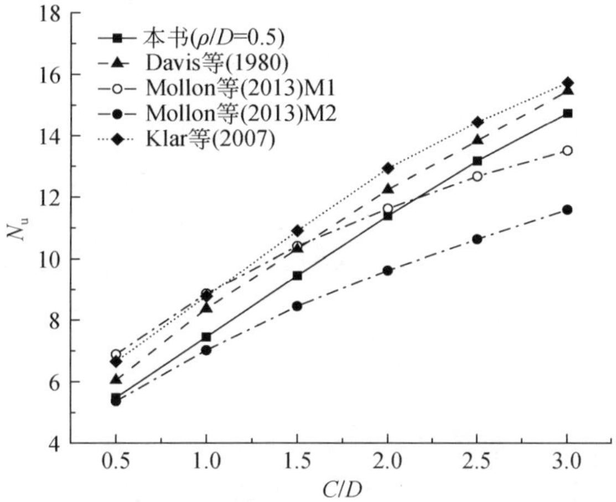

图 7.14　本书计算的开挖面容许稳定系数与现有文献的对比

如图 7.15 和图 7.16 所示，当土体的隧道等效自重应力–抗剪强度比 $\gamma D/c_u$ 保持不变时，必要支护压力集度 σ_{t-1} 与深–径比 C/D 大致呈线性关系；当 C/D 一定时，σ_{t-1} 与 $\gamma D/c_u$ 为线性关系。当 $\gamma D/c_u$ 较小时，如当 $\gamma D/c_u \leqslant 3$ 时，σ_{t-1} 可能小于零，即开挖面不需要支护压力就可以保持稳定。

7.3　黏性地层浅埋盾构隧道尾部被动失稳的解析连续上界极限分析

针对不排水黏性地层浅埋盾构隧道的横向稳定性问题，反向利用 Verruijt 和 Booker (1996) 的点汇体积损失模式及其位移解，以隧道横截面开挖边界的卵化–收敛位移比和地层被动失稳滑移线起点的竖向坐标为参数，提出求解地层被动失稳模式和隧道横向容许

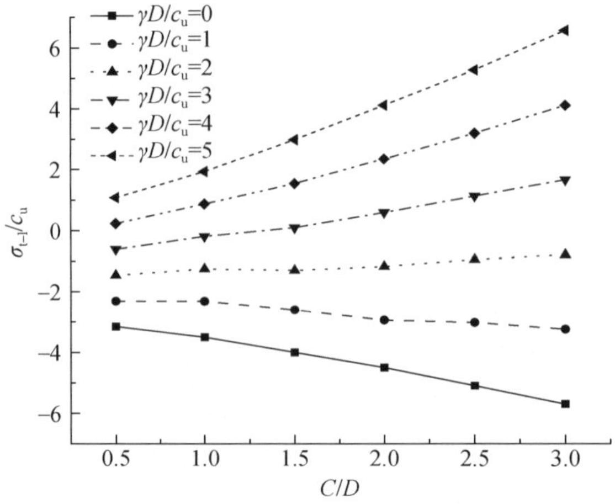

图 7.15 深-径比对必要支护压力集度的影响（$\rho/D=0.5$）

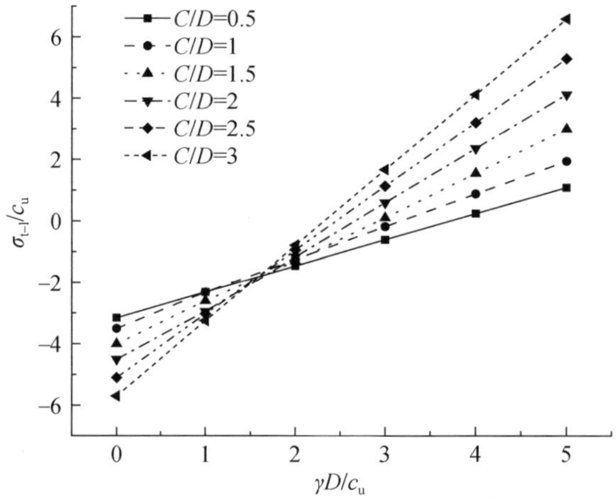

图 7.16 土体的隧道等效自重应力-抗剪强度比对必要支护压力集度的影响（$\rho/D=0.5$）

支护压力的解析连续上界极限分析方法，并进行了数值模拟验证和参数影响分析。

7.3.1 地层被动连续位移模式与隧道横向容许支护压力

1. 地层被动连续位移模式

如图 7.17 所示，对于隧道支护压力过大的情况，假设隧道开挖边界的变位可以表示成均匀扩大和卵化变形的叠加，$\delta\varepsilon a$ 为二阶小量，反向利用 Verruijt 和 Booker（1996）的解，可得地层的位移

$$u_x=\varepsilon a^2 x\left(\frac{1}{r_1^2}+\frac{1}{r_2^2}\right)-4\varepsilon a^2\frac{xz(z+h)}{r_2^4}-\delta a^2\left\{\frac{x[x^2-(z-h)^2]}{r_1^4}+\frac{x[x^2-(z+h)^2]}{r_2^4}\right\}+4\delta a^2 h\frac{xz[x^2-3(z+h)^2]}{r_2^6} \tag{7.23}$$

$$u_z=\varepsilon a^2\left(\frac{z-h}{r_1^2}+\frac{z+h}{r_2^2}\right)-2\varepsilon a^2\left\{\frac{(z+h)}{r_2^2}-\frac{z[x^2-(z+h)^2]}{r_2^4}\right\}-\delta a^2\left\{\frac{(z-h)[x^2-(z-h)^2]}{r_1^4}+\frac{(z+h)[x^2-(z+h)^2]}{r_2^4}\right\}$$
$$+2\delta a^2 h\left\{\frac{x^2-(z+h)^2}{r_2^4}+\frac{2z(z+h)[3x^2-(z+h)^2]}{r_2^6}\right\} \tag{7.24}$$

式中，u_x 为任意点的横向位移；u_z 为任意点的竖向位移（向下为正）；x 为任意点与隧道中心的水平距离；z 为任意点与地表的垂直距离；a 为隧道开挖边界的半径；ε 为隧道开挖边界的膨胀（负收敛）系数；δ 为隧道开挖边界的竖向卵化（负卵化）系数；h 为隧道中心的埋深；$r_1=\sqrt{x^2+(z-h)^2}$；$r_2=\sqrt{x^2+(z+h)^2}$。

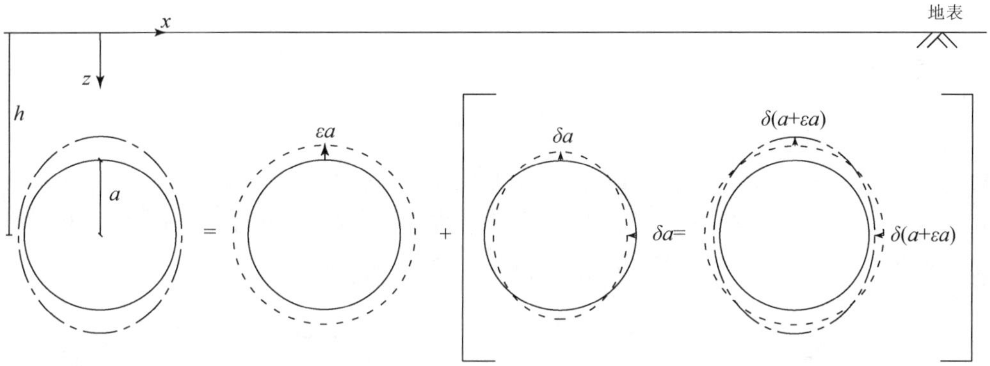

图 7.17　隧道体积增大（负损失）模式

利用式（7.23）和式（7.24），根据几何方程可得 ε_{xx}、ε_{zz}、γ_{xz}、$\gamma_{xz-\max}$，分别为 x 方向正应变、z 方向正应变、xz 平面剪应变和 xz 平面最大工程剪应变，$\gamma_{xz-\max}=\sqrt{(\varepsilon_{xx}-\varepsilon_{zz})^2+\gamma_{xz}^2}$。

2. 隧道横向容许支护压力

根据极限分析的上界定理，地层的稳定必要条件为外力功率不大于塑性能耗速率，当外力功率等于塑性能耗速率时，地层处于临界状态。如图 7.18 所示，对于任意起始于隧道边界的地层被动塑性滑移线（面），设（x_0，z_0）为起始点的坐标，利用地层的位移速度场计算与（x_0，z_0）对应的被动滑移线位置（被动失稳模式），然后利用上界定理计算与该被动滑移线对应的隧道容许支护压力上界；经过迭代计算，可得隧道的容许支护压力上确界和对应的地层最不利被动失稳模式。

设不排水黏土服从屈瑞斯卡屈服准则，则在平面应变条件下，地层稳定的必要条件为

$$-\int_{A_t}\sigma_t\dot{u}_t\mathrm{d}A_t+\int_{A_s}\sigma_s\dot{u}_z\mathrm{d}A_s+\int_{A_t}\gamma\dot{u}_z\mathrm{d}V\leqslant\int_V c_u\dot{\gamma}_{xz-\max}\mathrm{d}V+\int_S c_u\dot{u}_s\mathrm{d}S \tag{7.25}$$

式中，γ 为地层的重度；c_u 为地层的不排水抗剪强度；σ_t 为隧道开挖边界的容许径向支护压力（向隧道外部为正）；σ_s 为地表的均布荷载集度（向下为正）；$\dot{u}_z$ 为地层的 z 方向塑性位移速度；$\dot{u}_t$ 为隧道开挖边界的径向塑性位移速度（向隧道内部为正）；$\dot{u}_s$ 为地层塑性区间断（滑移）线内侧的切向塑性位移速度（向上为正）；$\dot{\gamma}_{xz-\max}$ 为地层的最大工程塑性剪应变速率绝对值。

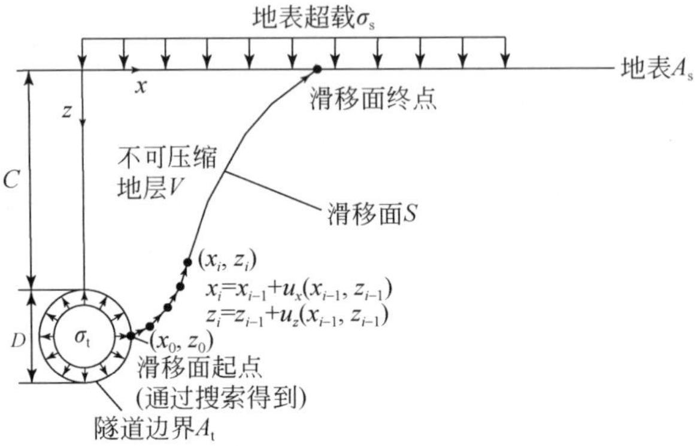

图 7. 18　地层最不利被动失稳模式的迭代计算模型

Mair（1979）通过离心模型试验发现，黏性地层破坏时的位移模式和破坏前的弹性位移是相似的。沿用这一试验结论，设黏性地层的塑性位移速度和弹性位移成正比，塑性应变速率与弹性应变成正比，把式（7. 25）转化为功能形式

$$-\int_{A_t}\sigma_t u_t \mathrm{d}A_t + \int_{A_s}\sigma_s u_z \mathrm{d}A_s + \int_{A_t}\gamma u_z \mathrm{d}V \leqslant \int_V c_u \gamma_{xz-\max}\mathrm{d}V + \int_S c_u u_s \mathrm{d}S \tag{7.26}$$

式中，u_t 为隧道边界的径向位移（向隧道内部为正）；u_z 为地层的 z 方向位移；u_s 为地层滑移线内侧的切向位移（向上为正）；$\gamma_{xz-\max}$ 为地层的最大工程剪应变绝对值。

地层体积不可压缩，隧道开挖边界膨胀的体积和地表隆起的体积相同，并且注意到隧道开挖边界上的 σ_t 和地表上的 σ_s 均为常数，因此可以把式（7. 26）写成

$$\sigma_t \leqslant \sigma_{t-u} = \sigma_s - \frac{\int_V c_u \gamma_{xz-\max}\mathrm{d}V + \int_S c_u u_s \mathrm{d}S - \int_V \gamma u_z \mathrm{d}V}{\int_{A_s} u_z \mathrm{d}A_s} \tag{7.27}$$

式中，σ_{t-u} 为隧道容许支护压力 σ_t 的某个上界。值得强调指出，这里的 u_z 为负值。

地层的被动失稳模式和相应的隧道容许支护压力上界均为地层被动滑移线起点坐标（x_0，z_0）和地层被动位移模式参数 $k=\delta/\varepsilon$ 的函数，约束条件为

$$\begin{cases} 0<\kappa<1 \\ C<z_0<C+D \end{cases} \tag{7.28}$$

通过优化计算，可得 σ_{t-u} 的最小值，即 σ_t 的上确界（最小上界）$\sigma_{t-u-\min}$。

7.3.2　有限元模拟验证与参数分析

1. 有限元模拟验证

设地层和隧道的有关参数值如表 7.1 所示，采用上述解析连续上界极限分析方法计算，可得隧道容许支护压力的上确界为 216.1kPa。

表 7.1　黏性地层浅埋盾构隧道参数与取值

参数	C/m	D/m	E/Pa	ν	γ/(kN/m^3)	c_u/kPa	σ_s/kPa
值	6	6	10^7	0.5	15	30	20

为了验证这一结果，利用软件 MIDAS GTS/NX，建立如图 7.19 所示的有限元模型，其中，左、右侧边界无水平位移，底部边界固定，地表边界给定竖向均布压力，隧道边界给定支护压力；设定不同的支护压力值，进行数值模拟，观察地层塑性区的分布。

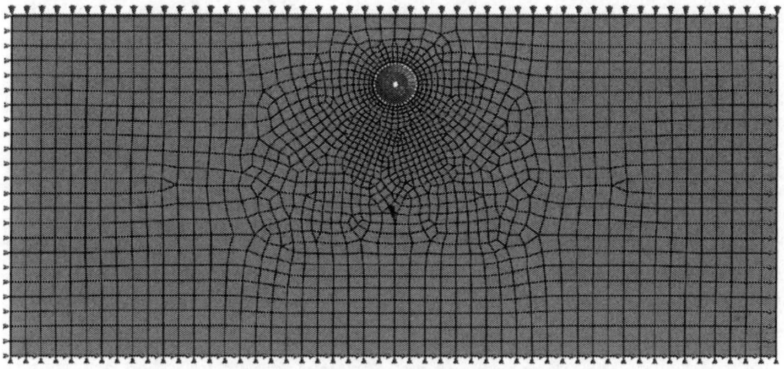

图 7.19　黏性地层浅埋盾构隧道的有限元网格

当隧道支护压力集度为 216.1kPa（等于隧道容许支护压力上确界）时，有限元模拟所得地层的最大剪应力分布如图 7.20（a）所示，地层基本不出现塑性区（最大剪应力大于地层抗剪强度的区域面积约占计算区域面积的 0.2%）；当隧道支护压力集度为 230.0kPa（超过隧道容许支护压力的上确界）时，如图 7.20（b）所示，地层隧道上方和两侧都出现了一定范围的塑性区（面积约占计算区域面积的 9.3%）。这样，有限元模拟的结果就验证了上述解析连续上界极限分析法的正确性。

2. 参数分析

采用表 7.1 设定的参数值（除非另外再给定），基于解析连续上界极限分析计算，图 7.21 所示为隧道容许支护压力上界与上覆地层压力之比 $\sigma_{t\text{-}u}/(\gamma C)$ 随地层滑移起点 z_0 变化和地层位移模式参数 $\kappa=\delta/\varepsilon$ 变化的等值线分布。图 7.22 为当 $\kappa=0.5$ 时，在四种不同隧道深-径比 C/D 的情况下，$\sigma_{t\text{-}u}/(\gamma C)$ 随 z_0 的变化特征。图 7.23 为当 $z_0=C+D/2$ 时，在四种不同隧道深-径比 C/D 的情况下，$\sigma_{t\text{-}u}/(\gamma C)$ 随 κ 的变化特征。可见，当 κ 值和 z_0 值为

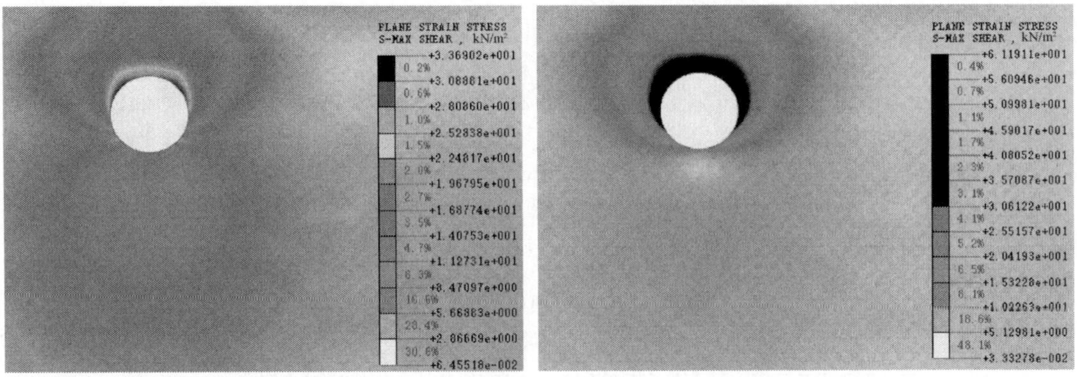

(a) σ_t=216.1kPa　　(b) σ_t=230.0kPa

图 7.20　隧道支护压力不同时的地层塑性区

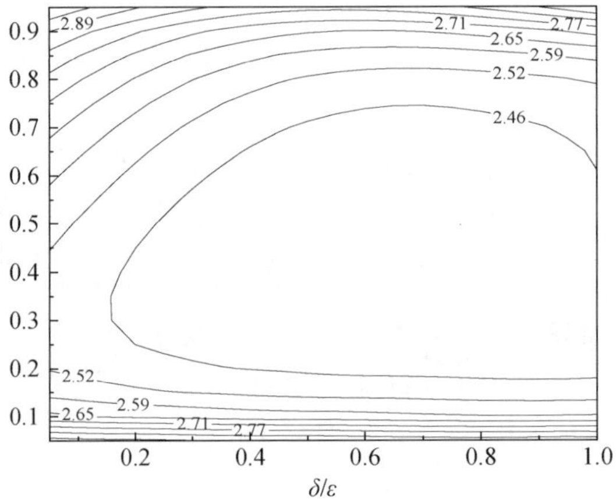

图 7.21　隧道容许支护压力上界与上覆地层压力之比 $\sigma_{t-u}/(\gamma C)$ 随 δ/ε 和 z_0 变化的等值线分布

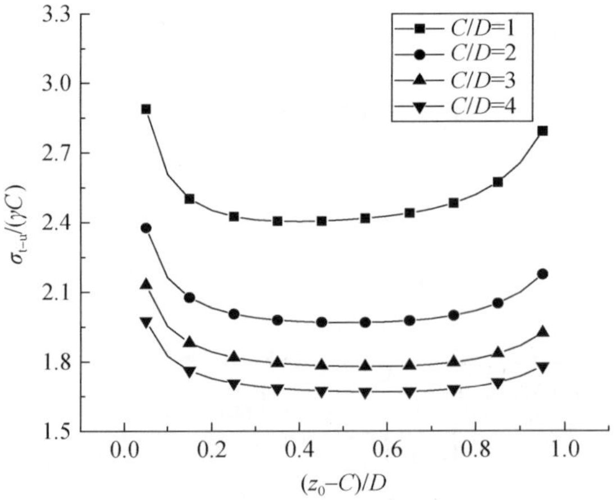

图 7.22　隧道容许支护压力上界与上覆地层压力之比 $\sigma_{t-u}/(\gamma C)$ 随 z_0 的变化

某个特定的组合时，σ_{t-u}取得极小值，即隧道容许支护压力的上确界 $\sigma_{t-u-min}$，这表明上述解析连续上界极限分析理论解是存在的、唯一的；另外，隧道深-径比 C/D 越大，σ_{t-u}及 $\sigma_{t-u-min}$也越大，但与 γC 的比值却越小，即对于给定跨径的隧道而言，埋深越大，使地层发生被动破坏的隧道支护压力值也越大，但相对于上覆地层压力而言则越小。

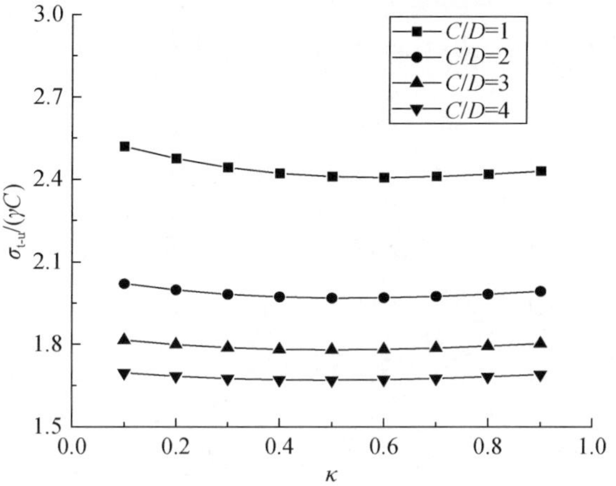

图 7.23　隧道容许支护压力上界与上覆地层压力之比 $\sigma_{t-u}/(\gamma C)$ 随 $\kappa=\delta/\varepsilon$ 变化

图 7.24 所示为在四种不同隧道深-径比 C/D 的情况下，地层的最不利滑移线。可见，地层的最不利被动破坏模式与隧道深-径比无关，最不利滑移线的起点都位于隧道边界的起拱点处（或附近），只是对于给定跨径的隧道来说，埋深越大，由于隧道支护压力过大而产生的地层（及地表）被动破坏范围也越大。当然，鉴于这里所用的地层位移模式是针对浅埋隧道的，因此，这一观点只适用于浅埋的情况。

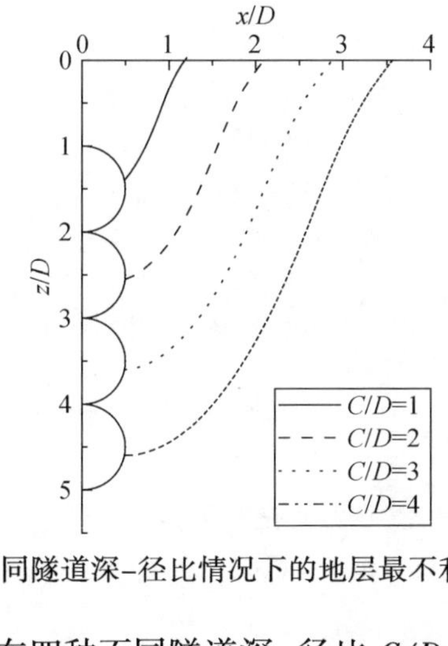

图 7.24　不同隧道深-径比情况下的地层最不利塑性滑移线

图 7.25 所示为 $\rho=0$ 时，在四种不同隧道深-径比 C/D 的情况下，隧道容许支护压力上确界与上覆地层压力之比 $\sigma_{t-u-min}/(\gamma C)$ 随地层当量重度-抗剪强度比 $\gamma D/c_{u0}$ 的变化。图 7.26 为 $\rho=0$ 时，在四种不同隧道深-径比 C/D 的情况下，$\sigma_{t-u-min}/(\gamma C)$ 随地层不排水抗

剪强度 c_{u0} 的变化。图 7.27 为 $\gamma D/c_{u0}=3$ 时，在四种不同隧道深-径比 C/D 的情况下，$\sigma_{t\text{-}u\text{-}min}/(\gamma C)$ 随地层不排水抗剪强度增长系数 ρ 的变化。可见，$\sigma_{t\text{-}u\text{-}min}/(\gamma C)$ 随 $\gamma D/c_{u0}$ 的增大而非线性的减小，曲线的斜率随 $\gamma D/c_{u0}$ 的增大而减小，并且 C/D 越大时曲线的斜率越小，即 C/D 的影响越不显著；$\sigma_{t\text{-}u\text{-}min}/(\gamma C)$ 随 c_{u0} 的增大而线性地增大，并且 C/D 越大时直线的斜率略有减小，即 C/D 的影响略有减弱；$\sigma_{t\text{-}u\text{-}min}/(\gamma C)$ 随 ρ 的增大而线性地增大，并且 C/D 越大时直线的斜率略有增大，即 C/D 的影响略有加强。

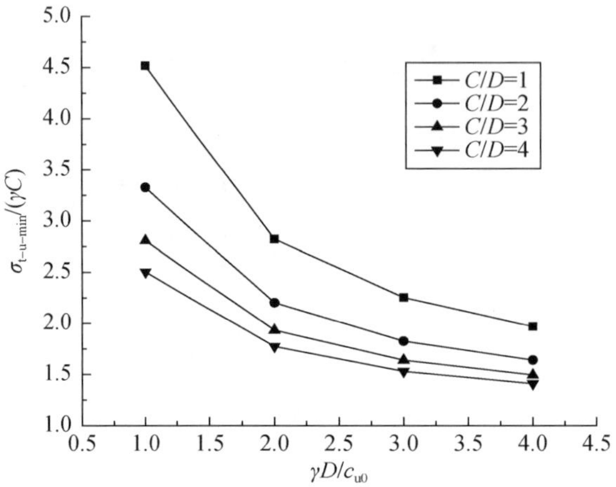

图 7.25　隧道容许支护压力上确界与上覆地层压力之比 $\sigma_{t\text{-}u\text{-}min}/(\gamma C)$ 随地层当量重度-抗剪强度比 $\gamma D/c_{u0}$ 的变化（$\rho=0$）

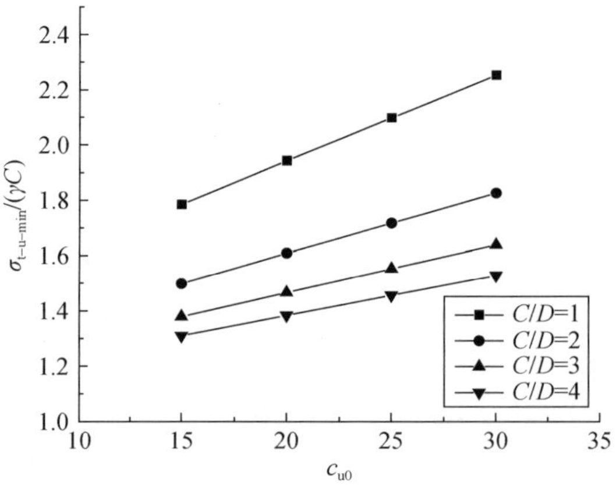

图 7.26　隧道容许支护压力上确界与上覆地层压力之比 $\sigma_{t\text{-}u\text{-}min}/(\gamma C)$ 随地层不排水抗剪强度 c_{u0} 的变化（$\rho=0$）

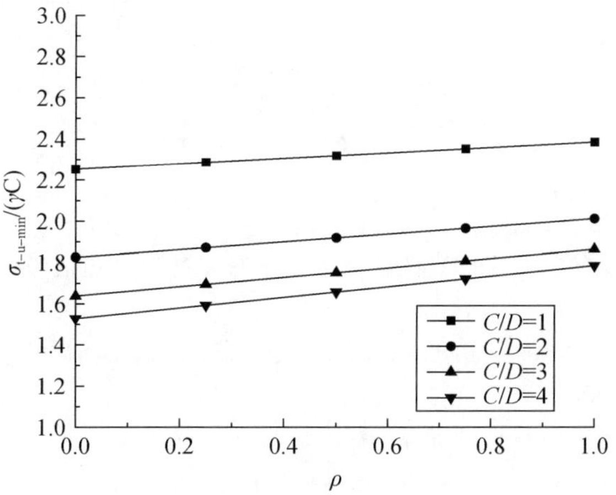

图7.27　隧道容许支护压力上确界与上覆地层压力之比$\sigma_{t\text{-}u\text{-}min}/(\gamma C)$随地层抗剪强度增长系数$\rho$的变化（$\gamma D/c_{u0}=3$）

参考文献

李昀，张子新 . 2006. 泥浆渗透对盾构开挖面稳定性的影响研究 . 岩土力学，27（增）：464 ~ 468.

童磊，谢康和，程永锋，等 . 2009. 考虑椭圆化地层变形影响的浅埋隧道弹性解 . 岩土力学，30（2）：393 ~ 398.

童磊，谢康和，卢萌盟，等 . 2010. 盾构任意衬砌变形边界条件下复变函数弹性解 . 浙江大学学报（工学版），44（9）：1825 ~ 1830.

王立忠，吕学金 . 2007. 复变函数分析盾构隧道施工引起的地基变形 . 岩土工程学报，29（3）：320 ~ 327.

项彦勇 . 2011. 地下水力学概论 . 北京：科学出版社 .

项彦勇 . 2014. 隧道力学概论 . 北京：科学出版社 .

项彦勇，唐志明 . 2017. 局部承载黏性地层浅埋隧道稳定机制的连续上界极限分析 . 土木工程学报，50（8）：121 ~ 128.

杨峰，阳军生，赵炼恒，张箭 . 2015. 隧道围岩稳定性极限分析上限有限元法与应用 . 北京：科学出版社 .

张西巡 . 2019. 不排水黏性地层浅埋盾构隧道稳定性的三维连续上界极限分析 . 北京交通大学硕士学位论文.

AASHTO（American Association of State Highway and Transportation Officials）. 2010. Technical Manual for Design and Construction of Road Tunnels—Civil Elements. US Department of Transportation Federal Highway Administration.

Abbo A J，Sloan S W. 1995. A smooth hyperbolic approximation to the Mohr-Coulomb yield Criterion. Computers & structures，54（3）：427 ~ 441.

Anagnostou G. 2012. The contribution of horizontal arching to tunnel face stability. Geotechnik，35：34 ~ 44.

Anagnostou G，Kovári K. 1994. The face stability of slurry- shield driven tunnels. Tunneling and Underground Space Technology，9（2）：165 ~ 174.

Anagnostou G，Kovári K. 1996. Face stability conditions with earth- pressure- balanced shields. Tunneling and Underground Space Technology，11（2）：165 ~ 173.

Broere W. 2001. Tunnel face stability & new CPT applications. Ph D Thesis，Deft University of Technology.

Broere W. 2015. On the face support of microtunnelling TBMs. Tunneling and Underground Space Technology，46：12 ~ 17.

Broere W，van Tol A F. 2000. Influence of infiltration and groundwater flow on tunnel face stability. In：Kusakabe O，Fujita K，Miyazaki Y（eds）. Geotechnical Aspects of Underground Construction in Soft Ground. Rotterdam：Balkema：339 ~ 344.

Broms B B，Bennermark H. 1967. Stability of clay in vertical openings. Journal of Soil Mechanics and Foundations Division，ASCE 193，SM1，71 ~ 94.

Chen W F. 1975. Limit Analysis and Soil Plasticity. Amsterdam：Elsevier.

Davis E H，Gunn M J，Mair R J，Seneviratne H N. 1980. The stability of shallow tunnels and underground openings in cohesive material. Géotechnique，30（4）：397 ~ 416.

Drucker D C, Prager W, Greenberg H J. 1952. Extended limit design theorems for continuous media. Quarterly of Applied Mathematics, 9 (4): 381 ~389.

Duhme R, Rasanavaneethan R, Pakianathan L, Herud A. 2016. Theoretical basis of slurry shield excavation management systems. Tunneling and Underground Space Technology, 57: 211 ~224.

Finn W D. 1967. Applications of limit plasticity in soil mechanics. Journal of the Soil Mechanics and Foundations Division, SM5: 101 ~120.

Gilbert M, Smith C, Haslam I, Pritchard T. 2010. Application of discontinuity layout optimization to geotechnical limit analysis problems. Proc. 7th European Conf. Numerical Methods Geotechnical Eng. In: Benz T, Nordal S (eds) . Trondheim. Norway: CRC Press, 169 ~174.

Hawksbee S, Smith C, Gilbert M. 2013. Application of discontinuity layout optimization to three-dimensional plasticity problems. Proceedings of the Royal Society A, 469: 2013009-1-18.

Kim J, Salgado R, Yu H S. 1999. Limit analysis of soil slopes subjected to pore- water pressures. Journal of Geotechnical and Geoenvironmental Engineering, 125 (1): 49 ~58.

Klar A, Klein B. 2014. Energy-based volume loss prediction for tunnel face advancement in clays. Géotechnique, 64 (10): 776 ~786.

Klar A, Osman A S, Bolton M. 2007. 2D and 3D upper bound solutions for tunnel excavation using 'elastic' flow field. International Journal for Numerical and Analytical Methods in Geomechnics, 31: 1367 ~1374.

Kolymbas D, Wagner P. 2007. Groundwater ingress to tunnels- the exact analytical solution. Tunneling and Underground Space Technology, 22 (1): 23 ~27.

Leca E, Dormieux L. 1990. Upper and lower bound solutions for the face stability of shallow circular tunnels in frictional material. Géotechnique, 40 (4): 581 ~606.

Lyamin A V, Sloan S W. 2002. Lower bound limit analysis using non-linear programming. International Journal for Numerical Methods in Engineering, 55: 573 ~611.

Macklin S R. 1999. The prediction of volume loss due to tunneling in over- consolidated clay based on heading geometry and stability number. Ground Engineering, 32 (4): 30 ~33.

Maidl B, Thewes M, Maidl U. 2013a. Handbook of Tunnel Engineering. Vol. I: Structures and Methods. Wiley: Ernst & Sohn.

Maidl B, Thewes M, Maidl U. 2013b. Handbook of Tunnel Engineering. Vol. II: Basics and Additional Services for Design and Construction. Wiley: Ernst & Sohn.

Mair R J. 1979. Centrifugal modelling of tunnel construction in soft clay. Ph D thesis, Cambridge University.

Michalowski R L. 1995. Slope stability analysis: A kinematical approach. Géotechnique, 45 (2): 283 ~293.

Miller T W, Hamilton J M. 1989. A new analysis procedure to explain a slope failure at the Martin Lake mine. Géotechnique, 39 (1): 107 ~123.

Miller T W, Hamilton J M. 1990. Discussion: a new analysis procedure to explain a slope failure at the Martin Lake mine. Géotechnique, 40 (1): 145 ~147.

Mollon G, Dias D, Soubra A-H. 2011. Rotational failure mechanisms for the face stability analysis of tunnels driven by a pressurized shield. International Journal for Numerical and Analytical Methods in Geomechnics, 35 (12): 1363 ~1388.

Mollon G, Dias D, Soubra A-H. 2013. Continuous velocity fields for collapse and blowout of a pressurized tunnel face in purely cohesive soil. International Journal for Numerical and Analytical Methods in Geomechnics, 37: 2061 ~2083.

Osman A S, Bolton M D, Mair R J. 2006b. Predicting 2D ground movements around tunnels in undrained clay. Géotechnique, 56 (9): 597 ~ 604.

Osman A S, Mair R J, Bolton M D. 2006a. On the kinematics of 2D tunnel collapse in undrained clay. Géotechnique, 56 (9): 585 ~ 595.

Park K H. 2004. Elastic solution for tunneling-induced ground movements in clays. International Journal of Geomechanics, 4 (4): 310 ~ 318.

Perazzelli P, Leone T, Anagnostou G. 2014. Tunnel face stability under seepage flow conditions. Tunneling and Underground Space Technology, 43: 459 ~ 469.

Pietruszczak S. 2010. Fundamentals of Plasticity in Geomechanics. The Netherlandsl Balkema: CRC Press.

Pinto F, Whittle A J. 2013. Ground movements due to shallow tunnels in soft ground. I: Analytical solutions. Journal of Geotechnical and Geoenvironmental Engineering, 04013040: 1 ~ 17.

Sagaseta C. 1987. Analysis of undrained soil deformation due to ground loss. Géotechnique, 37 (3): 301 ~ 320.

Sagaseta C. 1998. On the role of analytical solutions for the evaluation of soil deformation around tunnels. Application of Numerical Methods to Geotechnical Problems, 397: 3 ~ 24.

Sloan S W. 1988. Lower bound limit analysis using finite elements and linear programming. International Journal for Numerical and Analytical Methods in Geomechanics, 12 (1): 61 ~ 67.

Sloan S W. 1989. Upper bound limit analysis using finite elements and linear programming. International Journal for Numerical and Analytical Methods in Geomechanics, 13 (3): 263 ~ 282.

Sloan S W, Assadi A. 1993. Stability of shallow tunnels in soft ground. In: Houlsby G T, Schofield A N (eds). Predictive Soil Mechanics, Proceedings of the Wroth Memorial Symposium. London: Thomas Telford: 644 ~ 663.

Smith C, Gilbert M. 2007. Application of discontinuity layout optimization to plane plasticity problems. Proceedings of the Royal Society A, 463: 2461 ~ 2484.

Song W, Xiang Y. 2019. A continuous upper bound limit analysis for the transverse stability of shallow shield tunnelling in undrained clays. European Journal of Environmental and Civil Engineering, 24 (3): 401 ~ 422.

Song W, Xiang Y. 2020a. An analytical method of continuous upper bound limit analysis for stability of shallow shield tunnels in cohesive-frictional soils. Journal of Engineering Mathematics, 122: 101 ~ 116.

Song W, Xiang Y. 2020b. An analytical continuous upper bound limit analysis of pore water effect on the tail stability of underwater shield tunnels during construction. E3S Web of Conferences, 143-01015: 1 ~ 11.

Strack O E. 2002. Analytic solutions of elastic tunneling problems. Ph D Thesis, Delft University of Technology.

Verruijt A, Booker J R. 1996. Surface settlements due to deformation of a tunnel in an elastic half plane. Géotechnique, 46 (4): 753 ~ 756.

Verruijt A. 1997. A complex variable solution for a deforming circular tunnel in an elastic half-plane. International Journal for Numerical and Analytical Methods in Geomechanics, 21: 77 ~ 89.

Wittke W. 2007. Stability Analysis and Design for Mechanized Tunneling. Geotechnical Engineering in Research and Practice, WBI-Print 6, Aachen.

Wu B R, Lee C J. 2003. Ground movements and collapse mechanisms induced by tunneling in clayey soil. International Journal of Physical Modelling in Geotechnics, 4 (4): 15 ~ 29.

Xiang Y, Song W. 2017. Upper bound limit analysis of shield tunnel stability in undrained clays using complex variable solutions for different ground loss scenarios. International Journal of Geomechanics, 17 (9): 04017057: 1 ~ 7.

附录A　线性优化有限元上界极限分析法简介

上界极限分析的目的是，基于极限分析的上界定理，在满足运动许可的条件下，找到一种位移速度分布，使系统的塑性能耗速率最小化，从而求得极限荷载的上确界（最小上界）。

考虑平面应变问题，参考 Sloan（1989），阐述基于有限元模型和线性优化的上界极限分析法。

采用 xy 直角坐标系，可以把求解极限荷载上确界的优化格式表示为

$$\text{Min}\quad \dot{Q}=\dot{Q}(\boldsymbol{g}_1,\boldsymbol{g}_2,\boldsymbol{g}_3)=\boldsymbol{c}_1^{\mathrm{T}}\boldsymbol{g}_1+\boldsymbol{c}_2^{\mathrm{T}}\boldsymbol{g}_2+\boldsymbol{c}_3^{\mathrm{T}}\boldsymbol{g}_3 \tag{A.1}$$

$$\text{s.t.}\quad \boldsymbol{B}_1\boldsymbol{G}_1=\boldsymbol{b} \tag{A.2}$$

$$\boldsymbol{B}_2\boldsymbol{G}_2\geqslant \boldsymbol{0} \tag{A.3}$$

式中，上标 T 为转置运算；$\boldsymbol{g}_1$ 为有限元模型所有节点的塑性位移速度向量；$\boldsymbol{g}_2$ 有限元模型所有单元的塑性乘子向量；$\boldsymbol{g}_3$ 为有限元模型所有塑性位移速度间断节点对的塑性位移速度间断的方向向量；$\dot{Q}$ 为系统的塑性能耗速率；$\boldsymbol{c}_1$、$\boldsymbol{c}_2$、$\boldsymbol{c}_3$ 分别为与 $\boldsymbol{g}_1$、$\boldsymbol{g}_2$、$\boldsymbol{g}_3$ 相对应的塑性能耗速率系数向量；$\boldsymbol{G}_1=[\boldsymbol{g}_1\quad \boldsymbol{g}_2\quad \boldsymbol{g}_3]^{\mathrm{T}}$；$\boldsymbol{G}_2=[\boldsymbol{g}_2\quad \boldsymbol{g}_3]^{\mathrm{T}}$；$\boldsymbol{B}_1$ 为等式约束条件的系数矩阵；$\boldsymbol{B}_2$ 为不等式约束条件的系数矩阵。

设 K、M、L 分别为有限元模型的节点数目、单元数目、间断节点对数目，则可以把决策变量 $\boldsymbol{g}_1$、$\boldsymbol{g}_2$、$\boldsymbol{g}_3$ 分别表示为

$$\boldsymbol{g}_1=[\dot{u}_1\quad \dot{v}_1\quad \dot{u}_2\quad \dot{v}_2\quad \cdots\quad \dot{u}_K\quad \dot{v}_K]^{\mathrm{T}} \tag{A.4}$$

$$\boldsymbol{g}_2=[\dot{\lambda}_1^1\quad \cdots\quad \dot{\lambda}_p^1\quad \dot{\lambda}_1^2\quad \cdots\quad \dot{\lambda}_p^2\quad \cdots\quad \dot{\lambda}_1^M\quad \cdots\quad \dot{\lambda}_p^M]^{\mathrm{T}} \tag{A.5}$$

$$\boldsymbol{g}_3=[s_1\quad s_2\quad \cdots\quad s_L]^{\mathrm{T}} \tag{A.6}$$

式中，$\dot{u}_i$ 和 $\dot{v}_i$ 分别为节点 $i(i=1,2,\cdots,K)$ 的塑性位移速度的 x 方向分量和 y 方向分量；$\dot{\lambda}_k^i(k=1,2,\cdots,p)$ 为单元 $i(i=1,2,\cdots,M)$ 的与莫尔–库仑屈服准则平方式（6.5a）的外接 p 多边形近似式（6.5b）相对应的塑性乘子；s_i 为塑性位移速度间断节点对 $i(i=1,2,\cdots,L)$ 的切向塑性位移速度间断的方向符号函数。

式（A.1）为目标函数，代表有限元模型的塑性能耗速率，决策变量的数目为 $2K+pM+L$；式（A.2）与式（A.3）为约束条件，分别代表有限元模型的等式约束条件集合与不等式约束条件集合，包括有限元模型的连续体单元流动法则约束条件、间断节点对流动法则约束条件、边界约束条件，（等式和不等式）约束条件的累计数目为 $3M+2L+I+J$，其中，I 代表给定的节点的塑性位移速度 x 方向分量的数目，J 代表给定的节点的塑性位移速度 y 方向分量的数目。

下面是有关的详细解释。

(1) 有限元模型

采用如图 A.1 所示的三节点三角形单元，把计算区域离散成有限元模型；在任意单元内，设塑性位移速度是线性变化的，可以用单元节点的塑性位移速度表示为

$$\dot{u} = \sum_{i=1}^{3} N_i \dot{u}_i \tag{A.7a}$$

$$\dot{v} = \sum_{i=1}^{3} N_i \dot{v}_i \tag{A.7b}$$

式中，N_i 为单元节点 i 的（线性）形函数；$\dot{u}_i$ 和 $\dot{v}_i$ 分别为单元节点 i 的塑性位移速度 x 方向分量和 y 方向分量；$i=1，2，3$。

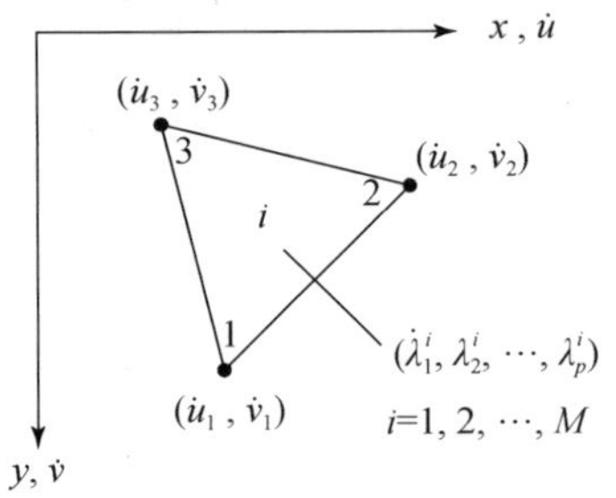

图 A.1　有限元模型的连续体单元及其节点塑性位移速度和塑性乘子

(2) 连续体单元的流动法则约束条件

采用莫尔-库仑屈服准则平方式（6.5a）的外接 p 多边形近似式（6.5b），可以分别把对应的流动法则写成式（6.12）和式（6.13）。

可见，根据基于莫尔-库仑屈服准则平方式（6.5a）的外接 p 多边形近似式（6.5b）的流动法则，每个连续体单元的每个节点都需要如式（6.12）所示的三个等式约束条件；由于塑性乘子必须非负，每个连续体单元都需要如式（6.13）所示的 p 个不等式约束条件。

(3) 位移速度间断节点对的流动法则约束条件

对位移速度间断线单元的任意一个节点对，如图 A.2 所示的位移速度间断线单元的 $1a-1b$ 结点对，可有

$$\dot{\delta}_n = (\dot{u}_{1a} - \dot{u}_{1b})\sin\theta + (\dot{v}_{1b} - \dot{v}_{1a})\cos\theta \tag{A.8a}$$

$$\dot{\delta}_s = (\dot{u}_{1b} - \dot{u}_{1a})\cos\theta + (\dot{v}_{1b} - \dot{v}_{1a})\sin\theta \tag{A.8b}$$

根据间断塑性变形的法向-切向塑性位移速度间断关系式（2.86），可得

$$\dot{\delta}_n = s_1 \dot{\delta}_s \tan\varphi \tag{A.9}$$

$$s_1 \dot{\delta}_s \geqslant 0 \tag{A.10}$$

式中，θ 为位移速度间断线单元 1–2 相对于 x 方向的逆时针转角；s_1 为 $1a$–$1b$ 结点对的切向塑性位移速度间断的方向符号函数；$\dot{u}_{1a}$ 和 $\dot{v}_{1a}$ 分别为节点 $1a$ 的塑性位移速度 x 方向分量和 y 方向分量；$\dot{u}_{1b}$ 和 $\dot{v}_{1b}$ 分别为节点 $1b$ 的塑性位移速度 x 方向分量和 y 方向分量。

可见，根据基于莫尔–库仑屈服准则的流动法则，每个位移速度间断线单元的一个节点对都需要如式（A.9）所示的一个等式约束条件，外加一个如式（A.10）所示的一个不等式约束条件。

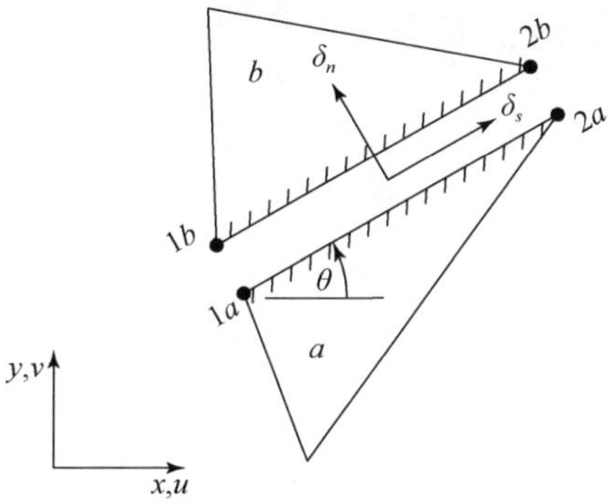

图 A.2　有限元模型的位移间断线典型节点对

(4) 有限元模型的边界约束条件

对有限元模型边界上给定塑性位移速度的任意一个节点，都可以写出如下的边界条件

$$\dot{u}_i = \dot{u}_i^0 \quad i=1,2,\cdots,I \tag{A.11a}$$

$$\dot{v}_j = \dot{v}_j^0 \quad j=1,2,\cdots,J \tag{A.11b}$$

式中，$\dot{u}_i^0$ 为给定的节点 $i(i=1，2，\cdots，I)$ 的塑性位移速度 x 方向分量；$\dot{v}_j^0$ 为给定的节点 $j(j=1，2，\cdots，J)$ 的塑性位移速度 y 方向分量。

(5) 有限元模型的塑性能耗速率

有限元模型的塑性能耗速率由两部分组成，可以表示为

$$\dot{Q} = \dot{Q}_c + \dot{Q}_d \tag{A.12}$$

式中，$\dot{Q}_c$ 为连续体单元集合的塑性能耗速率；$\dot{Q}_d$ 为位移速度间断节点对集合的塑性能耗速率。

连续体单元集合的塑性能耗速率可以表示为

$$\dot{Q}_c = \sum_{i=1}^{M} \dot{Q}_c^i = \sum_{i=1}^{M} \int_{A^i} (\sigma_{xx}^i \dot{\varepsilon}_{xx}^i + \sigma_{yy}^i \dot{\varepsilon}_{yy}^i + \sigma_{xy}^i \dot{\varepsilon}_{xy}^i)\,\mathrm{d}A^i \tag{A.13}$$

把式（6.12）三式代入，可得

$$\dot{Q}_c = \sum_{i=1}^{M} \int_{A^i} \left[\sum_{k=1}^{p} \dot{\lambda}_k^i (A_k \sigma_{xx}^i + B_k \sigma_{yy}^i + C_k \sigma_{xy}^i) \right] \mathrm{d}A^i \tag{A.14}$$

利用莫尔-库仑屈服准则平方式（6.5a）的外接 p 多边形近似式（6.5b），可得

$$\dot{Q}_c = \sum_{i=1}^{M} 2cA^i \left(\sum_{k=1}^{p} \dot{\lambda}_k \right) \cos\varphi \tag{A.15}$$

式中，A^i 为连续体单元 $i(i=1, 2, \cdots, M)$ 的面积。

位移速度间断节点对集合的塑性能耗速率可以表示为

$$\dot{Q}_d = \sum_{i=1}^{L} \dot{Q}_d^i = \sum_{i=1}^{L} \int_{S^i} c\dot{\delta}_s^i \mathrm{d}S^i \tag{A.16}$$

式中，$\dot{\delta}_s^i$ 为位移速度间断节点对 $i(i=1, 2, \cdots, L)$ 的塑性间断位移速度的切向分量；S^i 为与位移速度间断节点对 i 相对应的间断线长度。

附录B　线性优化有限元下界极限分析法简介

下界极限分析的目的是，基于极限分析的下界定理，在满足静力许可和塑性许可的条件下，找到一种应力分布，使相应的未知荷载的绝对值（面力合力绝对值和体力合力绝对值的总和）最大化，即为极限荷载的下确界（最大下界）。

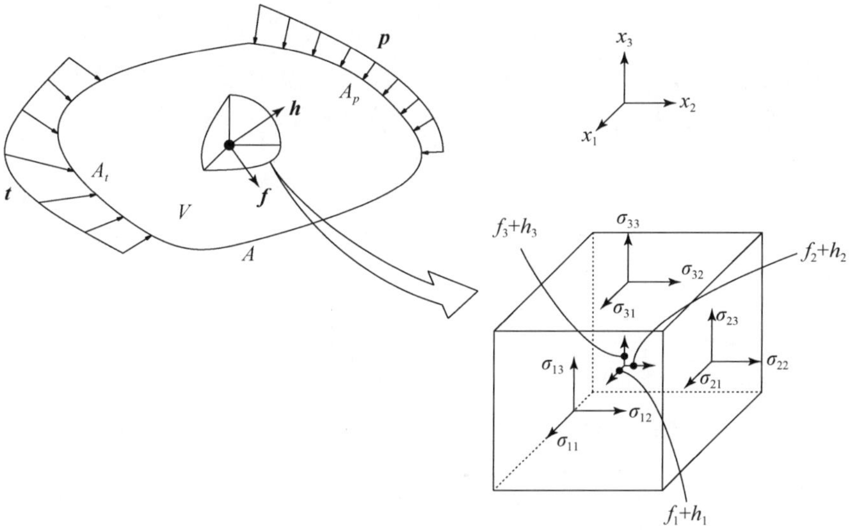

图 B.1　固体的（已知与未知）面力和体力（据 Lyamin and Sloan，2002）

参考图 B.1，考虑体积为 V、表面积为 A 的固体，设 $\boldsymbol{t}$ 为表面积 $A_t \subset A$ 上的已知面力荷载集度，$\boldsymbol{p}$ 为表面积 $A_p \subset A$ 上方向给定但大小未知的面力荷载集度，$\boldsymbol{f}$ 为 V 内的已知体力荷载集度，$\boldsymbol{h}$ 代表 V 内的方向给定但大小未知的体力荷载集度，有限元下界极限分析的一般优化格式可以表示为

$$\text{Max}\quad P_l = P_l(\boldsymbol{g}) = \left|\int_{A_p} \boldsymbol{p}_l(\boldsymbol{g})\,\mathrm{d}A_p\right| + \left|\int_V \boldsymbol{h}_l(\boldsymbol{g})\,\mathrm{d}V\right| \tag{B.1}$$

$$\text{s. t.}\quad \mathrm{a_i}(\boldsymbol{g}) = 0 \quad i = 1, \cdots, I \tag{B.2}$$

$$b_j(\boldsymbol{g}) \leqslant 0 \quad j = 1, \cdots, J \tag{B.3}$$

式中，P_l 为目标函数，即极限荷载的下界；$\boldsymbol{g}$ 为由有限元模型单元应力构成的决策向量；$\boldsymbol{p}_l = \boldsymbol{p}_l(\boldsymbol{g})$ 和 $\boldsymbol{h}_l = \boldsymbol{h}_l(\boldsymbol{g})$ 分别为 $\boldsymbol{p}$ 和 $\boldsymbol{h}$ 的下界，一般均为 $\boldsymbol{g}$ 函数；$a_i(\boldsymbol{g}) = 0$ 为由单元静力平衡条件、应力间断静力平衡条件、应力边界条件组成的等式约束条件；I 为等式约束条件的个数；$b_j(\boldsymbol{g}) \leqslant 0$ 为由塑性许可条件和作用力限制条件组成的不等式约束条件；J 为不等式约束条件的个数。

下面以平面应变问题为例，参考 Sloan（1988），考虑单位厚度，阐述有限元下界极限分析目标函数式（B.1）、等式约束条件式（B.2）、不等式约束条件式（B.3）的构成。

（1）有限元模型

采用如图 B.2 所示的三节点三角形单元，把计算区域离散成有限元模型；在任意单元内，设应力是线性变化的，可以用单元节点的应力表示为

$$\sigma_{xx} = \sum_{i=1}^{3} N_i \sigma_{ixx} \tag{B.4a}$$

$$\sigma_{yy} = \sum_{i=1}^{3} N_i \sigma_{iyy} \tag{B.4b}$$

$$\sigma_{xy} = \sum_{i=1}^{3} N_i \sigma_{ixy} \tag{B.4c}$$

式中，N_i 为单元节点 i 的（线性）形函数；σ_{ixx}、σ_{iyy}、σ_{ixy} 分别为单元节点 i 处的 x 方向正应力分量、y 方向正应力分量、xy 平面剪应力分量；$i=1，2，3$。

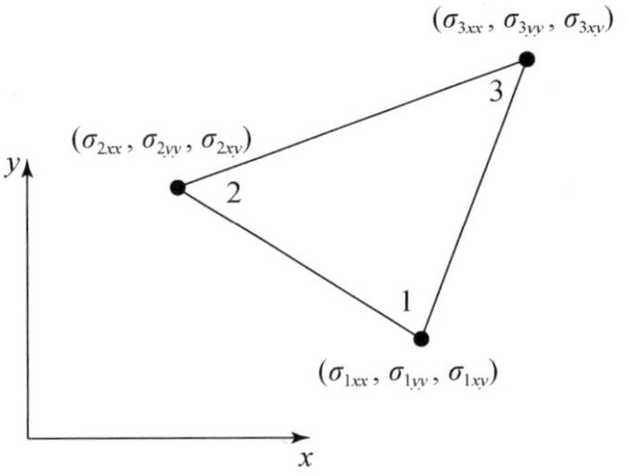

图 B.2　平面应变有限元模型的连续体单元及其节点应力

（2）目标函数

为简化表述，设体力荷载已知，未知面力荷载仅为边界 a_p 上分布的法向拉力，集度为 p_n，则极限荷载的下界可以表示为

$$P_l = \int_{A_p} p_{ln} \mathrm{d}A_p = \int_{a_p} p_{ln} \mathrm{d}a_p = \sum_e P_l^e = \frac{1}{2} \sum_e a_p^e (p_{l1n}^e + p_{l2n}^e) \tag{B.5}$$

式中，a_p^e 为单元 e 在边界 a_p 上的长度；p_{ln}为 p_n 的下界；P_l^e 为单元边界长度 a_p^e 上的未知法向拉力极限荷载的下界；p_{l1n}^e和 p_{l2n}^e分别为单元边界长度 a_p^e 上节点 1 处和节点 2 处的未知法向拉力荷载集度的下界，如图 B.3 所示。

参考图 B.4，在任意单元的某个方位上，法向的正应力 σ_n 和切向的剪应力 τ 可以用 xy 坐标系下的应力分量 σ_{xx}、σ_{yy}、σ_{xy} 分别表示为

$$\sigma_n = \sigma_{xx}\sin^2\theta + \sigma_{yy}\cos^2\theta - \sigma_{xy}\sin 2\theta \tag{B.6}$$

$$\tau = -\frac{1}{2}\sigma_{xx}\sin 2\theta + \frac{1}{2}\sigma_{yy}\sin 2\theta + \sigma_{xy}\cos 2\theta \tag{B.7}$$

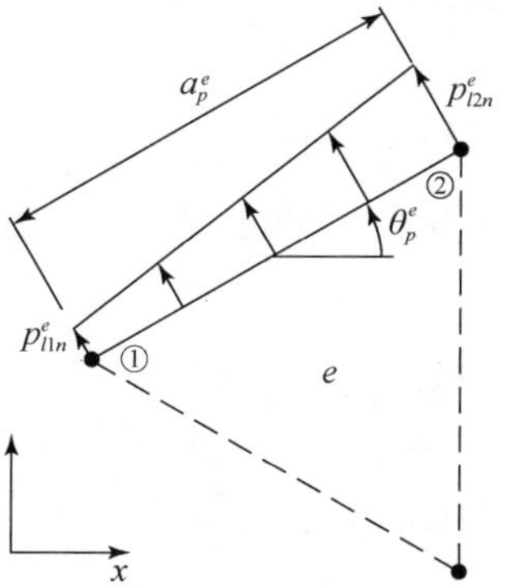

图 B.3 平面应变有限元模型的未知边界面力荷载集度

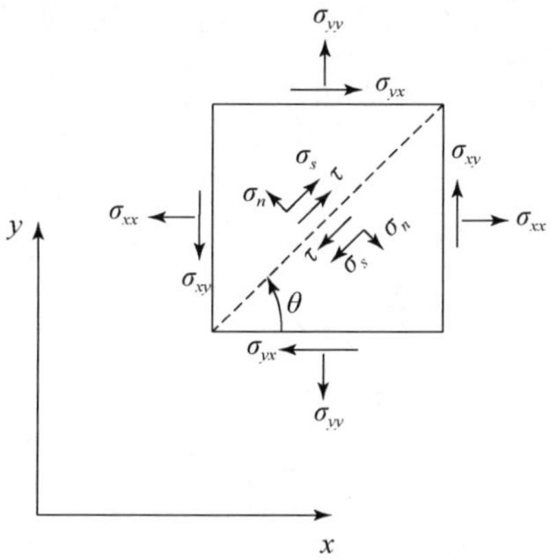

图 B.4 平面应变单元任意方位的应力分量

σ_n 法向正应力；σ_s 切向正应力；τ 剪应力

式中，θ 为该方位相对于 x 方向的逆时针转角。

根据静力平衡条件，p_{l1n}^e和 p_{l2n}^e分别等于单元边界 a_p^e 上节点 1 处和节点 2 处的法向正应力；于是，在式（B.5）中利用式（B.6），并注意到 $\theta=\theta_p^e$ 是 a_p^e 方向相对于 x 方向的逆时针转角，可得用 a_p^e 上节点 1 处和节点 2 处的 xy 应力分量 σ_{1xx}^e、σ_{1yy}^e、σ_{1xy}^e和 σ_{2xx}^e、σ_{2yy}^e、σ_{2xy}^e表示的目标函数。

（3）连续体单元的静力（平衡）许可约束条件

对于任意单元，静力平衡条件可以表示为

$$\frac{\partial\sigma_{xx}}{\partial x}+\frac{\partial\sigma_{xy}}{\partial y}=0 \tag{B.8a}$$

$$\frac{\partial\sigma_{yy}}{\partial y}+\frac{\partial\sigma_{xy}}{\partial x}-\gamma=0 \tag{B.8b}$$

式中，σ_{xx}、σ_{yy}、σ_{xy}分别为单元的 x 方向正应力、y 方向正应力和 xy 平面剪应力；γ 为单元的重度。

把式（B.4）三式代入式（B.8）两式中，可得每个单元上每个节点的两个等式约束条件。

（4）连续体单元的流动法则约束条件

如图 B.5 所示，莫尔–库仑屈服准则平方式（6.5a）的内接 p 多边形（p 为内接多边形的边的数目）近似式为

$$\bar{F}_k = A_k\sigma_{xx} + B_k\sigma_{yy} + C_k\sigma_{xy} - 2c\cos\varphi\cos(\pi/p) = 0 \quad k=1,2,\cdots,p \tag{B.9}$$

式中，$A_k = \cos(2k\pi/p) + \sin\varphi\cos(\pi/p)$；$B_k = \sin\varphi\cos(\pi/p) - \cos(2k\pi/p)$；$C_k = 2\sin(2k\pi/p)$。内接 p 多边形的尖点坐标：$X_k = R\cos[(2k-1)(\pi/p)]/\cos(\pi/p)$，$Y_k = R\sin[(2k-1)(\pi/p)]/\cos(\pi/p)$；$k=1，2，\cdots，p$。

根据塑性极限分析理论（Chen，1975），与任意被实际理想塑性屈服面包络的理想塑性面所对应的极限荷载是实际极限荷载的一个下界；所以，与莫尔–库仑屈服准则平方式内接多边形近似相对应的极限荷载不会大于与莫尔–库仑屈服准则平方式相对应的极限荷载，即采用内接多边形来近似莫尔–库仑屈服准则平方式的圆形是偏于安全的。

与莫尔–库仑屈服准则平方式（6.5a）的内接 p 多边形近似式（B.9）对应，流动法则可以写成式（6.12）三式和式（6.13）；于是，受制于流动法则，每个单元的每个节点都需要如式（6.12）所示的三个等式约束条件；由于塑性乘子必须非负，每个单元都需要如式（6.13）所示的 p 个不等式约束条件。

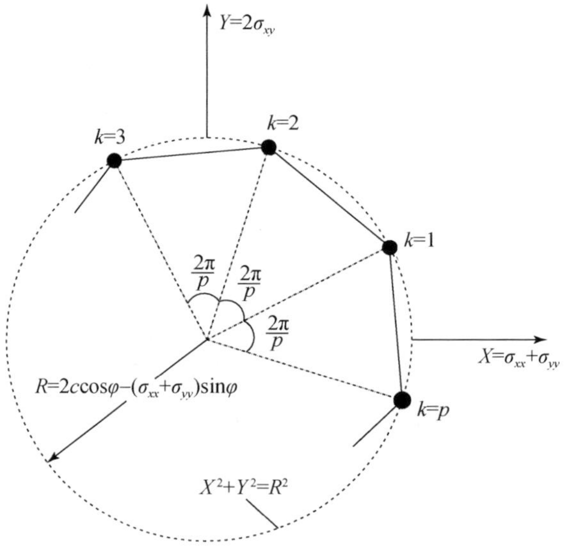

图 B.5　平方莫尔–库仑屈服准则及其内接 p 多边形近似（据 Kim *et al.*，1999）

（5）应力间断线的静力（平衡）许可约束条件

如图 B.6 所示，在任意两个相邻单元之间的应力间断线 s 上，根据静力平衡条件，任意点的切向正应力可以不连续，但法向正应力和剪应力则必须是连续的。因为单元任意点的任意应力都是该单元所有节点的同类应力的线性函数，所以，应力间断线 s 上连续的法向正应力和剪应力也是 s 所有节点的同类应力的线性函数，连续条件可以表示为

$$\sigma_{1n}^{a}=\sigma_{2n}^{b};\quad \tau_{1}^{a}=\tau_{2}^{b} \tag{B.10a}$$

$$\sigma_{3n}^{a}=\sigma_{4n}^{b};\quad \tau_{3}^{a}=\tau_{4}^{b} \tag{B.10b}$$

式中，σ_{kn}^{e}和τ_{k}^{e}分别为应力间断线 s 处单元 $e=a$、b 节点 $k=1$ 或 3、2 或 4 的法向正应力和剪应力。

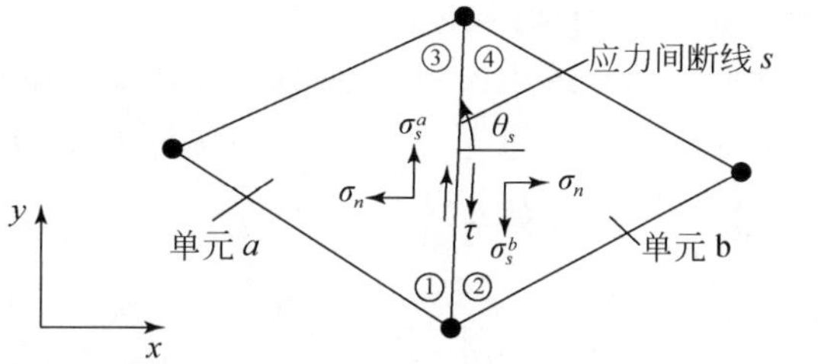

图 B.6　平面应变相邻单元之间应力间断线处（连续的）法向正应力、（不连续的）切向正应力和（连续的）剪应力

于是，由于静力（平衡）许可约束条件，在每个应力间断线处，都需要满足如式（B.10）所示的四个等式约束条件；利用式（B.6）和式（B.7），并注意到 $\theta=\theta_s$ 是应力间断线 s 相对于 x 方向的逆时针转角，可得用应力间断线上单元 a 各节点和单元 b 各节点的 xy 应力分量 σ_{1xx}^{a}、σ_{1yy}^{a}、σ_{1xy}^{a}、σ_{3xx}^{a}、σ_{3yy}^{a}、σ_{3xy}^{a}和 σ_{2xx}^{b}、σ_{2yy}^{b}、σ_{2xy}^{b}、σ_{4xx}^{b}、σ_{4yy}^{b}、σ_{4xy}^{b}表示的静力许可约束条件。

(6) 应力边界约束条件

如图 B.7 所示，设边界 a_t 上的已知面力荷载是线性分布的，a_t^e 为单元 e 在有限元模型已知面力荷载边界 a_t 上的长度，则 a_t^e 上的已知面力荷载集度可以表示为

$$\sigma_n=q_1+(q_2-q_1)\xi \tag{B.11a}$$

$$\tau=t_1+(t_2-t_1)\xi \tag{B.11b}$$

式中，ξ 为 a_t^e 上的局部坐标；σ_n 为 a_t^e 上局部坐标 ξ 位置处的已知法向面力荷载集度；τ 为 a_t^e 上局部坐标 ξ 位置处的已知剪切面力荷载集度；q_1 和 t_1 分别为 a_t^e 上节点 1 处给定的法向面力荷载集度和剪切面力荷载集度；q_2 和 t_2 分别为 a_t^e 上节点 2 处给定的法向面力荷载集度和剪切面力荷载集度。

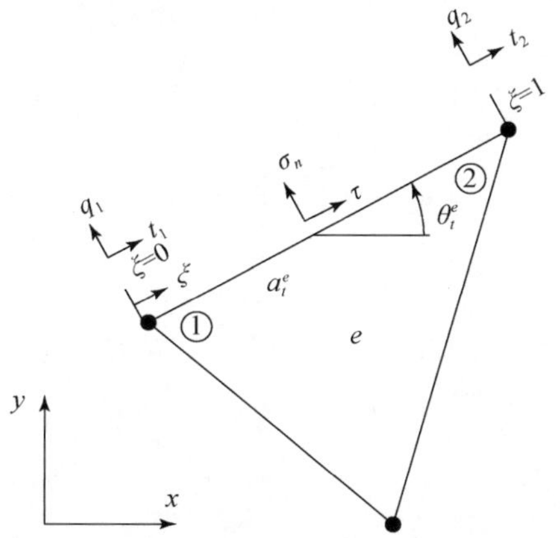

图 B.7　平面应变有限元模型的应力边界条件

对于有限元模型边界 a_t 上任意一个单元 e 的边界长度 a_t^e，都有边界条件为

$$\sigma_{t1n}^e = q_1;\quad \tau_{t1}^e = t_1 \tag{B. 12a}$$

$$\sigma_{t2n}^e = q_2;\quad \tau_{t2}^e = t_2 \tag{B. 12b}$$

式中，σ_{tkn}^e和 τ_{tk}^e分别为单元边界长度 a_t^e 上节点 $k=1$、2 处的法向正应力和剪应力。

于是，对于有限元模型已知面力荷载边界 a_t 上任意一个单元 e 的边界长度 a_t^e，都需要满足如式（B. 12）所示的四个等式约束条件；利用式（B. 6）和式（B. 7），并注意到 $\theta = \theta_t^e$ 是 a_t^e 相对于 x 方向的逆时针转角，可得用 a_t^e 上节点 1 处和节点 2 处的 xy 应力分量 σ_{1xx}^e、σ_{1yy}^e、σ_{1xy}^e和 σ_{2xx}^e、σ_{2yy}^e、σ_{2xy}^e表示的应力边界条件。

附录 C　间断布局优化上界极限分析法简介

C.1　间断布局优化极限分析法概况

从理论上讲，间断布局优化极限分析法既可以用于（基于静力许可条件的）下界极限分析，也可以用于（基于运动许可条件的）上界极限分析。现有研究及应用多集中于后者，其中具有原始创新性的文献主要有，关于二维间断布局优化上界极限分析法的 Smith 和 Gilbert（2007），关于三维间断布局优化上界极限分析法的 Hawksbee 等（2013）。

参考图 C.1，间断布局优化上界极限分析法的基本步骤是，把力学问题的区域进行节点离散，任意连接所有节点，以节点连线形成塑性间断布局，根据上界极限分析定理，在满足运动许可条件的前提下，以间断布局集合塑性能耗速率最小为目标进行优化计算，求出可变荷载的极限上确界，以及相应的最不利破坏模式。

图 C.2 显示了两种不同优化问题的约束条件在形式上的相似性，一种是桁架杆件布局优化问题的节点静力平衡条件，另一种是纯黏性固体间断布局优化上界极限分析问题的节点变位协调条件。其实，桁架杆件布局优化问题的目标函数及约束条件与纯黏性固体间断布局优化上界极限分析问题的目标函数及约束条件在形式上是全面相似的。

平面桁架杆件的布局优化问题可以表示为

$$\text{Min}\quad V=\boldsymbol{a}^{\mathrm{T}}\boldsymbol{q} \tag{C.1a}$$

$$\text{s.t.}\quad \boldsymbol{A}\boldsymbol{q}=\boldsymbol{f} \tag{C.1b}$$

$$\boldsymbol{q}\geqslant 0 \tag{C.1c}$$

式中，上标 T 为转置运算，V 为桁架结构的总体积；$\boldsymbol{q}=[\cdots\quad q_i^+\quad q_i^-\quad \cdots]^{\mathrm{T}}$ 为桁架杆件内力向量，q_i^+ 和 q_i^- 分别为桁架杆件 i 的拉力和压力（待优化变量）；$\boldsymbol{a}=[\cdots\quad l_i/\sigma_i\quad l_i/\sigma_i\quad \cdots]^{\mathrm{T}}$，$l_i$ 和 σ_i 分别为桁架杆件 i 的长度和屈服应力；$\boldsymbol{f}=[\cdots\quad f_{jx}\quad f_{jy}\quad \cdots]^{\mathrm{T}}$ 为桁架节点外力向量，f_{jx} 和 f_{jy} 分别为桁架节点 j 上外力的 x 方向（水平向右为正向）分量和 y 方向（竖直向上为正向）分量；$\boldsymbol{A}$ 为桁架的节点静力平衡系数矩阵，$2n$ 行，$2m$ 列，m 为桁架杆件总数，n 为桁架节点总数；$i=1, 2, \cdots, m$；$j=1, 2, \cdots, n$。

平面纯黏性固体的间断布局优化上界极限分析问题可以表示为

$$\text{Min}\quad \dot{\boldsymbol{E}}^{\mathrm{p}}=\boldsymbol{g}^{\mathrm{T}}\dot{\boldsymbol{d}} \tag{C.2a}$$

$$\text{s.t.}\quad \boldsymbol{B}\dot{\boldsymbol{d}}=\dot{\boldsymbol{u}} \tag{C.2b}$$

$$\dot{\boldsymbol{d}}\geqslant 0 \tag{C.2c}$$

式中，上标 T 为转置运算，$\dot{E}^{\mathrm{p}}$ 为纯黏性固体间断的总塑性能耗速率；$\dot{\boldsymbol{d}} = [\cdots \quad \dot{s}_i^+ \quad \dot{s}_i^- \quad \cdots]^{\mathrm{T}}$，$\dot{s}_i^+$ 和 $\dot{s}_i^-$ 分别为间断 i 两侧的剪切位移速度（待优化变量）；$\boldsymbol{g} = [\cdots \quad c_i l_i \quad c_i l_i \quad \cdots]^{\mathrm{T}}$，$l_i$ 和 c_i 分别为间断 i 的长度和黏聚力；$i = 1, 2, \cdots, m$；m 为间断总数；$\dot{\boldsymbol{u}} = [\cdots \quad \dot{u}_j^x \quad \dot{u}_j^y \quad \cdots]^{\mathrm{T}}$，$\dot{u}_j^x$ 和 $\dot{u}_j^y$ 分别为节点 j 的 x 方向位移速度分量和 y 方向位移速度分量；$j = 1, 2, \cdots, n$；n 为节点总数；$\boldsymbol{B}$ 为节点变位协调系数矩阵，$2n$ 行，$2m$ 列。

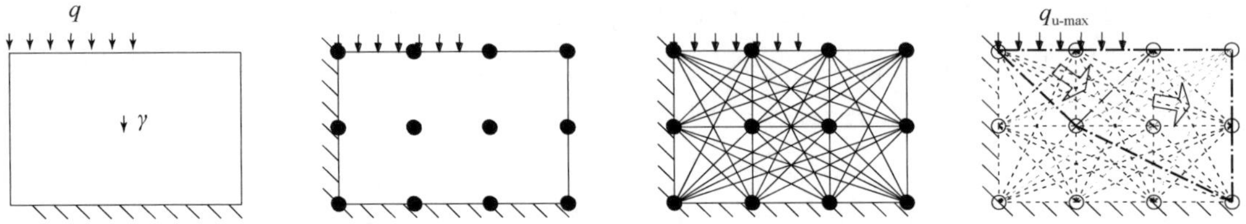

(a) 力学问题模型　(b) 区域的节点离散　(c) 基于节点的间断布局　(d) 极限荷载上确界和最不利破坏模式

图 C. 1　间断布局优化上界极限分析法的基本思路（据 Gilbert *et al.*, 2010）

q 为可变荷载；γ 为材料重度（给定荷载）；$q_{\text{u-min}}$ 为可变荷载的极限上确界

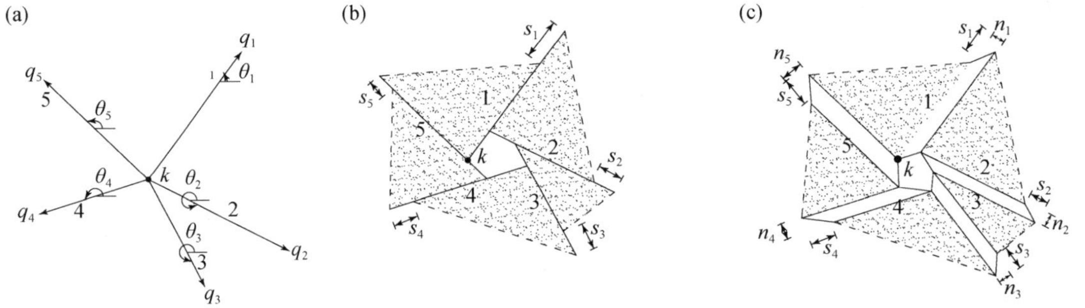

$\sum_{i=1}^{5} \alpha_i q_i = 0$　$\sum_{i=1}^{5} \beta_i q_i = 0$

$\sum_{i=1}^{5} \alpha_i s_i = 0$　$\sum_{i=1}^{5} \beta_i s_i = 0$

$\sum_{i=1}^{5} \alpha_i s_i - \beta_i n_i = 0$　$\sum_{i=1}^{5} \beta_i s_i + \alpha_i n_i = 0$

图 C. 2　(a) 平面桁架杆件布局优化的节点静力平衡条件，(b) 纯黏性固体平面间断布局优化上界极限分析的切向平移间断和节点变位协调条件，(c) 黏性-摩擦性固体平面间断布局优化上界极限分析的切向平移和剪胀平移间断及节点变位协调条件（据 Smith and Gilbert，2007）

k 为任意固定节点，q_i 为桁架杆件 i 的轴力，θ_i 为桁架杆件 i 或间断 i 相对于水平右向的逆时针转角，$\alpha_i = \cos\theta_i$ 为桁架杆件 i 或间断 i 相对于水平右向的方向余弦，$\beta_i = \sin\theta_i$ 为桁架杆件 i 或间断 i 相对于竖直上向的方向余弦，q_i 为桁架杆件 i 的轴力，s_i 为间断 i 的切向平移间断，n_i 为间断 i 的剪胀平移间断，$i = 1, 2, 3, 4, 5$

C.2 莫尔-库仑材料平面问题的间断布局优化上界极限分析法

莫尔-库仑材料的平面间断布局优化上界极限分析问题可以表示为

$$\text{Min} \quad \dot{W}_{\text{v}}^{\text{p}*} = \dot{E}^{\text{p}**} - \dot{W}_{\text{c}}^{\text{p}*} \Leftrightarrow \omega \boldsymbol{f}_{\text{v}}^{\text{T}} \dot{\boldsymbol{d}} = \boldsymbol{g}^{\text{T}} \dot{\boldsymbol{\lambda}} - \boldsymbol{f}_{\text{c}}^{\text{T}} \dot{\boldsymbol{d}} \tag{C.3a}$$

$$\text{s.t.} \quad \boldsymbol{B} \dot{\boldsymbol{d}} = \boldsymbol{0} \tag{C.3b}$$

$$\boldsymbol{N} \dot{\boldsymbol{\lambda}} - \dot{\boldsymbol{d}} = \boldsymbol{0} \tag{C.3c}$$

$$\boldsymbol{f}_{\text{v}}^{\text{T}} \dot{\boldsymbol{d}} = 1 \tag{C.3d}$$

$$\dot{\boldsymbol{\lambda}} \geqslant 0 \tag{C.3e}$$

式中，$\dot{W}_{\text{v}}^{\text{p}*}$ 为可变荷载对所有位移速度间断的总功率；$\dot{W}_{\text{c}}^{\text{p}*}$ 为给定荷载对所有位移速度间断的总功率；$\dot{E}^{\text{p}**}$ 为所有间断的总能耗速率；ω 为可变荷载因子；$\boldsymbol{f}_{\text{v}} = [\cdots \quad f_{\text{v}i}^{s} \quad f_{\text{v}i}^{n} \quad \cdots]^{\text{T}}$ 为可变荷载向量，$f_{\text{v}i}^{s}$和$f_{\text{v}i}^{n}$分别为间断 i 的切向和法向可变荷载；$\boldsymbol{f}_{\text{c}} = [\cdots \quad f_{\text{c}i}^{s} \quad f_{\text{c}i}^{n} \quad \cdots]^{\text{T}}$ 为给定荷载向量，$f_{\text{c}i}^{s}$和$f_{\text{c}i}^{n}$分别为间断 i 的切向和法向给定荷载；$\dot{\boldsymbol{d}} = [\cdots \quad \dot{s}_i \quad \dot{n}_i \quad \cdots]^{\text{T}}$ 为位移速度间断向量，$\dot{s}_i$ 和 $\dot{n}_i$ 分别为间断 i 的切向和法向位移速度间断（待优化变量）；$\boldsymbol{g} = [\cdots \quad c_i l_i \quad c_i l_i \quad \cdots]^{\text{T}}$为间断总黏聚力向量，$l_i$ 和 c_i 分别为间断 i 的长度和黏聚力；$\dot{\boldsymbol{\lambda}} = [\cdots \quad \dot{\lambda}_{i1} \quad \dot{\lambda}_{i2} \quad \cdots]^{\text{T}}$为间断塑性因子向量，$\dot{\lambda}_{i1}$和$\dot{\lambda}_{i2}$分别为与间断$i$ 节点 1 和 2 对应的塑性乘子（待优化变量）；$i=1$，2，…，m；m 为间断总数；$\boldsymbol{B}$ 为节点变位协调系数矩阵，$2n$ 行，$2m$ 列；n 为节点总数；$\boldsymbol{N}$ 为间断的塑性流动系数矩阵，$2m$ 行，$2m$ 列。

式（C.3a）代表可变荷载对所有位移速度间断的总功率，等于所有间断的总能耗速率减去给定荷载对所有位移速度间断的总功率。式（C.3b）代表所有节点的（零位移速度）变位协调条件，即预设所有节点的位移速度都等于零。式（C.3c）代表所有间断的塑性流动约束条件。式（C.3d）代表基于节点变位协调条件式（C.3b）的可变荷载约束条件；注意，可变荷载与节点位移速度在塑性功率恒定的条件下是单值对应的。式（C.3e）代表所有间断（两节点）的塑性乘子非负条件。

任意间断 i 的节点变位协调条件可以写成

$$\boldsymbol{B}_i \dot{\boldsymbol{d}}_i = \dot{\boldsymbol{u}}_i \Leftrightarrow \begin{bmatrix} \alpha_i & -\beta_i \\ \beta_i & \alpha_i \\ -\alpha_i & \beta_i \\ -\beta_i & -\alpha_i \end{bmatrix} \begin{Bmatrix} \dot{s}_i \\ \dot{n}_i \end{Bmatrix} = \begin{Bmatrix} \dot{u}_{i1}^{x} \\ \dot{u}_{i1}^{y} \\ \dot{u}_{i2}^{x} \\ \dot{u}_{i2}^{y} \end{Bmatrix} \tag{C.4}$$

式中，$\alpha_i = \cos\theta_i$ 为间断 i 相对于水平右向的方向余弦；$\beta_i = \sin\theta_i$ 为间断 i 相对于竖直上向的

方向余弦，θ_i 为间断 i 相对于水平右向的逆时针转角；$\dot{\boldsymbol{u}}_i=[\dot{u}_{i1}^x \quad \dot{u}_{i1}^y \quad \dot{u}_{i2}^x \quad \dot{u}_{i2}^y]^{\mathrm{T}}$，$\dot{u}_{i1}^x$ 和 $\dot{u}_{i1}^y$ 分别为间断 i 节点 1 的 x 方向位移速度分量和 y 方向位移速度分量，$\dot{u}_{i2}^x$ 和 $\dot{u}_{i2}^y$ 分别为间断 i 节点 2 的 x 方向位移速度分量和 y 方向位移速度分量。在节点变位协调条件式（C. 3b）中，$\dot{\boldsymbol{u}}_i=[0 \quad 0 \quad 0 \quad 0]^{\mathrm{T}}$。

任意间断 i 的塑性流动约束条件可以写成

$$\boldsymbol{N}_i\dot{\boldsymbol{\lambda}}_i-\dot{\boldsymbol{d}}_i=\boldsymbol{0}\Leftrightarrow\begin{bmatrix}1 & -1\\ \tan\varphi_i & \tan\varphi_i\end{bmatrix}\begin{Bmatrix}\dot{\lambda}_{i1}\\ \dot{\lambda}_{i2}\end{Bmatrix}-\begin{Bmatrix}\dot{s}_i\\ \dot{n}_i\end{Bmatrix}=\begin{Bmatrix}0\\ 0\end{Bmatrix} \tag{C. 5}$$

式中，φ_i 为间断 i 的内摩擦角。注意，基于莫尔-库仑相关塑性流动法则，可有

$$\dot{n}_i=|\dot{s}_i|\tan\varphi_i=(\dot{s}_i^++\dot{s}_i^-)\tan\varphi_i=(\dot{\lambda}_{i1}+\dot{\lambda}_{i2})\tan\varphi_i \tag{C. 6}$$

式中，$\dot{s}_i^+$ 和 $\dot{s}_i^-$ 分别为间断 i 两侧的剪切位移速度，$\dot{s}_i=\dot{s}_i^+-\dot{s}_i^-$。

对于边界条件，可以通过边界处间断的性质来设定：①自由边界（包括承受给定荷载的边界）的边界条件，对位于自由边界的间断 i，设 $c_i=0$（黏聚力为零），并且不施加塑性流动约束条件式（C. 5），则切向和法向位移速度间断 $\dot{s}_i$ 和 $\dot{n}_i$ 就都是自由的；②固定边界的边界条件，属于缺省边界条件，对位于其处的间断 i，就如同非边界处的间断一样对待，不需要任何处理；③对称线的边界条件，对位于对称线处的间断 i，设 $c_i=0$（黏聚力为零）和 $\varphi_i=0$（内摩擦角为零），根据塑性流动约束条件式（C. 5）可知，后者即可保证 $\dot{n}_i=0$（法向位移速度间断为零）。

最后值得指出的是，因为间断布局优化只考虑在间断处以压-剪应力形式满足莫尔-库仑屈服准则，所以式（C. 3a）~式（C. 3e）属于线性优化问题。